合格発表まで

日程はあらかじめ必ず協力機関へお問い合わせ下さい。

受験票の送付 → 試験 → 合格発表

受験票の送付

9月下旬～10月上旬（予定）

不動産適正取引推進機構より直接送付される。
10月上旬までに受験票が到着しないときは、不動産適正取引推進機構又は、協力機関に問い合わせる。

※受験票の記載内容に修正する箇所がある場合は、試験当日、監督員から受け取ったデータ修正票に記入の上、試験終了時に提出する。

試験

10月第3日曜日（予定）
午後1時～午後3時 ※3
（12時30分までに着席のこと）
途中退室不可

持参品
・受験票
・BかHBの黒鉛筆またはシャープペンシル
・プラスチック消しゴム
・鉛筆削り（任意）
・腕時計 ※4

合格発表

原則として、12月の第1水曜日または11月の最終水曜日

合格者の受験番号を都道府県ごとの所定の場所に掲示するとともに、不動産適正取引推進機構のホームページでも掲載される。
また、合格者には不動産適正取引推進機構より**合格証書**が送付される。

※3 登録講習修了者は午後1時10分～午後3時
※4 時計機能（時刻確認）のみのものに限る。

キャラクターとロゴのご紹介!!

  本文中に登場して、適切なアドバイスを致します。

 考えてもわからないときは、参考にしよう!

 重要なポイントをわかりやすく整理・解説しています。

 問題の解き方や注意すべきところをアドバイスします。

虚心坦懐に（すなおに、という意味の古い言葉）聞くがよいぞ!

 法改正などがあったため、少々手直しした問題です!

 これを間違えたら受からないヨ!

 8割以上取らなきゃダメ!

 覚えにくいポイントもこれでバッチリだ!

 がんばって半分以上正解しよう!

 らくらく宅建塾の略です。

 こんなの間違えても大丈夫!

 過去問宅建塾の略です。

 2021年版のアイデア大募集!!

1. 貴方が作ったゴロ合せ・替え歌等の受験テクニック
2. 未発表イラスト・キャラクター・ロゴマーク等アイデア
3. 宅建学院にこんな本を書いてほしい
4. 通信講座の新企画・その他どんなアイデアでも!

本にはさんであるハガキか封書でどうぞ!

2020年版
ごあいさつ

★ ラクに受かりましょう!!

この問題集は、苦労して受かりたい方には、おすすめできません。**ラクに受かりたい方だけどうぞ!!**

★ 「本番」のカラクリとは?!

出題者は、過去問を焼き直して繰り返し出題します。それが本番のカラクリです。では、どのように？　それを本書で完全に解明しました！　その**キラ星のような良問の花束**を3分冊でお届けします。

★ 解けない問題をどう解くか?!

おまかせ下さい。この3冊の問題集には、**解けない問題が解けるようになる**宅建学院の秘伝がスシ詰めになっています。

ただ、どうしても活字にならない「本当の奥義」もあります。それは、**宅建超完璧講座**で伝授します。通学でも通信でもいいですから、講座を受講すれば、"**独学とは比較にならない得点力**"が身につきます!!

★ 2年連続全国最年少合格者輩出!!

全国最年少合格者は、2年連続で**通信宅建超完璧講座**の受講生でした!!
次は貴方の番です!!

2020年3月 　　　　　　　　　　　　　　　　　宅建学院

I

一番ラクで確実な合格方法‼

① まず、インプットは……

余計な知識は混乱のモト。合格に必要な知識だけ身につけるべし。それにはどうしたらいいか？　答えは、本書姉妹編・日本一の究極の教科書「らくらく宅建塾」・「まる覚え宅建塾」を繰り返し読むことに尽きる。この2冊には、合格に必要なことがすべて書いてある。他のテキストと違って、余計な記述はひとつもない。

なお、六法は使用しない方が早く合格できる。条文の勉強が必要なのは、権利関係だけ。「らくらく宅建塾」・「まる覚え宅建塾」には、権利関係の重要条文がすべて出ている。だから六法不要。「らくらく宅建塾」・「まる覚え宅建塾」だけで十分。そして、知識のチェックには、本書姉妹編「○×宅建塾」を使うこと‼

② 次に、アウトプットは……

知識を身につけただけでは合格できない。次に必要なのは、身につけた知識を使いこなして実際に問題を解くことだ。そのために、本書（3分冊）と本書姉妹編の「ズバ予想宅建塾・必修問題編」と「ズバ予想宅建塾・直前模試編」がある。問題集は、ただ単に解くだけではダメだ。コツがある。

コツ1　正解が出せたとしても、それだけでその問題がマスターできたと思うべからず。各問は、4つの選択肢から成り立っている。各肢を独立の問題と心得よ。全肢について、どういう理由で誤り（または正しい）かを何も見ないで友達に説明できるようになるまで血肉化すべし‼

(コツ2) 全問を1回解いただけで卒業と思うなかれ。再び第1問に立ち返り、全問正解するまで繰り返すこと。問題集をそれぞれ丸1日で解き切れるようになるのが最終目標だ!!

③ 最後に奥の手は……

上の①と②だけで、誰でも合格できる。しかし、もっとラクに確実に合格するにはどうしたらいいか？ 答えは、宅建学院の授業を受けることだ。結局、これが一番の近道だ。通信「**宅建超完璧講座**」がおすすめだ!! 巻末に詳しい案内アリ。今すぐTEL!!

要するに、こういうことです

インプット	「らくらく宅建塾」「マンガ宅建塾」「まる覚え宅建塾」 この3冊をしっかり読む。
アウトプット	まず、「過去問宅建塾(3分冊)」を解き、次に、「ズバ予想宅建塾・必修問題編」を解く。 そして「〇×宅建塾」と「ズバ予想宅建塾・直前模試編」を解く。
奥の手	2年連続で全国最年少合格者を生み出した 通信「**宅建超完璧講座**」を受ける。 通信講座問合せ先→04（2921）2020　宅建学院 宅建超完璧講座は一般教育訓練給付制度厚生労働大臣指定講座（指定番号110190020019）です!!　詳しくは、巻末広告をご覧下さい。

耳寄り情報 宅建学院のホームページをご覧ください！

宅建学院　検索　　類似の学校名にご注意ください。
https://www.takkengakuin.com/

過去問宅建塾の特長と使い方

１ 問題数が多い！

「過去問宅建塾 ２」には、合計 234 問が載っている。「多いなー」と思ったら負け。実は何度も繰り返し同じ問題が出題されている。「あれ、この問題さっきもあったな」と感じ始めたらしめたもの。身体と頭で、「よく出題されるところ」を覚えたら、決して忘れない！

２ 各ページ左上部に ☐☐☐☐☐ マークがある

過去問は最低でも３回は繰り返そう。次の①〜④を意識して解けば、勉強効率も UP だ！

①問題を解いて問題なければ☐☐☐☐☐のひとつを全部塗りつぶす。もし間違えたり不安だったら☐を半分だけ塗りつぶす。こうして１回目を全部解く。

②２回目以降は毎回隣の☐に移って、同じ要領で解いては塗りつぶすの繰り返し。

③すべての問題で真っ黒な☐が３個できるまで繰り返そう。

④半分しか塗られていない☐は一度つまずいた証拠！ 重点的に復習だ。

３ 問題の横に 講義 が書いてある

問題の横に解説が書いてあるので、めくらなくてよい。さらに、問題文と解説を見比べながら、じっくり考えることもできる。電車やバスの中でも勉強しやすいのだ！ １肢ごとに何度も表を見たり裏を見たりしていると、つい、めんどーくさくなってしまう。

また、「正。」と「誤。」は赤シートで隠れるから、うっかり答えがわかってしまうことはない。一問ずつ確認することもできるし、赤シートをしおりに使えばどこまで勉強したかもスグわかる！いたれり尽くせりだ！
　そして、一番大事なのは復習だ。問題を解いた後は、しっかり復習して、なぜその肢が正しいのか、誤っているのかということを究明しておくこと。

④　肢ごとに「らくらく宅建塾」の参照ページが書いてある

　直接問題に関係する解説だけでなく、「ここが基本だから読んでおいて欲しいところ」や「プラスαで知っておきたいところ」にもリンクさせてある。確認しながら、知識を確実にしていこう。「らくらく宅建塾」には大事なことしか書いていないゾ！
　そして「らくらく宅建塾」には載っていない発展的な、タマ〜にしか出ないところは、「過去問宅建塾」の解説と解説下のアドバイスで完ペキだ。

⑤　難度が書いてある

　宅建学院による試験分析の結果から、イージー・普通・難しい・超難の4つに分けてある。勉強の目安にしよう。初めて解くのに超難問を間違ったと悩む必要はないし、3回目なのにイージーな問題を間違うようでは理解不足だ。もう一度「らくらく宅建塾」を読むべし！

資料 1. 宅建士試験協力機関一覧表

受験申込手続き等については、住所地の協力機関に問い合わせて下さい。

宅建士試験協力機関一覧（2020 年 2 月現在）

協力機関名	電話番号	協力機関名	電話番号
(公社)北海道宅地建物取引業協会	011-642-4422	(公社)滋賀県宅地建物取引業協会	077-524-5456
(公社)青森県宅地建物取引業協会	017-722-4086	(公社)京都府宅地建物取引業協会	075-415-2140
(一財)岩手県建築住宅センター	019-623-4414	(一財)大阪府宅地建物取引士センター	06-6940-0104
(公社)宮城県宅地建物取引業協会	022-398-9397	(一社)兵庫県宅地建物取引業協会	078-367-7227
(公社)秋田県宅地建物取引業協会	018-865-1671	(公社)奈良県宅地建物取引業協会	0742-61-4528
(公社)山形県宅地建物取引業協会	023-623-7502	(公社)和歌山県宅地建物取引業協会	073-471-6000
(公社)福島県宅地建物取引業協会	024-531-3487	(公社)鳥取県宅地建物取引業協会	0857-23-3569
(公社)茨城県宅地建物取引業協会	029-225-5300	(公社)島根県宅地建物取引業協会	0852-23-6728
(公社)栃木県宅地建物取引業協会	028-634-5611	(一社)岡山県不動産サポートセンター	086-224-2004
(一社)群馬県宅地建物取引業協会	027-243-3388	(公社)広島県宅地建物取引業協会	082-243-0011
(公社)新潟県宅地建物取引業協会	025-247-1177	(一社)山口県宅地建物取引業協会	083-973-7111
(公社)山梨県宅地建物取引業協会	055-243-4300	(公社)徳島県宅地建物取引業協会	088-625-0318
(一社)長野県宅地建物取引業協会	026-226-5454	(公社)香川県宅地建物取引業協会	087-823-2300
(公社)埼玉県弘済会	048-822-7926	(公社)愛媛県宅地建物取引業協会	089-943-2184
(一社)千葉県宅地建物取引業協会	043-441-6262	(公社)高知県宅地建物取引業協会	088-823-2001
(公財)東京都防災・建築まちづくりセンター	03-5989-1734	(一財)福岡県建築住宅センター	092-737-8013
(公社)神奈川県宅地建物取引業協会	045-681-5010	(公社)佐賀県宅地建物取引業協会	0952-32-7120
(公社)富山県宅地建物取引業協会	076-425-5514	(公社)長崎県宅地建物取引業協会	095-848-3888
(公社)石川県宅地建物取引業協会	076-291-2255	(一社)熊本県宅地建物取引業協会	096-213-1355
(公社)福井県宅地建物取引業協会	0776-24-0680	(一社)大分県宅地建物取引業協会	097-536-3758
(公社)岐阜県宅地建物取引業協会	058-275-1171	(一社)宮崎県宅地建物取引業協会	0985-26-4522
(公社)静岡県宅地建物取引業協会	054-246-7150	(公社)鹿児島県宅地建物取引業協会	099-252-7111
(公社)愛知県宅地建物取引業協会	052-953-8040	(公社)沖縄県宅地建物取引業協会	098-861-3402
(公社)三重県宅地建物取引業協会	059-227-5018		

資料 2. 過去 39 年間のデータ

年　　度	申込者数	受験者数	合格者数	合格率（倍率）	合格点
1981（昭和56）年	137,864人	119,091人	22,660人	19.0%（5.3倍）	35点
1982（昭和57）年	124,239人	109,061人	22,355人	20.5%（4.9倍）	35点
1983（昭和58）年	119,919人	103,953人	13,761人	13.2%（7.6倍）	30点
1984（昭和59）年	119,703人	102,233人	16,325人	16.0%（6.3倍）	31点
1985（昭和60）年	120,943人	104,566人	16,170人	15.5%（6.5倍）	32点
1986（昭和61）年	150,432人	131,073人	21,786人	16.6%（6.0倍）	33点
1987（昭和62）年	219,036人	192,785人	36,669人	19.0%（5.3倍）	35点
1988（昭和63）年	280,660人	235,803人	39,537人	16.8%（6.0倍）	35点
1989（平成1）年	339,282人	281,701人	41,978人	14.9%（6.7倍）	33点
1990（平成2）年	422,904人	342,111人	44,149人	12.9%（7.7倍）	26点
1991（平成3）年	348,008人	280,779人	39,181人	14.0%（7.2倍）	34点
1992（平成4）年	282,806人	223,700人	35,733人	16.0%（6.3倍）	32点
1993（平成5）年	242,212人	195,577人	28,138人	14.4%（6.9倍）	33点
1994（平成6）年	248,076人	201,542人	30,500人	15.1%（6.6倍）	33点
1995（平成7）年	249,678人	202,589人	28,124人	13.9%（7.2倍）	28点
1996（平成8）年	244,915人	197,168人	29,065人	14.7%（6.8倍）	32点
1997（平成9）年	234,175人	190,135人	26,835人	14.1%（7.1倍）	34点
1998（平成10）年	224,822人	179,713人	24,930人	13.9%（7.2倍）	30点
1999（平成11）年	222,913人	178,393人	28,277人	15.9%（6.3倍）	30点
2000（平成12）年	210,466人	168,095人	25,928人	15.4%（6.5倍）	30点
2001（平成13）年	204,629人	165,119人	25,203人	15.3%（6.6倍）	34点
2002（平成14）年	209,672人	169,657人	29,423人	17.3%（5.8倍）	36点
2003（平成15）年	210,182人	169,625人	25,942人	15.3%（6.5倍）	35点
2004（平成16）年	216,830人	173,457人	27,639人	15.9%（6.3倍）	32点
2005（平成17）年	226,665人	181,880人	31,520人	17.3%（5.8倍）	33点
2006（平成18）年	240,278人	193,573人	33,191人	17.1%（5.8倍）	34点
2007（平成19）年	260,633人	209,684人	36,203人	17.3%（5.8倍）	35点
2008（平成20）年	260,591人	209,415人	33,946人	16.2%（6.2倍）	33点
2009（平成21）年	241,944人	195,515人	34,918人	17.9%（5.6倍）	33点
2010（平成22）年	228,214人	186,542人	28,311人	15.2%（6.6倍）	36点
2011（平成23）年	231,596人	188,572人	30,391人	16.1%（6.2倍）	36点
2012（平成24）年	236,350人	191,169人	32,000人	16.7%（6.0倍）	33点
2013（平成25）年	234,586人	186,304人	28,470人	15.3%（6.5倍）	33点
2014（平成26）年	238,343人	192,029人	33,670人	17.5%（5.7倍）	32点
2015（平成27）年	243,199人	194,926人	30,028人	15.4%（6.5倍）	31点
2016（平成28）年	245,742人	198,463人	30,589人	15.4%（6.5倍）	35点
2017（平成29）年	258,511人	209,354人	32,644人	15.6%（6.4倍）	35点
2018（平成30）年	265,444人	213,993人	33,360人	15.6%（6.4倍）	37点
2019（令和元）年	276,019人	220,797人	37,481人	17.0%（5.9倍）	35点

資料 3.　分野ごとの出題数（2009 ～ 2019 年度）

	1 2 3 4 5 6 7 8 9 10 11 12 13 14 15 16 17 18 19 20
1巻　権 利 関 係 （本試験第 1 ～14問）	14問出題
2巻　宅 建 業 法 （本試験第26～45問）	20問出題
3巻前半　法令上の制限 （本試験第15～22問）	8問出題
3巻後半　その他の分野 （本試験第23～25問、 　　第46～50問）	8問出題 （税　法 2問） （その他 6問）
	1 2 3 4 5 6 7 8 9 10 11 12 13 14 15 16 17 18 19 20

も　く　じ

2020 年版ごあいさつ

一番ラクで確実な合格方法!!
過去問宅建塾の特長と使い方

第 1 編（41 問）··2
　　宅　建　業
第 2 編（35 問）··88
　　宅地建物取引士
　　営業保証金と保証協会
第 3 編（54 問）··162
　　業務上の規制と媒介契約
　　報酬額の制限
第 4 編（42 問）··274
　　「自ら売主」の「8 つの制限」
第 5 編（62 問）··362
　　重要事項説明書と 37 条書面
　　監督処分と罰則
問題さくいん··489

IX

第1編

宅建業

宅建業とは？ [平27-26]

　次の記述のうち、宅地建物取引業法（以下この問において「法」という。）の規定によれば、正しいものはいくつあるか。

ア　都市計画法に規定する工業専用地域内の土地で、建築資材置き場の用に供されているものは、法第2条第1号に規定する宅地に該当する。

イ　社会福祉法人が、高齢者の居住の安定確保に関する法律に規定するサービス付き高齢者向け住宅の貸借の媒介を反復継続して営む場合は、宅地建物取引業の免許を必要としない。

ウ　都市計画法に規定する用途地域外の土地で、倉庫の用に供されているものは、法第2条第1号に規定する宅地に該当しない。

エ　賃貸住宅の管理業者が、貸主から管理業務とあわせて入居者募集の依頼を受けて、貸借の媒介を反復継続して営む場合は、宅地建物取引業の免許を必要としない。

(1)　一つ
(2)　二つ
(3)　三つ
(4)　四つ

　用途地域。

講義

ア　**正**。工業専用地域は用途地域だ。**用途地域**内の土地は、道路・公園等以外は全て宅地だ。建物の有無は関係ない。本肢は、用途地域内の建築資材置き場だから宅地だ。　　　　　　　　　　　　272頁③、403頁⑧

イ　**誤**。住宅の貸借の媒介を反復継続して営むことは、宅建業に当たる。そして、①国、②地方公共団体、③信託銀行、④信託会社は、免許なしに宅建業ができる。しかし、**社会福祉法人**は①〜④のどれにも該当しないから、宅建業を行うためには、免許が必要だ。　　　　　276頁(3)

ウ　**誤**。**今現在**、建物が建っている土地は宅地だ。本肢の土地は、倉庫の用に供されている土地（＝今現在、建物が建っている土地）だから、宅地だ。
　　　　　　　　　　　　　　　　　　　　　　272頁①、273頁①

エ　**誤**。**貸借の媒介**は取引だ。だから、住宅の貸借の媒介を反復継続して営む場合は、免許が必要だ。なお、管理業は、宅建業に当たらない。だから、本肢の管理業者が、管理業務だけしか行わないなら、免許は必要ない。
　　　　　　　　　　　　　　　　　　　　　　273頁3.、274頁(2)

以上により、正しいものはアだけなので、正解は肢(1)となる。

　　　　　　　　　　　　　　　　　　　　　　　　　　正　解　(1)

宅建業をする場合、免許は必要か？
・学校法人　➡　必要
・宗教法人　➡　必要
・社会福祉法人　➡　必要（肢イ）
・農業協同組合　➡　必要

宅建業とは？ [令1-42]

宅地建物取引業法第2条第1号に規定する宅地に関する次の記述のうち、誤っているものはどれか。

(1) 建物の敷地に供せられる土地は、都市計画法に規定する用途地域の内外を問わず宅地であるが、道路、公園、河川等の公共施設の用に供せられている土地は、用途地域内であれば宅地とされる。

(2) 宅地とは、現に建物の敷地に供せられている土地に限らず、広く建物の敷地に供する目的で取引の対象とされた土地をいうものであり、その地目、現況の如何を問わない。

(3) 都市計画法に規定する市街化調整区域内において、建物の敷地に供せられる土地は宅地である。

(4) 都市計画法に規定する準工業地域内において、建築資材置場の用に供せられている土地は宅地である。

 用途地域内の土地→公共施設用地を除いて、宅地。

講義

(1) 誤。今現在、建物が建っている土地（建物の敷地に供せられている土地）は宅地だ（前半は○）。用途地域内の土地は、原則として、宅地だ。ただし、用途地域内の土地であっても、道路・公園・河川等の公共施設用地は、宅地ではない（後半が×）。　　　　　　　　　　　272頁①、③

(2) 正。今現在、建物が建っている土地は宅地だ。また、今現在、建物は建っていないが、建物を建てる目的で取引される土地（建物の敷地に供する目的で取引される土地）も宅地だ。その地目や現況は関係ない。だから、建物を建てる目的で取引される土地は、地目・現況の如何に関わらず宅地だ。　　　　　　　　　　　272頁①、②

(3) 正。今現在、建物が建っている土地は宅地だ。その土地が市街化調整区域内にあっても、今現在、建物が建っている土地なら宅地だ。
　　　　　　　　　　　272頁①

(4) 正。用途地域内の土地は、道路・公園・河川等の公共施設用地を除いて、宅地だ。準工業地域は用途地域だ。だから、準工業地域内（つまり、用途地域内）において、建築資材置場の用に供せられている土地は、宅地だ。
　　　　　　　　　　　272頁③、403頁⑥

正　解　(1)

用途地域内の土地は、
➡　道路・公園・河川等の公共施設用地を除いて、宅地だ（肢(1)(4)）。

宅建業とは？ [㍻19-32]

宅地建物取引業の免許（以下この問において「免許」という。）に関する次の記述のうち、正しいものはどれか。

(1) Aが、競売により取得した宅地を10区画に分割し、宅地建物取引業者に販売代理を依頼して、不特定多数の者に分譲する場合、Aは免許を受ける必要はない。

(2) Bが、自己所有の宅地に自ら貸主となる賃貸マンションを建設し、借主の募集及び契約をCに、当該マンションの管理業務をDに委託する場合、Cは免許を受ける必要があるが、BとDは免許を受ける必要はない。

(3) 破産管財人が、破産財団の換価のために自ら売主となって、宅地又は建物の売却を反復継続して行い、その媒介をEに依頼する場合、Eは免許を受ける必要はない。

(4) 不特定多数の者に対し、建設業者Fが、建物の建設工事を請け負うことを前提に、当該建物の敷地に供せられる土地の売買を反復継続してあっせんする場合、Fは免許を受ける必要はない。

Hint! 「取引」に当たらない。＝免許なしで、誰でもできる。

講義

(1) **誤**。代理人である業者が行った契約の効力は本人Aに帰属する。つまり、業者が宅地の一区画を4月1日にXに売却すれば、その効力は直接Aに帰属することになる。また、業者が宅地の一区画を4月2日にYに売却すれば、その効力は直接Aに帰属することになる。こうしてA自身が、不特定多数の人に反復継続して売買を行っていることになるのだ。だから、**Aは免許が必要だ**。　　　　　　　　　　　　　　　　275頁(2)

(2) **正**。「自ら貸借」は「取引」に当たらない。だから、**「自ら貸借」をするには免許はいらない**。したがって、Bは免許が不要だ。また、「管理」は、「売買・交換・貸借」のどれにも該当しない。だから、ビル管理業は宅建業には当たらないので、ビル管理業をするには免許はいらない。したがって、Dは免許が不要だ。そして、Cは「貸借」の「代理」をしているのだから、免許が必要だ。　　　　　　　　　　　　　　　　　　　　　274頁

(3) **誤**。宅地建物の「売買」を「媒介する」ことは「取引」に当たる。だから、宅地建物の**「売買」**の**「媒介」**を反復継続して行っているEは免許が必要だ。
　　　　　　　　　　　　　　　　　　　　　273頁3.、275頁4.

(4) **誤**。建物の建築工事を請け負うことを前提にしてはいるが、Fは宅地の**「売買」**の**「あっせん（媒介）」**を反復継続して行っている。だから、Fは免許が必要だ。　　　　　　　　　　　　　　　　　　　　　273頁3.

　　　　　　　　　　　　　　　　　　　　　正 解 (2)

「取引」に当たらないもの
　① **自ら貸借を行うこと**（肢(2)）
　② ビル管理業（肢(2)）
　③ 宅地の造成業
　①〜③は「取引」に当たらない。だから、①〜③は免許なしで、誰でもできる。

宅建業とは？ [平26-26]

宅地建物取引業の免許（以下この問において「免許」という。）に関する次の記述のうち、宅地建物取引業法の規定によれば、正しいものはいくつあるか。

ア　Aの所有する商業ビルを賃借しているBが、フロアごとに不特定多数の者に反復継続して転貸する場合、AとBは免許を受ける必要はない。

イ　宅地建物取引業者Cが、Dを代理して、Dの所有するマンション（30戸）を不特定多数の者に反復継続して分譲する場合、Dは免許を受ける必要はない。

ウ　Eが転売目的で反復継続して宅地を購入する場合でも、売主が国その他宅地建物取引業法の適用がない者に限られているときは、Eは免許を受ける必要はない。

エ　Fが借金の返済に充てるため、自己所有の宅地を10区画に区画割りして、不特定多数の者に反復継続して売却する場合、Fは免許を受ける必要はない。

(1)　一つ　(2)　二つ　(3)　三つ　(4)　なし

「買う」ことも「売買」。

講 義

ア　**正**。「**自ら貸借（転貸）を行うこと**」は、「取引」に当たらないので、免許なしで誰でもできる。だから、「**自ら貸借**」しているだけのAは免許不要だ。また、「**自ら転貸**」しているだけのBも免許不要だ。

274頁(1) 注意!

イ　**誤**。例えば、代理人のCが、4月1日にマンションの1戸をXに売却すると、その効力は、直接Dに帰属し、Dが4月1日にXにマンションの1戸を売却したことになる。そして、Cが4月2日にマンションの1戸をYに売却すると、これまたDがYに売却したことになる。こうして**D自身**が、**不特定多数**の人に**反復継続**して売買を行っていることになるのだ。だから、Dは免許が必要だ。

275頁(2)

ウ　**誤**。転売するために宅地建物を反復継続して**自ら購入**する場合も、「**自ら売買**」となり、「取引」に当たるので免許が必要だ。なお、Eは商品となる宅地を、国その他の宅建業法の適用のない者から仕入れているが、仕入先（売主）に宅建業法の適用があるかどうかは関係ない。

273頁3.

エ　**誤**。宅地建物の「売買」を「**自ら行う**」ことは、「取引」に当たる。だから、**不特定多数**の人に**反復継続**して、宅地の「**売買**」を「**自ら行う**」Fは免許が必要だ。

273頁3.、275頁4.

以上により、正しいものはアだけなので、正解は肢(1)となる。

正 解　(1)

肢ウについて

「売る」だけでなく、「**買う（購入する）**」ことも「**売買**」だ。

➡ だから、宅地を購入するEは、宅地の「**売買**」を「**自ら行う**」ことになる。

宅建業とは？　　　　　　　　　　　　[平17-30]

　宅地建物取引業の免許（以下この問において「免許」という。）に関する次の記述のうち、正しいものはどれか。

(1)　Aの所有するオフィスビルを賃借しているBが、不特定多数の者に反復継続して転貸する場合、AとBは免許を受ける必要はない。

(2)　建設業の許可を受けているCが、建築請負契約に付随して、不特定多数の者に建物の敷地の売買を反復継続してあっせんする場合、Cは免許を受ける必要はない。

(3)　Dが共有会員制のリゾートクラブ会員権（宿泊施設等のリゾート施設の全部又は一部の所有権を会員が共有するもの）の売買の媒介を不特定多数の者に反復継続して行う場合、Dは免許を受ける必要はない。

(4)　宅地建物取引業者であるE（個人）が死亡し、その相続人FがEの所有していた土地を20区画に区画割りし、不特定多数の者に宅地として分譲する場合、Fは免許を受ける必要はない。

 転貸も貸借と同じこととして考えよ！

講義

(1) 正。「自ら貸借（転貸）を行うこと」は、「取引」に当たらないので、免許なしでだれでもできる。だから、所有しているオフィスビルを「自ら貸借」しているだけのAは、免許不要だ。また、Bも「自ら転貸」しているだけだから、免許不要だ。　　　　　　　　　　　　　　274頁(1)

(2) 誤。Cは、建物の敷地（宅地）の売買を不特定多数の者に反復継続してあっせん（媒介）している。だから、トーゼン免許が必要だ。たとえ、建物の敷地（宅地）の売買が請負契約に付随している場合でも、免許が必要なことに変わりはない。　　　　　　　　　　　275頁 4.

(3) 誤。共有会員制のリゾートクラブ会員権は、要するに建物の持分と考えればよい。つまり、共有会員制のリゾートクラブ会員権の売買の媒介を不特定多数の者に反復継続して行うことは、建物の売買の媒介を不特定多数の者に反復継続して行うのと同じことだ。だから、トーゼンDは、免許が必要だ。　　　　　　　　　　　　　　272頁 1.、273頁 2.

(4) 誤。業者である故人がその生前に締結していた契約を相続人が履行する場合は、相続人は免許を受ける必要はない。しかし、本肢のFは、Eが生前に締結していた契約を履行するのではなく、F自身が不特定多数の者に宅地を分譲するのだから、トーゼンFは、免許が必要だ。　282頁(3)

正 解　(1)

「自ら貸借」・「自ら転貸」は「取引」に当たるか？
- 自ら貸借 ➡ 「取引」に当たらないので、免許なしでだれでもできる（肢(1)）。
- 自ら転貸 ➡ 「取引」に当たらないので、免許なしでだれでもできる（肢(1)）。

宅建業とは？　　　　　　　　　　　[平23-26]

　宅地建物取引業の免許（以下この問において「免許」という。）に関する次の記述のうち、正しいものはどれか。

(1) 宅地建物取引業を営もうとする者は、同一県内に2以上の事務所を設置してその事業を営もうとする場合にあっては、国土交通大臣の免許を受けなければならない。

(2) Aが、B社が甲県に所有する1棟のマンション（20戸）を、貸主として不特定多数の者に反復継続して転貸する場合、Aは甲県知事の免許を受けなければならない。

(3) C社が乙県にのみ事務所を設置し、Dが丙県に所有する1棟のマンション（10戸）について、不特定多数の者に反復継続して貸借の代理を行う場合、C社は乙県知事の免許を受けなければならない。

(4) 宅地建物取引業を営もうとする者が、国土交通大臣又は都道府県知事から免許を受けた場合、その有効期間は、国土交通大臣から免許を受けたときは5年、都道府県知事から免許を受けたときは3年である。

 自ら貸借（転貸）は取引に当たるか？

講義

(1) 誤。**1つの都道府県内だけ**に事務所を設置する場合には、その都道府県の**知事**から免許をもらわなければならない（事務所が2以上でも、そのすべての事務所が1つの都道府県内にあるのなら、知事免許だ）。

277頁(1)

(2) 誤。「**自ら転貸**」は**取引に当たらない**。だから、「自ら転貸」をするAは免許を受ける必要はない。

274頁(1)

(3) 正。「**貸借の代理**」は**取引に当たる**。だから、不特定多数の者に反復継続して「貸借の代理」を行うC社は免許を受ける必要がある。そして、C社は乙県にのみ事務所を設置しているので、乙県知事免許が必要だ。

273頁3.、277頁(1)

(4) 誤。免許の有効期間は**5年**だ。大臣免許でも、知事免許でも有効期間は5年だから、本肢は×だ。

281頁(1)

正解 (3)

Point!

取引に当たるか？
① 自ら貸借・自ら転貸 ➡ ✕ （肢(2)）
② 貸借の代理 ➡ ◯ （肢(3)）
③ 貸借の媒介 ➡ ◯

宅建業とは？　　　　　　　　　　　　　　　[平30-41]

　次の記述のうち、宅地建物取引業の免許を要する業務が含まれるものはどれか。

⑴　A社は、所有する土地を10区画にほぼ均等に区分けしたうえで、それぞれの区画に戸建住宅を建築し、複数の者に貸し付けた。

⑵　B社は、所有するビルの一部にコンビニエンスストアや食堂など複数のテナントの出店を募集し、その募集広告を自社のホームページに掲載したほか、多数の事業者に案内を行った結果、出店事業者が決まった。

⑶　C社は賃貸マンションの管理業者であるが、複数の貸主から管理を委託されている物件について、入居者の募集、貸主を代理して行う賃貸借契約の締結、入居者からの苦情・要望の受付、入居者が退去した後の清掃などを行っている。

⑷　D社は、多数の顧客から、顧客が所有している土地に住宅や商業用ビルなどの建物を建設することを請け負って、その対価を得ている。

自ら貸借が2つ、貸借の代理が1つある。

講義

(1) 含まれない。「自ら貸借」をするには、免許はいらない。戸建て住宅を貸し付けることは、「自ら貸借」だ。だから、A社は免許不要だ（免許を要する業務は含まれない）。　　　　　　　　　　　　　　　274頁(1)

(2) 含まれない。難しく考える必要はない。「所有するビルに出店を募集し～出店事業者が決まった」とあるから、結局、自分のビルを貸したということだ。（B社が行っていることは、「自ら貸借」だ）。だから、B社は免許不要だ（免許を要する業務は含まれない）。　　　　　　　274頁(1)

(3) 含まれる。C社は貸主を代理して行う賃貸借契約の締結を行っている。「貸借の代理」を行っているのだから、C社は免許が必要だ（免許を要する業務が含まれる）。　　　　　　　　　　　　　　　　　273頁3.

(4) 含まれない。D社が行っているのは建設だ。当たり前の話だが、建設は宅建業の取引には当たらない。だから、D社は免許不要だ（免許を要する業務は含まれない）。　　　　　　　　　　　　　　　　　273頁3.

正　解　(3)

Point!

「**自ら貸借**」をするには、
➡ 免許はいらない。

コメント　肢(1)のA社と肢(2)のB社が行っているのは、「自ら貸借」だ。だから、A社もB社も免許不要だ。

宅建業とは? [令1-26]

宅地建物取引業法に関する次の記述のうち、正しいものはどれか。

(1) 宅地建物取引業者は、自己の名義をもって、他人に、宅地建物取引業を営む旨の表示をさせてはならないが、宅地建物取引業を営む目的をもってする広告をさせることはできる。

(2) 宅地建物取引業とは、宅地又は建物の売買等をする行為で業として行うものをいうが、建物の一部の売買の代理を業として行う行為は、宅地建物取引業に当たらない。

(3) 宅地建物取引業の免許を受けていない者が営む宅地建物取引業の取引に、宅地建物取引業者が代理又は媒介として関与していれば、当該取引は無免許事業に当たらない。

(4) 宅地建物取引業者の従業者が、当該宅地建物取引業者とは別に自己のために免許なく宅地建物取引業を営むことは、無免許事業に当たる。

免許がない人は宅建業ができない（当たり前の話）。

講義

(1) **誤**。業者は、自己の名義をもって、他人に、宅建業を営む旨の表示をさせてはならない。もちろん、**広告**をさせることもダメだ（宅建業を営む目的をもってする広告をさせてはならない）。　　　　　　　　　388頁⑥

(2) **誤**。マンションの1室のような、建物の**一部**も建物だ。だから、建物の一部の売買の代理を業として行う行為は、宅建業に当たる。
　　　　　　　　　　　　　　　　　　　　　　　　　　　　　273頁2.

(3) **誤**。**免許**を受けていない者が宅建業の取引をすれば、その取引はトーゼン無免許事業に当たる。本肢のように、業者が代理または媒介として関与していたとしても、もちろん、無免許事業だ。　　　273頁3.

(4) **正**。従業者が、自己のために宅建業を営むのであれば、従業者自身の**免許**が必要だ。本肢の従業者は免許を持っていないのだから、無免許事業に当たる。

正　解　(4)

次の①〜③は禁止だ。
① 名義貸し。
② 自己の名義をもって、他人に宅建業を営む旨の表示をさせること（肢(1)）。
③ 自己の名義をもって、他人に宅建業を営む目的をもってする**広告**をさせること（肢(1)）。

宅建業とは？　　　　　　　　　　　　　　　　[平24-27]

宅地建物取引業の免許（以下この問において「免許」という。）に関する次の記述のうち、正しいものはどれか。

(1) 免許を受けていた個人Aが死亡した場合、その相続人Bは、死亡を知った日から30日以内にその旨をAが免許を受けた国土交通大臣又は都道府県知事に届け出なければならない。

(2) Cが自己の所有する宅地を駐車場として整備し、賃貸を業として行う場合、当該賃貸の媒介を、免許を受けているD社に依頼するとしても、Cは免許を受けなければならない。

(3) Eが所有するビルを賃借しているFが、不特定多数の者に反復継続して転貸する場合、Eは免許を受ける必要はないが、Fは免許を受けなければならない。

(4) G社（甲県知事免許）は、H社（国土交通大臣免許）に吸収合併され、消滅した。この場合、H社を代表する役員Iは、当該合併の日から30日以内にG社が消滅したことを国土交通大臣に届け出なければならない。

宅建業とは？

講 義

(1) 正。業者が死亡した場合、その相続人は死亡を知ってから30日以内に免許権者に届け出なければならない。　　284頁 よく出るポイント①

(2) 誤。「自ら貸借（自ら転貸）」は「取引」に当たらない＝免許なしで、誰でもできる。だから、Cは免許を受ける必要はない。　　273頁 注意！

(3) 誤。「自ら貸借（自ら転貸）」は「取引」に当たらない＝免許なしで、誰でもできる。だから、自ら貸借をしているEも、自ら転貸をしているFも免許を受ける必要はない。　　274頁(1)

(4) 誤。合併の場合、消滅会社の代表役員だった者が30日以内に免許権者に届け出なければならない。だから、本肢の場合は、G社（消滅会社）の代表役員だった者が甲県知事に届出をしなければならない（H社を代表する役員Iが届出をするのではない）。

283頁 下の表 ②、284頁 よく出るポイント①

正　解　(1)

業者が業者でなくなる場合の届出（廃業等の届出）

	届出義務者
① 死　　亡	相　続　人（肢(1)）
② 合　　併	**消滅**会社の代表役員だった者（肢(4)）
③ 破　　産	**破産管財人** 注意！
④ 解　　散	清　算　人
⑤ 廃　　業	代表役員（個人業者なら本人）

注意！　宅地建物取引士が破産した場合には**本人**が届け出る。

➡ 届出義務者が30日以内に（死亡の場合だけは相続人が**知ってから**30日以内に）免許権者に届け出なければならない（肢(1)）。

宅建業とは？　　　　　　　　　　　　　　　[平22-26]

　宅地建物取引業の免許（以下この問において「免許」という。）に関する次の記述のうち、正しいものはどれか。

(1)　農地所有者が、その所有する農地を宅地に転用して売却しようとするときに、その販売代理の依頼を受ける農業協同組合は、これを業として営む場合であっても、免許を必要としない。

(2)　他人の所有する複数の建物を借り上げ、その建物を自ら貸主として不特定多数の者に反復継続して転貸する場合は、免許が必要となるが、自ら所有する建物を貸借する場合は、免許を必要としない。

(3)　破産管財人が、破産財団の換価のために自ら売主となり、宅地又は建物の売却を反復継続して行う場合において、その媒介を業として営む者は、免許を必要としない。

(4)　信託業法第3条の免許を受けた信託会社が宅地建物取引業を営もうとする場合、免許を取得する必要はないが、その旨を国土交通大臣に届け出ることが必要である。

　免許がなくても宅建業をできる人がいる。

講義

(1) **誤**。免許がなくとも宅建業をできる人がいる。①国、②地方公共団体、③信託銀行、④信託会社だ。農業協同組合は、①〜④に**該当しない**から、宅建業をするには、免許が必要だ。　　　　　　　　　　276頁(3)

(2) **誤**。「**自ら貸借(自ら転貸)**」は「取引」に当たらない。だから、免許なしで、誰でもできる。したがって、自ら借主として不特定多数の者に反復継続して転貸する場合も、自ら所有する建物を貸借する場合も免許は不要だ。
274頁(1)

(3) **誤**。破産管財人が、**破産財団の換価**のために自ら売主となる場合、破産管財人は、免許は不要だ(裁判所が監督しているので、破産管財人は悪どいことはできない。だから免許不要)。しかし、その媒介を業として行うものは免許が必要だ。　　　　　　　　　276頁 下の 注意!

(4) **正**。**信託会社**は、免許がなくても宅建業ができる。ただし、一定事項を大臣に届け出ることが必要だ。　　　　　　　　　276頁(3)

正 解 (4)

Point!

免許がなくとも宅建業をできる人
① 国
② 地方公共団体
③ 信託銀行
④ 信託会社

注意1　③の信託銀行と④の信託会社は、一定事項を大臣に届け出ることが必要(肢(4))。

注意2　破産管財人が、破産財団の換価のために自ら売主となる場合は免許が不要だ。

免許換え等 [平20-30]

次の記述のうち、宅地建物取引業法（以下この問において「法」という。）の規定によれば、正しい内容のものはどれか。

(1) Xは、甲県で行われた宅地建物取引士資格試験に合格した後、乙県に転居した。その後、登録実務講習を修了したので、乙県知事に対し法第18条第1項の登録を申請した。

(2) Yは、甲県知事から宅地建物取引士証（以下「取引士証」という。）の交付を受けている。Yは、乙県での勤務を契機に乙県に宅地建物取引士の登録の移転をしたが、甲県知事の取引士証の有効期間が満了していなかったので、その取引士証を用いて宅地建物取引士としてすべき事務を行った。

(3) A社（国土交通大臣免許）は、甲県に本店、乙県に支店を設置しているが、乙県の支店を廃止し、本店を含むすべての事務所を甲県内にのみ設置して事業を営むこととし、甲県知事へ免許換えの申請を行った。

(4) B社（甲県知事免許）は、甲県の事務所を廃止し、乙県内で新たに事務所を設置して宅地建物取引業を営むため、甲県知事へ廃業の届けを行うとともに、乙県知事へ免許換えの申請を行った。

 1つの都道府県内にだけ事務所を設置する場合はドーなる？

講義

(1) 誤。登録をしようとするときは、受験地の知事に申請することが必要だ。だから、Xは、甲県知事に登録を申請しなければならない。
296頁(2)

(2) 誤。登録を移転すると、今の取引士証は失効する。だから、Yが甲県知事から交付されていた取引士証は効力を失うので、Yは、その取引士証を用いて事務を行うことはできない。
303頁 よく出るポイント②

(3) 正。1つの都道府県内にだけ事務所を設置する場合には、その都道府県の知事の免許が必要になる。A社は、すべての事務所を甲県内にだけ設置して事業を営むことになったのだから、甲県知事に免許換えを申請しなければならない。
277頁(1)、280頁②

(4) 誤。B社は、宅建業をやめるわけではないのだから、廃業の届けをする必要はない。だから、本肢は×だ。ちなみに、「乙県知事に免許換えの申請を行った」という点は正しい。念のため。
280頁③

正 解 (3)

登録と取引士証の交付
Q1 どこに登録するの？
A1 **受験地**の知事に登録する（肢(1)）。
Q2 どこの知事が取引士証を交付してくれるの？
A2 自分が登録をしている知事が交付してくれる。

従業者名簿・帳簿 [平29-35]

次の記述のうち、宅地建物取引業法（以下この問において「法」という。）の規定によれば、正しいものはどれか。

(1) 宅地建物取引業者は、自ら貸主として締結した建物の賃貸借契約について、法第49条に規定されている業務に関する帳簿に、法及び国土交通省令で定められた事項を記載しなければならない。

(2) 宅地建物取引業者は、その業務に関する帳簿を、一括して主たる事務所に備えれば、従たる事務所に備えておく必要はない。

(3) 宅地建物取引業者は、その業務に関する帳簿に報酬の額を記載することが義務付けられており、違反した場合は指示処分の対象となる。

(4) 宅地建物取引業者は、その業務に従事する者であっても、一時的に事務の補助のために雇用した者については、従業者名簿に記載する必要がない。

 宅建業法に違反→指示処分の対象となる。

講義

(1) 誤。「**自ら貸借**」は「取引」には当たらない(「自ら貸借」の場合は宅建業法が適用されない)。だから、帳簿に一定の事項を記載する必要はない。「帳簿に一定の事項を記載しなければならない」というのは、宅建業法上のルールだ。「自ら貸借」の場合は、そもそも宅建業法が適用されないのだから、「帳簿に一定の事項を記載しなければならない」というルールも適用されないということ。　　　　　　　　　273頁3.、292頁(4)

(2) 誤。業者は**事務所**ごとに、業務に関する帳簿を置かなければならない。主たる事務所に一括しておいてもダメだ。　　　　　　　　292頁(4)

(3) 正。**報酬の額**は帳簿の記載事項だ。だから、記載しなかったら宅建業法違反となり、指示処分の対象となる。　　292頁(4)、385頁(1)①

(4) 誤。業者は事務所ごとに、従業者名簿を置かなければならない。名簿には、従業者1人1人について一定の事項(宅地建物取引士か否か等)が記載される。この従業者には、代表者(社長)、役員(非常勤を含む)、**一時的に事務を補助する者**(パート・アルバイト)も含まれる。だから、一時的に事務を補助する者も従業者名簿に記載する必要がある。

292頁(3)、306頁 注意!

正解　(3)

帳簿の記載事項
　① 取引の年月日
　② 宅地建物の所在・面積
　③ 取引態様の別
　④ **報酬の額**(肢(3))

従業者名簿・帳簿その他　　　　［㍻20-42］

次の記述のうち、宅地建物取引業法の規定によれば、正しいものはどれか。

(1) 宅地建物取引業者は、販売予定の戸建住宅の展示会を実施する際、会場で売買契約の締結や売買契約の申込みの受付を行わない場合であっても、当該会場内の公衆の見やすい場所に国土交通省令で定める標識を掲示しなければならない。

(2) 宅地建物取引業者は、その事務所ごとに、その業務に関する帳簿を備え、取引の関係者から請求があったときは、閲覧に供しなければならない。

(3) 宅地建物取引業者は、主たる事務所には、設置しているすべての事務所の従業者名簿を、従たる事務所には、その事務所の従業者名簿を備えなければならない。

(4) 宅地建物取引業者は、その業務に従事させる者に、従業者証明書を携帯させなければならないが、その者が非常勤の役員や単に一時的に事務の補助をする者である場合には携帯をさせなくてもよい。

 契約をしない場合も、必要だ！

講義

(1) 正。展示会などの催しを実施する場所には、標識を掲示しなければならない。たとえ、売買契約を行わない場合でも、掲示する必要がある。
290頁(1) 注意！

(2) 誤。業者は事務所ごとに、業務に関する帳簿（取引のあったつど、取引内容を記載する）を置かなければならない（パソコンのハードディスク等でも可）。しかし、業者は、取引の関係者から請求があっても、帳簿を見せる必要はないので、本肢は×だ。取引の関係者から請求があった場合に見せなければならないのは、従業者名簿だ。ヒッカカらないように注意しよう！
292頁(3)、(4)

(3) 誤。業者は、主たる事務所には主たる事務所の従業者名簿を、従たる事務所には、その従たる事務所の従業者名簿を置かなければならない。つまり、主たる事務所には、主たる事務所の従業者名簿だけを置けばOKなので、「主たる事務所には、設置しているすべての事務所の従業者名簿（＝主たる事務所の従業者名簿＋従たる事務所の従業者名簿）を、置かなければならない」とある本肢は×だ。
292頁(3)

(4) 誤。宅建業者は、従業者全員に、従業者証明書を携帯させなければ、業務に従事させることができない。
305頁(2)

正解 (1)

標識が必要な場所
① 事務所
② 案内所
③ 展示会などの催しを実施する場所（肢(1)）
④ 宅地建物の所在場所（現地のこと）
⑤ 継続的業務施設（営業所などのこと）

帳簿・証明書その他　　　　　　　　　　　［平25-41］

宅地建物取引業法の規定によれば、次の記述のうち、正しいものはどれか。

(1) 宅地建物取引業者は、その事務所ごとにその業務に関する帳簿を備えなければならないが、当該帳簿の記載事項を事務所のパソコンのハードディスクに記録し、必要に応じ当該事務所においてパソコンやプリンターを用いて紙面に印刷することが可能な環境を整えていたとしても、当該帳簿への記載に代えることができない。

(2) 宅地建物取引業者は、その主たる事務所に、宅地建物取引業者免許証を掲げなくともよいが、国土交通省令で定める標識を掲げなければならない。

(3) 宅地建物取引業者は、その事務所ごとに、その業務に関する帳簿を備え、宅地建物取引業に関し取引のあった月の翌月1日までに、一定の事項を記載しなければならない。

(4) 宅地建物取引業者は、その業務に従事させる者に、従業者証明書を携帯させなければならないが、その者が宅地建物取引士で宅地建物取引士証を携帯していれば、従業者証明書は携帯させなくてもよい。

 たしかに業者です、ということを示す必要あり。

講義

(1) 誤。業者は事務所ごとに、業務に関する帳簿（取引のあったつど、取引内容を記載する）を置かなければならないが、ハードディスクに記録する方法でも OK だ。　292頁(4)

(2) 正。たしかに業者です、ということを示すために、業者は事務所ごとの見やすい場所に標識を掲示しなければならない。免許証を掲示する必要はない。　290頁(1)

(3) 誤。業者は取引のあったつど、一定の事項を帳簿に記載しなければならない。「翌月1日までに」ではないので、本肢は×だ。　292頁(4)

(4) 誤。取引士証には、勤務先は記載されていないから、従業者証明書の代わりにはならない。だから、従業者が取引士である場合（従業者が取引士証を携帯している場合）でも、従業者証明書を携帯させる必要がある。　305頁(2)

正　解　(2)

Point!
事務所に掲示する義務があるか？（肢(2)）
1. 標　識 ➡ ○
2. 免許証 ➡ ×

帳簿・証明書その他　　　　　　　　　　[令1-40]

次の記述のうち、宅地建物取引業法の規定によれば、誤っているものはどれか。

(1) 宅地建物取引業者の従業者は、取引の関係者の請求があったときは、従業者証明書を提示しなければならないが、宅地建物取引士は、重要事項の説明をするときは、請求がなくても説明の相手方に対し、宅地建物取引士証を提示しなければならない。

(2) 宅地建物取引業者は、その業務に関する帳簿を、各取引の終了後5年間、当該宅地建物取引業者が自ら売主となる新築住宅に係るものにあっては10年間、保存しなければならない。

(3) 宅地建物取引業者が、一団の宅地建物の分譲を案内所を設置して行う場合、その案内所が一時的かつ移動が容易な施設であるときは、当該案内所には、クーリング・オフ制度の適用がある旨等所定の事項を表示した標識を掲げなければならない。

(4) 宅地建物取引業者が、一団の宅地建物の分譲を案内所を設置して行う場合、その案内所が契約を締結し、又は契約の申込みを受ける場所であるときは、当該案内所には、専任の宅地建物取引士を置かなければならない。

保存期間は、閉鎖後5年間（10年間）だ。

講義

(1) 正。従業者は、取引関係者から請求があったときは、従業者証明書を提示しなければならない（前半は○）。宅地建物取引士は、重要事項の説明をするときは、請求がなくても説明の相手方に対し、宅地建物取引士証を提示しなければならない（後半も○）。　304頁(1)②、305頁(2)

(2) 誤。帳簿の保存期間は、「帳簿の閉鎖後」5年間（自ら売主となる新築住宅に係るものは10年間）だ。「取引の終了後」5年間（10年間）ではない。　292頁(4)

(3) 正。本肢の案内所は、一時的かつ移動が容易な施設だ。つまり、土地に定着していないわけだ（テント張りの案内所をイメージすればよい）。だから、クーリング・オフができる案内所だ（クーリング・オフができないのは土地に定着している案内所）。そして、クーリング・オフができる案内所の標識には、クーリング・オフ制度の適用がある旨等を表示した標識を掲げなければならないことになっている。
　　293頁①①、294頁③、352頁③ 注意!

(4) 正。案内所で契約を締結したり、申込みを受ける場合には、専任の宅地建物取引士を置かなければならない。ちなみに、1人置けばOKだ。従業者の5人に1人以上の割合で置く必要はない。　294頁②③

正解　(2)

Point!

案内所には
➡　標識が必要（土地に定着していない案内所にも、もちろん、必要）。
注意!　土地に定着していない案内所（つまり、クーリング・オフができる案内所）には、クーリング・オフ制度の適用がある旨等を表示した標識を掲げなければならない（肢(3)）。

従業者名簿・帳簿その他　　　　　　　　　[平19-45]

　宅地建物取引業法に規定する宅地建物取引士証（以下この問において「取引士証」という。）、従業者証明書、従業者名簿、帳簿及び標識に関する次の記述のうち、誤っているものはどれか。

(1)　宅地建物取引業者の従業者は、宅地建物取引業者が発行する従業者証明書をその業務に従事する間、常に携帯し、取引の関係者から請求があったときは、従業者証明書を提示しなければならないが、従業者が宅地建物取引士である場合は、取引士証の提示をもってこれに代えることができる。

(2)　宅地建物取引業者は、その事務所ごとに従業者名簿を備え、取引の関係者から請求があったときは、当該名簿をその者の閲覧に供しなければならないが、当該名簿を事務所のパソコンのハードディスクに記録し、ディスプレイの画面に表示する方法で閲覧に供することもできる。

(3)　宅地建物取引業者は、その事務所ごとにその業務に関する帳簿を備え、取引のあったつど、所定の事項を記載しなければならないが、当該帳簿の記載事項を事務所のパソコンのハードディスクに記録し、必要に応じ当該事務所においてパソコンやプリンタを用いて紙面に印刷することが可能な環境を整えることで、当該帳簿への記載に代えることができる。

(4)　宅地建物取引業者は、売主として一団の宅地建物の分譲を当該物件から約500m離れた駅前に案内所を設置して行う場合、当該物件の所在する場所及び案内所のそれぞれに、免許証番号、主たる事務所の所在地等の所定の事項を記載した標識を掲示しなければならない。

　勤務先までは記載されていない。

講義

(1) **誤**。取引士証には本人の住所は記載されているが勤務先までは記載されていないから、**従業者証明書の代わりにはならない**。だから、取引の関係者から、「従業者証明書を見せてください」と請求されたときに、従業者証明書を提示しないで、取引士証の提示をしてもダメだ。

📖 305頁⑵

(2) **正**。業者は、その事務所ごとに従業者名簿を置かなければならないが、従業者名簿は、パソコンの**ハードディスクに記録**するという方法でも OK だ。また、業者は、取引の関係者から請求があったときは、その者に見せてあげる（閲覧に供する）必要があるが、パソコンの**ディスプレイに表示**するという方法で閲覧に供しても OK だ。　　　📖 292頁⑶

(3) **正**。業者は、その事務所ごとに帳簿を置いて、所定の事項を取引のあったつど、帳簿に記載しなければならない。そして、帳簿の記載事項をパソコンの**ハードディスクに記録**し、必要に応じ当該事務所においてパソコンやプリンタを用いて紙面に印刷できることが可能な環境を整えることで、当該帳簿への記載に代えることができる。　　　📖 292頁⑷

(4) **正**。業者は、**物件の所在する場所**に標識を掲示しなければならないし、また、**案内所**にも標識を掲示しなければならない。だから、業者が一団の宅地建物の分譲を案内所を設置して行う場合、業者は、当該物件の所在する場所及び案内所の両方に標識を掲示しなければならない。

📖 293頁 ①①、294頁 注4

> **正 解** (1)

😎 肢(4)をもう一押し！

標識が必要な場所
① 事務所
② 継続的に業務ができる施設を有する場所
③ **物件（宅地建物）の所在する場所**（肢(4)）
④ **案内所**（肢(4)）
⑤ 展示会等の催しを実施する場所

届出その他 [平29-44]

宅地建物取引業の免許（以下この問において「免許」という。）に関する次の記述のうち、宅地建物取引業法の規定によれば、正しいものはどれか。

(1) 宅地建物取引業者A社が免許を受けていないB社との合併により消滅する場合、存続会社であるB社はA社の免許を承継することができる。

(2) 個人である宅地建物取引業者Cがその事業を法人化するため、新たに株式会社Dを設立しその代表取締役に就任する場合、D社はCの免許を承継することができる。

(3) 個人である宅地建物取引業者E（甲県知事免許）が死亡した場合、その相続人は、Eの死亡を知った日から30日以内に、その旨を甲県知事に届け出なければならず、免許はその届出があった日に失効する。

(4) 宅地建物取引業者F社（乙県知事免許）が株主総会の決議により解散することとなった場合、その清算人は、当該解散の日から30日以内に、その旨を乙県知事に届け出なければならない。

届出義務者・期限・効力に注目。

講義

(1) **誤**。A社が合併によって消滅すると、A社の免許は、**合併の時**に当然に**失効**する。免許は失効するのであり、存続会社B社はA社の免許を承継することはできない。　　　　　　　　　　　　284頁 よく出るポイント②

(2) **誤**。ある人が個人で免許を受けて宅建業をやっていたが、その人が、会社を設立して宅建業を営もうとする場合、**改めて免許を受ける必要がある**（会社が個人の免許を承継することはできない）。　　　　279頁 (3)

(3) **誤**。業者が死亡した場合、相続人は死亡を**知ってから**30日以内に免許権者に届け出なければならない。だから、前半部分は○。業者が死亡した場合、業者の免許は、**死亡の時**に当然に**失効**する。「届出があった日」ではないので、後半部分が×。

284頁 よく出るポイント①、よく出るポイント②

(4) **正**。業者が解散した場合、**清算人**は解散の日から30日以内に免許権者に届け出なければならない。　283頁 (2)④、284頁 よく出るポイント①

（**正　解**）(4)

Point!

	届出義務者は？	いつまでに届け出る？	免許はいつ失効する？
死　亡	相続人	**知ってから**30日以内 (肢(3))	**死亡の時** (肢(3))
合　併	消滅会社の代表役員	30日以内	**合併の時** (肢(1))

届出（業者） [平21-28]

次の記述のうち、宅地建物取引業法（以下この問において「法」という。）の規定によれば、正しいものはどれか。

(1) 法人である宅地建物取引業者A（甲県知事免許）は、役員の住所について変更があった場合、その日から30日以内に、その旨を甲県知事に届け出なければならない。

(2) 法人である宅地建物取引業者B（乙県知事免許）が合併により消滅した場合、Bを代表する役員であった者は、その日から30日以内に、その旨を乙県知事に届け出なければならない。

(3) 宅地建物取引業者C（国土交通大臣免許）は、法第50条第2項の規定により法第31条の3第1項の国土交通省令で定める場所について届出をする場合、国土交通大臣及び当該場所の所在地を管轄する都道府県知事に、それぞれ直接届出書を提出しなければならない。

(4) 宅地建物取引業者D（丙県知事免許）は、建設業の許可を受けて新たに建設業を営むこととなった場合、Dは当該許可を受けた日から30日以内に、その旨を丙県知事に届け出なければならない。

 後始末をするのは誰か？

講 義

⑴ **誤**。役員の**氏名**に変更があったら、30日以内に業者は免許権者に届け出なければならない。しかし、役員の住所に変更があっても、届け出る必要はない。　　　　　　　　　　　　　　　　　　　　　　283頁 ⑴ ③

⑵ **正**。業者の合併があった場合、**消滅**会社の代表役員だった者が、30日以内に免許権者に届け出なければならない。　　　　　　　　　283頁 ⑵ ②

⑶ **誤**。業者が、案内所等の届出を行う場合、免許権者および現地の知事（当該場所の所在地を管轄する知事）に業務開始の10日前までに届け出なければならない。そして、大臣が免許権者の場合は、免許権者（大臣）への届出は、**現地の知事を経由**して行うことになっている。大臣に直接届け出るのではない。　　　　　　　　　　　　　　　294頁 注2

⑷ **誤**。**明（名）治（事）の薬（役）剤師（士）**（①**名称**・商号、②**事務所**の所在地・名称、③**役員**の氏名、④専任の**宅地建物取引士**の氏名）のどれかに変更が生じたら、30日以内に業者は免許権者に届け出なければならない。しかし、「宅建業以外の事業を行っているときは、その事業の種類」は、明（名）治（事）の薬（役）剤師（士）に該当しないので、**届け出る必要はない**。　　　　　　　　　　　283頁 楽勝ゴロ合せ

正 解 ⑵

肢⑷をもう一押し！

「宅建業以外の事業を行っているときは、その事業の種類」は、

1　業者名簿の登載事項だ。

2　ただし、変更があっても、免許権者に**届け出る必要はない**。

届 出 等　　　　　　　　　　　　　　[平22-28]

次の記述のうち、宅地建物取引業法（以下この問において「法」という。）の規定によれば、正しいものはどれか。

⑴　免許を受けている個人Ａが死亡した場合、相続人にＡの免許は承継されないが、相続人は、Ａが生前に締結した契約に基づく取引を結了するための業務を行うことができるので、当該業務が終了した後に廃業届を提出すればよい。

⑵　免許を受けている法人Ｂが免許を受けていない法人Ｃとの合併により消滅した場合、Ｃは、Ｂが消滅した日から30日以内に、Ｂを合併した旨の届出を行えば、Ｂが受けていた免許を承継することができる。

⑶　免許を受けている個人Ｄが、自己の名義をもって個人Ｅに宅地建物取引業を営ませる行為は、Ｅが免許を受けているとしても、法第13条で禁止する名義貸しに該当する。

⑷　免許を受けている法人Ｆが、宅地建物取引業保証協会の社員でない場合は、営業保証金を供託し、その旨を免許権者に届け出た後でなければ事業を開始してはならないので、当該届出前に宅地建物取引業を営む目的で広告をした行為は、法第12条で禁止する無免許事業に該当する。

貸す相手が業者であってもダメ。

講義

(1) **誤**。業者が死亡した場合、その相続人は、業者が死亡したことを**知ってから** 30 日以内に免許権者に届け出なければならない。

📖 284 頁 よく出るポイント①

(2) **誤**。Bが合併によって消滅すると、その免許は、**合併**の時に当然に**失効**する。だから、Cは、Bが受けていた免許を承継することはできない。

📖 284 頁 よく出るポイント②

(3) **正**。名義を貸して**他人**に営業させたら、業法違反となる。Eは他人なのだから、Dは名義貸しをしたことになる（貸す相手が業者であっても名義貸しとなる）。

📖 388 頁 ⑥

(4) **誤**。Fは営業保証金を供託した旨の届出をする前に、広告をしているので、法 25 条には違反している。しかし、Fは**免許を受けている**ので、無免許事業をしたことにはならない（法 12 条で禁止されている無免許事業はしていない）。

📖 309 頁 (3)

（　**正　解**　）(3)

👨 **肢(3)をもう一押し！**

名義を貸して他人に営業させたら、

➡ **3 年以下の懲役**もしくは **300 万円以下の罰金**または両者の併科。

[注意！] 法人（会社などのこと）の場合は、**1 億円以下の罰金**となる。

事務所 [平22-29]

次の記述のうち、宅地建物取引業法の規定によれば、正しいものはどれか。なお、この問において、「事務所」とは、同法第31条の3に規定する事務所等をいう。

(1) 宅地建物取引業者は、その事務所ごとに、公衆の見やすい場所に、免許証及び国土交通省令で定める標識を掲げなければならない。

(2) 宅地建物取引業者は、その事務所ごとに従業者名簿を備える義務を怠った場合、監督処分を受けることはあっても罰則の適用を受けることはない。

(3) 宅地建物取引業者は、各事務所の業務に関する帳簿を主たる事務所に備え、取引のあったつど、その年月日、その取引に係る宅地又は建物の所在及び面積等の事項を記載しなければならない。

(4) 宅地建物取引業者は、その事務所ごとに一定の数の成年者である専任の宅地建物取引士を置かなければならないが、既存の事務所がこれを満たさなくなった場合は、2週間以内に必要な措置を執らなければならない。

 2週間以内に補充する必要あり。

講義

(1) **誤**。たしかに業者です、ということを示すために、業者は事務所ごとに、公衆の見やすい場所に標識を掲示しなければならない。しかし、免許証は掲示する必要はない。 290頁(1)

(2) **誤**。業者は事務所ごとに、従業者名簿（ハードディスク等でも可）を置かなければならない。そして、従業者名簿を置かなかったら、50万円以下の罰金に処せられる。 292頁(3)

(3) **誤**。業者は事務所ごとに、業務に関する帳簿（取引のあったつど、取引内容を記載する）を置かなければならない（ハードディスク等でも可）。主たる事務所にだけ置いてもダメなので、本肢は×だ。 292頁(4)

(4) **正**。業者は事務所ごとに、その事務所の従業者の5人に1人以上の割合で、成年者である専任の宅地建物取引士を置かなければならない。そして、宅地建物取引士の数に欠員が生じたら、業者は2週間以内に補充しなければならない。 291頁 よく出るポイント②

正 解 (4)

宅地建物取引士の数に欠員が生じたら、業者は**2週間以内**に補充しなければならない（肢(4)）。

ちなみに2週間以内に補充しなかったら、

① 監督処分として ➡ **業務停止処分**を受けることがある。
② 罰則として ➡ 100万円以下の罰金に処せられる

免　　許　　　　　　　　　　　　　　　[平21-26]

次の記述のうち、宅地建物取引業法の規定によれば、正しいものはどれか。

(1) 本店及び支店1か所を有する法人Aが、甲県内の本店では建設業のみを営み、乙県内の支店では宅地建物取引業のみを営む場合、Aは乙県知事の免許を受けなければならない。

(2) 免許の更新を受けようとする宅地建物取引業者Bは、免許の有効期間満了の日の2週間前までに、免許申請書を提出しなければならない。

(3) 宅地建物取引業者Cが、免許の更新の申請をしたにもかかわらず、従前の免許の有効期間の満了の日までに、その申請について処分がなされないときは、従前の免許は、有効期間の満了後もその処分がなされるまでの間は、なお効力を有する。

(4) 宅地建物取引業者D（丙県知事免許）は、丁県内で一団の建物の分譲を行う案内所を設置し、当該案内所において建物の売買契約を締結する場合、国土交通大臣へ免許換えの申請をしなければならない。

業者には落ち度がないのだから……。

講義

(1) **誤**。支店で宅建業をやるなら、本店は宅建業をやらなくても自動的に事務所とみなされる。だから、Aは、**2つ以上の都道府県内**に事務所を設置することになるので、**大臣免許**を受ける必要がある。　278頁 具体例

(2) **誤**。更新の手続きは、有効期間満了の日の**90日前**から**30日前**までの間にやらなければならない。　281頁(1)

(3) **正**。満了の日の90日前から30日前までの間に更新手続きをしたとしても、免許権者(知事または大臣)も忙しいから、新しい免許証を、今までの免許の有効期間中に交付できないこともある。その場合には、業者には落度がない。だから、旧免許は**有効期間満了後も効力を有する**ことになっている。　281頁(2)

(4) **誤**。案内所は事務所ではない。だから、**案内所を設置しても、免許換えをする必要はない**。だから、丙県知事免許を受けているDが丙県以外の県に案内所を設置しても、免許換えをする必要はない。　279頁 2.

正解 (3)

Point!

1. 満了の日の90日前から30日前までの間に更新手続きをしたとしても、免許権者が、新しい免許証を、今までの免許の有効期間中に交付できないこともある。その場合、旧免許は**有効期間満了後も効力を有する**ことになっている(肢(3))。

2. ただし、その後、新免許証が交付されると、新免許の有効期間は、交付日からではなく、旧免許の**本来の有効期間満了日の翌日から起算**される。

免許その他　　　　　　　　　　　　　　　　　　　[平29-36]

次の記述のうち、宅地建物取引業法の規定によれば、正しいものはどれか。なお、この問において「免許」とは、宅地建物取引業の免許をいう。

(1) 宅地建物取引業者Aは、免許の更新を申請したが、免許権者である甲県知事の申請に対する処分がなされないまま、免許の有効期間が満了した。この場合、Aは、当該処分がなされるまで、宅地建物取引業を営むことができない。

(2) Bは、新たに宅地建物取引業を営むため免許の申請を行った。この場合、Bは、免許の申請から免許を受けるまでの間に、宅地建物取引業を営む旨の広告を行い、取引する物件及び顧客を募ることができる。

(3) 宅地建物取引業者Cは、宅地又は建物の売買に関連し、兼業として、新たに不動産管理業を営むこととした。この場合、Cは兼業で不動産管理業を営む旨を、免許権者である国土交通大臣又は都道府県知事に届け出なければならない。

(4) 宅地建物取引業者である法人Dが、宅地建物取引業者でない法人Eに吸収合併されたことにより消滅した場合、一般承継人であるEは、Dが締結した宅地又は建物の契約に基づく取引を結了する目的の範囲内において宅地建物取引業者とみなされる。

　合併後の法人が後始末。

講義

(1) 誤。有効期間の満了の日の 90 日前から 30 日前までの間に更新手続きをしたとしても、免許権者も忙しいから、新しい免許証を、今までの免許の有効期間中に交付できないこともある。この場合、業者側には落度がないわけだから、旧免許は、有効期間満了後も効力を有することになっている。だから、A は処分がなされるまで宅建業を営むことができる。
281 頁(2)

(2) 誤。免許を受けていない者は、宅建業を営むことができないし、宅建業の広告をすることもできない。　277 頁 注意!

(3) 誤。明（名）治（事）の薬（役）剤師（士）（①名称・商号、②事務所の所在地・名称、③役員、④専任の宅地建物取引士の氏名）のどれかに変更が生じたら、30 日以内に業者は免許権者に届け出なければならない。しかし、「兼業（宅建業以外の事業を行っているときは、その事業の種類）」に変更が生じても免許権者に届け出る必要はない。　283 頁 楽勝ゴロ合せ

(4) 正。法人である業者 D が、法人 E に吸収合併されたことにより消滅した場合、E は、D が消滅前に締結した契約に基づく取引を結了する目的の範囲内においては、業者とみなされる。要するに、E は、免許なしで取引をやりとげることが認められるということ。
282 頁(3)

正　解　(4)

兼業 (宅建業以外の事業を行っているときは、その事業の種類) は、
1. 業者名簿の登載事項であるが、
2. 変更を生じても免許権者に届出不要 (肢(3))。

免　許　　　　　　　　　　　　　　　　　　[平28-35]

宅地建物取引業の免許（以下この問において「免許」という。）に関する次の記述のうち、宅地建物取引業法の規定によれば、正しいものはどれか。

(1) 個人である宅地建物取引業者Ａ（甲県知事免許）が、免許の更新の申請を怠り、その有効期間が満了した場合、Ａは、遅滞なく、甲県知事に免許証を返納しなければならない。

(2) 法人である宅地建物取引業者Ｂ（乙県知事免許）が、乙県知事から業務の停止を命じられた場合、Ｂは、免許の更新の申請を行っても、その業務の停止の期間中は免許の更新を受けることができない。

(3) 法人である宅地建物取引業者Ｃ（国土交通大臣免許）について破産手続開始の決定があった場合、その日から30日以内に、Ｃを代表する役員Ｄは、その旨を主たる事務所の所在地を管轄する都道府県知事を経由して国土交通大臣に届け出なければならない。

(4) 個人である宅地建物取引業者Ｅ（丙県知事免許）が死亡した場合、Ｅの一般承継人Ｆがその旨を丙県知事に届け出た後であっても、Ｆは、Ｅが生前締結した売買契約に基づく取引を結了する目的の範囲内においては、なお宅地建物取引業者とみなされる。

 相続人が後始末。

講義

(1) 誤。①免許換えにより従前の免許が効力を失ったとき、②免許を取り消されたとき、③なくした免許証を発見したとき、④廃業等の届出をするときは、免許証を返納しなければならない。しかし、有効期間が満了した場合でも、免許証を返納する必要はない。

(2) 誤。業務の停止期間中は、業務をすることはできない（当たり前の話）。ただし、業務の停止期間中であっても、免許の更新を受けることはできる。

(3) 誤。業者が破産した場合は、その日から30日以内に、破産管財人が免許権者に届け出なければならない。届出義務者は、役員ではなく破産管財人なので、本肢は誤りだ。ちなみに「主たる事務所の所在地を管轄する知事を経由して大臣に届け出なければならない」とある後半部分の記述は正しい（大臣が免許権者の場合は、本店所在地の知事経由で届け出ることになっている）。　283頁(2)③、284頁よく出るポイント①

(4) 正。業者Eが死亡した場合、Eの一般承継人（相続人のこと）Fは、Eが生前締結した契約に基づく取引を結了する目的の範囲内においては、業者とみなされる（要するに、免許なしで取引をすることが認められる）。

282頁(3)

正　解　(4)

次の①〜④の場合、免許証を返納しなければならない。
① **免許換え**により従前の免許が効力を失ったとき
② 免許を取り消されたとき
③ なくした免許証を発見したとき 注意！
④ 廃業等の届出をするとき

注意！　免許証をなくしたので再交付してもらったところ、その後になくした免許証が出てきたら、出てきた方（なくした方）の免許証を返納しなければならない、というのが③の話

免　許　　　　　　　　　　　　　　　　　[平28-37]

宅地建物取引業法（以下この問において「法」という。）の規定に関する次の記述のうち、正しいものはいくつあるか。

ア　宅地建物取引業者A（甲県知事免許）が乙県内に新たに支店を設置して宅地建物取引業を営んでいる場合において、免許換えの申請を怠っていることが判明したときは、Aは、甲県知事から業務停止の処分を受けることがある。

イ　宅地建物取引業者Bが自ら売主として宅地の売買契約を成立させた後、当該宅地の引渡しの前に免許の有効期間が満了したときは、Bは、当該契約に基づく取引を結了する目的の範囲内においては、宅地建物取引業者として当該取引に係る業務を行うことができる。

ウ　Cが免許の申請前5年以内に宅地建物取引業に関し不正又は著しく不当な行為をした場合には、その行為について刑に処せられていなかったとしても、Cは免許を受けることができない。

エ　宅地建物取引業者D（甲県知事免許）が乙県内に新たに支店を設置して宅地建物取引業を営むため、国土交通大臣に免許換えの申請を行っているときは、Dは、甲県知事免許業者として、取引の相手方等に対し、法第35条に規定する重要事項を記載した書面及び法第37条の規定により交付すべき書面を交付することができない。

(1)　一つ
(2)　二つ
(3)　三つ
(4)　四つ

刑に処せられていなくても、極悪な人はダメ。

講義

ア **誤**。免許換えをする必要があるのに、免許換えをしていなかったことが判明した場合、免許権者は、**免許取消処分**をしなければならない。だから、Aは、甲県知事から免許取消処分を受けることになる。業務停止処分ではないので、本肢は×だ。　　　　　　　　　　　　　　　280頁①

イ **正**。業者の免許の有効期間が満了した場合でも、元業者は、**取引を結了する目的の範囲内**においては、宅建業者とみなされるので、取引をやり遂げることが認められる。　　　　　　　　　　　　　　　　　282頁(3)

ウ **正**。免許の申請前**5年**以内に宅建業に関し**不正**または**著しく不当**な行為をした者は、免許を受けることができない（この場合は、刑に処せられてなくても、免許を受けることができない）。　　　　　　　288頁⑪

エ **誤**。免許換えの結果が出るまでは、従前の免許（甲県知事免許）は**効力を有する**。だから、Dは、甲県知事免許業者として、35条書面（重要事項説明書）と37条書面を交付することができる。　　　　　　　　280頁

以上により、正しいのはイとウなので、正解は肢(2)となる。

正　解　(2)

免許の申請前**5年**以内に**宅建業**に関し**不正**または**著しく不当**な行為をした者 ➡ 免許を受けることはできない（肢ウ）。

[注意！]　その行為（不正または著しく不当な行為）によって、刑に処せられていなかったとしてもダメ。免許を受けることはできない。

免　許　［平17-31］

　宅地建物取引業の免許（以下この問において「免許」という。）に関する次の記述のうち、宅地建物取引業法の規定によれば、正しいものはどれか。

(1)　宅地建物取引業者A社は、取締役Bが道路交通法に違反し、懲役1年執行猶予3年の刑に処せられたため、免許取消処分を受けた。Bが取締役を退任した後、A社は改めて免許申請をしてもBの執行猶予期間が経過するまでは免許を受けることができない。

(2)　C社の取締役が刑法第198条（贈賄）の罪により罰金の刑に処せられ、その執行を終えてから3年を経過した場合であっても、C社は免許を受けることができない。

(3)　D社の取締役が、刑法第204条（傷害）の罪により懲役1年執行猶予2年の刑に処せられた場合、刑の執行猶予の言渡しを取り消されることなく、かつ猶予期間の満了の日から5年を経過しなければ、D社は免許を受けることができない。

(4)　甲県知事の免許を受けているE社の取締役Fが、刑法第208条（暴行）の罪により罰金の刑に処せられた場合、E社の免許は取り消される。

取締役がダメな人なら、会社もダメ！

講義

(1) **誤**。会社の役員（取締役等）か政令で定める使用人（各事務所の代表者）の中に**執行猶予付き**の懲役を受けている人がいる場合は、その人の執行猶予期間が満了するまで、会社は免許を受けることができない。しかし、本肢のA社の場合、Bはすでに退社しているのだから、A社は改めて免許申請すれば、Bの執行猶予期間が満了していなくても、免許を受けることができる。ちなみに、BがそのままA社に取締役等としてとどまるならば、Bの執行猶予期間が満了しなければ、A社は免許を受けることができない。念のため。 286頁④、289頁⑭

(2) **誤**。仮に、C社の取締役が**暴力団系の犯罪**（暴行、傷害、現場助勢、脅迫、背任、凶器準備集合・結集、暴力団新法違反等）で罰金に処せられたときは、C社は、その刑の執行後5年間は免許を受けることはできない。しかし、贈賄は暴力団系の犯罪ではないので、C社は免許を受けることができる。 286頁⑥、289頁⑭

(3) **誤**。D社の取締役が執行猶予期間中は、D社は免許がもらえない。しかし、執行猶予期間が**満了すると、直ちにOK**で5年間待つ必要はない。
286頁 よく出るポイント①、289頁⑭

(4) **正**。会社の役員（取締役等）か政令で定める使用人（各事務所の代表者）が暴力団系の犯罪（**暴行**、傷害、現場助勢、脅迫、背任、凶器準備集合・結集、暴力団新法違反等）で罰金に処せられたときは、会社の免許は取り消されてしまう。E社は、その取締役が暴力団系の犯罪である暴行によって罰金に処せられたのだから、免許は取り消されてしまう。

286頁⑥、289頁⑭、386頁④

正 解 (4)

暴力団系の犯罪か？
- 贈賄 ➡ 暴力団系の犯罪ではない。だから、罰金の場合はセーフで欠格事由ではない（肢(2)）。
- 暴行 ➡ 暴力団系の犯罪だ。だから、罰金の場合でもアウトで欠格事由となる（肢(4)）。

免　　許　　　　　　　　　　[平18-30]

宅地建物取引業の免許（以下この問において「免許」という。）に関する次の記述のうち、宅地建物取引業法の規定によれば、正しいものはどれか。

(1) A社の取締役が、刑法第211条（業務上過失致死傷等）の罪を犯し、懲役1年執行猶予2年の刑に処せられ、執行猶予期間は満了した。その満了の日から5年を経過していない場合、A社は免許を受けることができない。

(2) B社は不正の手段により免許を取得したとして甲県知事から免許を取り消されたが、B社の取締役Cは、当該取消に係る聴聞の期日及び場所の公示の日の30日前にB社の取締役を退任した。B社の免許取消の日から5年を経過していない場合、Cは免許を受けることができない。

(3) D社の取締役が、刑法第159条（私文書偽造）の罪を犯し、地方裁判所で懲役2年の判決を言い渡されたが、この判決に対して高等裁判所に控訴して現在裁判が係属中である。この場合、D社は免許を受けることができない。

(4) E社は乙県知事から業務停止処分についての聴聞の期日及び場所を公示されたが、その公示後聴聞が行われる前に、相当の理由なく宅地建物取引業を廃止した旨の届出をした。その届出の日から5年を経過していない場合、E社は免許を受けることができない。

 会社と役員は一心同体。

講義

⑴　**誤**。会社の役員（取締役等）か政令で定める使用人（各事務所の代表者）が執行猶予付きの懲役刑を受けた場合、その執行猶予期間中は、会社も免許をもらうことはできない。しかし、執行猶予期間が満了すると、直ちにOKとなり、免許がもらえる。5年間待つ必要はない。

🔀 286頁 よく出るポイント①、289頁 14

⑵　**正**。不正手段で免許を取得した事を理由に、免許権者が免許を取り消す場合、必ず事前に聴聞という手続き（何か言い分があれば聞いてやる、という手続き）が取られることになっている。そして、聴聞の公示前60日以内にその会社の役員（取締役等）だった者は、免許取消しから5年間は免許がもらえない。

🔀 287頁 9

⑶　**誤**。有罪判決を受けても、控訴や上告中は免許がもらえる。刑が確定するまでは、無罪と推定されるからだ。だから、D社はその取締役が懲役2年の判決を言い渡されてはいるが、控訴中であるので、免許がもらえる。

🔀 286頁 よく出るポイント②

⑷　**誤**。会社が業務停止処分に違反した事を理由に、免許権者が免許取消処分をしようとして聴聞を公示したところ、免許取消しの処分前に自分から廃業等の届出をした元業者（いわゆるかけこみ廃業）は、5年間は免許がもらえない。しかし、免許権者が業務停止処分をしようとして聴聞の公示をしたところ、業務停止処分前に自分から廃業等の届出をした元業者は、免許がもらえる。5年間待つ必要はない。

🔀 287頁 7、8

（　**正　解**　）　⑵

👨 **違いに注意せよ！（肢⑷）**

①　業務停止処分に違反したことを理由とする「**免許取消処分**」前の廃業等の届出 ➡ 5年間は**免許がもらえない**。

②　「**業務停止処分**」前の廃業等の届出 ➡ **免許がもらえる**（5年間待つ必要はない）。

免 許 [平22-27]

宅地建物取引業の免許（以下この問において「免許」という。）に関する次の記述のうち、正しいものはどれか。

(1) 法人Aの役員のうちに、破産手続開始の決定がなされた後、復権を得てから5年を経過しない者がいる場合、Aは、免許を受けることができない。

(2) 法人Bの役員のうちに、宅地建物取引業法の規定に違反したことにより、罰金の刑に処せられ、その刑の執行が終わった日から5年を経過しない者がいる場合、Bは、免許を受けることができない。

(3) 法人Cの役員のうちに、刑法第204条（傷害）の罪を犯し懲役1年の刑に処せられ、その刑の執行猶予期間を経過したが、その経過した日から5年を経過しない者がいる場合、Cは、免許を受けることができない。

(4) 法人Dの役員のうちに、道路交通法の規定に違反したことにより、科料に処せられ、その刑の執行が終わった日から5年を経過しない者がいる場合、Dは、免許を受けることができない。

 宅建業法違反は罰金でもダメ。

講義

(1) 誤。役員の中に**復権を得ていない**破産者がいる場合は、その法人は免許を受けることはできない。この役員は復権を得ているので、法人Aは免許を受けることができる。5年間待つ必要はない。

286頁③、289頁⑭

(2) 正。役員の中に**宅建業法**違反で**罰金**に処せられ、その刑の執行後5年を経過しない者がいる場合は、その法人は免許を受けることはできない。

286頁⑤、289頁⑭

(3) 誤。役員の中に懲役に処せられ、**執行猶予期間中**の者がいる場合は、その法人は免許を受けることはできない。この役員は執行猶予の期間を満了しているので、法人Cは免許を受けることができる。

286頁 よく出るポイント①、289頁⑭

(4) 誤。拘留、**科料**、過料は欠格事由に**ならない**。だから、役員の中に科料に処せられ、その刑の執行後5年を経過しない者がいる場合でも、その法人は免許を受けることができる。

287頁 よく出るポイント③、289頁⑭

正 解 (2)

役員等がダメな人なら、会社（法人）もダメ

役員（取締役）か、**政令で定める使用人**（各事務所の代表者）の中に、欠格事由に該当する人がいる場合には、➡ その会社（法人）もダメ（免許を受けることができない）。

欠格事由（業者）　　　　　　　　　　[平25-26]

　宅地建物取引業の免許（以下この問において「免許」という。）に関する次の記述のうち、宅地建物取引業法の規定によれば、正しいものはどれか。

(1) 宅地建物取引業者A社の代表取締役が、道路交通法違反により罰金の刑に処せられたとしても、A社の免許は取り消されることはない。

(2) 宅地建物取引業者B社の使用人であって、B社の宅地建物取引業を行う支店の代表者が、刑法第222条（脅迫）の罪により罰金の刑に処せられたとしても、B社の免許は取り消されることはない。

(3) 宅地建物取引業者C社の非常勤役員が、刑法第208条の3（凶器準備集合及び結集）の罪により罰金の刑に処せられたとしても、C社の免許は取り消されることはない。

(4) 宅地建物取引業者D社の代表取締役が、法人税法違反により懲役の刑に処せられたとしても、執行猶予が付されれば、D社の免許は取り消されることはない。

 暴力団系の犯罪は罰金でアウト。

講義

(1) **正。宅建業法**違反や**暴力団**系の犯罪（暴行、傷害、現場助勢、脅迫、背任、凶器準備集合・結集、暴力団新法違反等）の場合は、**罰金**に処せられただけで、十分に業者として不適格なので、欠格事由となる。しかし、道路交通法違反で罰金に処せられた場合は、欠格事由とならない。だから、A社の免許が取り消されることはない。

286頁 ⑤、⑥、289頁 ⑭、386頁 ④

(2) **誤。暴力団**系の犯罪（暴行、傷害、現場助勢、**脅迫**、背任、凶器準備集合・結集、暴力団新法違反等）の場合は、罰金に処せられただけで、欠格事由となる。だから、B社の免許は取り消されることになる。

286頁 ⑥、289頁 ⑭、386頁 ④

(3) **誤。**凶器準備集合及び結集の罪は**暴力団**系の犯罪だ。だから、**罰金**に処せられただけで、欠格事由となる。したがって、C社の免許は取り消されることになる。

286頁 ⑥、289頁 ⑭、386頁 ④

(4) **誤。懲役**に処されたら、欠格事由となる（執行猶予中もダメ）。だから、D社の免許は取り消されることになる。

286頁 ④、よく出るポイント①、289頁 ⑭、386頁 ④

正　解　(1)

Point!

暴力団系の犯罪
1. 暴行
2. 傷害、現場助勢
3. **脅迫**（肢(2)）
4. 背任
5. **凶器準備集合・結集**（肢(3)）
6. 暴力団新法違反

☐☐☐☐☐

欠格事由（業者） [平16-31]

　宅地建物取引業の免許（以下この問において「免許」という。）に関する次の記述のうち、宅地建物取引業法の規定によれば、正しいものはどれか。

(1)　A社の政令で定める使用人は、刑法第247条（背任）の罪を犯し、罰金の刑に処せられたが、その執行を終えてから3年を経過しているので、A社は免許を受けることができる。

(2)　B社の取締役が、刑法第204条（傷害）の罪で懲役1年執行猶予2年の刑に処せられ、猶予期間を満了したが、その満了の日から5年を経過していないので、B社は免許を受けることができない。

(3)　個人Cは、かつて免許を受けていたとき、自己の名義をもって他人に宅地建物取引業を営ませ、その情状が特に重いとして免許を取り消されたが、免許取消しの日から5年を経過していないので、Cは免許を受けることができない。

(4)　個人Dは、かつて破産手続開始の決定を受け、現在は復権を得ているが、復権を得た日から5年を経過していないので、Dは免許を受けることができない。

Hint! 極悪はダメ！

講義

(1) 誤。暴力団系の犯罪である背任の場合は、罰金の刑に処せられただけで十分に業者として不適格といえる。だから、法人の役員か政令で定める使用人の中に、背任の罪を犯して罰金の刑に処せられ、その執行終了後5年間を経過してない者がいる場合、法人は免許を受けることはできない。したがって、背任罪で罰金の刑に処せられ、その執行終了後3年間しか経過してない政令で定める使用人がいるA社は、免許を受けることはできない。　286頁⑥、289頁(5)

(2) 誤。法人の役員か政令で定める使用人の中に、執行猶予付きの懲役の刑に処せられ、その猶予期間が満了してない者がいる場合、法人は免許を受けることはできない。この場合、猶予期間が満了すれば、直ちにOKとなり5年間待つ必要はない。だから、執行猶予付きの懲役の刑に処せられ、その猶予期間が満了した取締役がいるB社は、免許を受けることができる。
　286頁(2)よく出るポイント①、289頁(5)

(3) 正。業務停止事由に当たり情状が特に重いとの理由で免許取消処分を受けた元業者は極悪だから、免許取消しの日から5年間はダメ（免許を受けることはできない）。だから、自己の名義をもって他人に宅地建物取引業を営ませ（これは、業務停止事由に当たる）、その情状が特に重いとして免許を取り消され、その日から5年を経過していないCは免許を受けることができない。
　287頁⑦

(4) 誤。破産者は、復権を得れば直ちに免許を受けることができる。5年間待つ必要はない。だから、かつて破産手続開始の決定を受け、現在は復権を受けているDは免許を受けることができる。　286頁③

正解　(3)

① 不正手段で免許を取得した場合
② **業務停止処分に違反した場合**
③ 業務停止処分に当たり**情状が特に重い**場合（肢(3)）

のどれかに当たるために

免許取消処分を受けた元業者は極悪だから、
➡ **免許取消しから5年間はダメ**

欠格事由（業者） ［平19-33］

宅地建物取引業の免許（以下「免許」という。）に関する次の記述のうち、宅地建物取引業法の規定によれば、正しいものはどれか。

(1) 甲県に本店を、乙県に支店をそれぞれ有するA社が、乙県の支店でのみ宅地建物取引業を営もうとするときは、A社は、乙県知事の免許を受けなければならない。

(2) 宅地建物取引業者B社の取締役が、刑法第209条（過失傷害）の罪により罰金の刑に処せられた場合、B社の免許は取り消される。

(3) 宅地建物取引業者C社が業務停止処分に違反したとして、免許を取り消され、その取消しの日から5年を経過していない場合、C社は免許を受けることができない。

(4) D社の取締役が、かつて破産手続開始の決定を受けたことがある場合で、復権を得てから5年を経過しないとき、D社は免許を受けることができない。

 極悪な業者はダメ！

講義

(1) 誤。本店は、実際に宅建業を営んでいなくても、支店で宅建業を営んでいれば自動的に事務所とみなされる。だから、A社は甲県と乙県の2つの都道府県内に事務所を設置して宅建業を営もうとしていることになるので、国土交通大臣の免許を受けなければならない。　277頁(1)、(2)

(2) 誤。B社の取締役が暴力団系の犯罪で罰金に処せられた場合は、B社の免許は取り消されることになる。しかし、過失傷害は暴力団系の犯罪ではないので、B社の取締役が過失傷害の罪で罰金に処せられたとしても、B社の免許は取り消されない。　286頁⑥、289頁⑭、386頁④

(3) 正。業務停止処分に違反して、免許取消処分を受けた元業者は極悪だから、免許取消しから5年間は免許を受けることができない。
　287頁⑦

(4) 誤。破産者は、復権を得れば直ちに免許を受けられる。だから、D社の取締役が、かつて破産手続開始の決定を受けたことがある場合でも、復権を得ていれば、D社は免許を受けられる。5年間待つ必要はない。
　286頁③、289頁⑭

（正解）(3)

極悪な業者はダメ
　a　不正な手段で免許を取得した場合
　b　業務停止処分に違反した場合（肢(3)）
　c　業務停止処分事由に当たり情状が特に重い場合
　a〜cのどれかに当たるために、免許取消処分を受けた元業者は極悪だから　➡　免許取消しから5年間はダメ（免許を受けることができない）。

欠格事由（業者） 　　　　　　　　　　[平24-26]

　宅地建物取引業の免許（以下この問において「免許」という。）に関する次の記述のうち、正しいものはどれか。

(1) 免許を受けようとするA社に、刑法第204条（傷害）の罪により懲役1年（執行猶予2年）の刑に処せられ、その刑の執行猶予期間を満了した者が役員として在籍している場合、その満了の日から5年を経過していなくとも、A社は免許を受けることができる。

(2) 免許を受けようとするB社に、刑法第206条（現場助勢）の罪により罰金の刑に処せられた者が非常勤役員として在籍している場合、その刑の執行が終わってから5年を経過していなくとも、B社は免許を受けることができる。

(3) 免許を受けようとするC社に、刑法第208条（暴行）の罪により拘留の刑に処せられた者が役員として在籍している場合、その刑の執行が終わってから5年を経過していなければ、C社は免許を受けることができない。

(4) 免許を受けようとするD社に、刑法第209条（過失傷害）の罪により科料の刑に処せられた者が非常勤役員として在籍している場合、その刑の執行が終わってから5年を経過していなければ、D社は免許を受けることができない。

執行猶予期間中はダメだが……。

講義

(1) **正**。執行猶予期間中はダメだ（免許をもらうことができない）。しかし、執行猶予期間が**満了すると、直ちにOK**となる（5年間待つ必要はない）。だから、A社は免許をもらうことができる。
　　　　　　　　　　　　　　　286頁 よく出るポイント①、289頁 ⑭

(2) **誤**。暴力団系の犯罪（暴行、傷害、**現場助勢**、脅迫、背任、凶器準備集合・結集、暴力団新法違反等）で**罰金**に処せられたら、執行終了後5年間はダメだ。だから、B社は免許がもらえない。　　286頁 ⑥、289頁 ⑭

(3) **誤**。**拘留**、科料、過料は欠格事由に**ならない**。ささいなあやまちは大目に見るということだ。だから、C社は免許をもらうことができる。
　　　　　　　　　　　　　　　287頁 よく出るポイント③、289頁 ⑭

(4) **誤**。拘留、**科料**、過料は欠格事由に**ならない**。ささいなあやまちは大目に見るということだ。だから、D社は免許をもらうことができる。
　　　　　　　　　　　　　　　287頁 よく出るポイント③、289頁 ⑭

正　解　(1)

欠格事由になるか？
① 拘留 ➡ **ならない**（肢(3)）。
② 科料 ➡ **ならない**（肢(4)）。
③ 過料 ➡ **ならない**。

欠格事由（業者） [令1-43]

宅地建物取引業の免許（以下この問において「免許」という。）に関する次の記述のうち、宅地建物取引業法の規定によれば、正しいものはどれか。

(1) 免許を受けようとする法人の非常勤役員が、刑法第246条（詐欺）の罪により懲役1年の刑に処せられ、その刑の執行が終わった日から5年を経過していなくても、当該法人は免許を受けることができる。

(2) 免許を受けようとする法人の政令で定める使用人が、刑法第252条（横領）の罪により懲役1年執行猶予2年の刑に処せられ、その刑の執行猶予期間を満了している場合、その満了の日から5年を経過していなくても、当該法人は免許を受けることができる。

(3) 免許を受けようとする法人の事務所に置く専任の宅地建物取引士が、刑法第261条（器物損壊等）の罪により罰金の刑に処せられ、その刑の執行が終わった日から5年を経過していない場合、当該法人は免許を受けることができない。

(4) 免許を受けようとする法人の代表取締役が、刑法第231条（侮辱）の罪により拘留の刑に処せられ、その刑の執行が終わった日から5年を経過していない場合、当該法人は免許を受けることができない。

執行猶予中は欠格事由だが……。

講義

(1) 誤。役員（非常勤役員を含む）の中に、欠格事由に当たる人がいる場合は、その法人（会社）は免許を受けることができない。だから、法人の非常勤役員が、懲役1年の刑に処せられ、執行終了後5年を経過していない場合は、その法人は免許を受けることができない。　286頁④、289頁⑭

(2) 正。政令で定める使用人（各事務所の代表者）の中に、欠格事由に当たる人がいる場合は、その法人（会社）は免許を受けることができない。執行猶予付の懲役の場合、執行猶予中は欠格事由だ（免許を受けることができない）。しかし、執行猶予期間が満了すると欠格事由がなくなる（免許を受けることができる）。だから、本肢の法人の政令で定める使用人の中に、欠格事由に当たる人はいない。したがって、本肢の法人は免許を受けることができる。　286頁よく出るポイント①、289頁⑭

(3) 誤。専任の宅地建物取引士の中に欠格事由に当たる人がいる場合でも、その法人（会社）は免許を受けることができる。ちなみに、器物損壊等の罪は暴力団系の犯罪ではないので、器物損壊等の罪により罰金の刑に処せられても欠格事由に当たらない。　286頁⑥、289頁⑭

(4) 誤。役員の中に、欠格事由に当たる人がいる場合は、その法人（会社）は免許を受けることができない。拘留は欠格事由に当たらない。だから、本肢の法人の役員の中に、欠格事由に当たる人はいない。したがって、本肢の法人は免許を受けることができる。ちなみに、代表取締役はもちろん、役員だ。念のため。　287頁 よく出るポイント③、289頁⑭

正解　(2)

執行猶予について
　執行猶予中も免許はもらえない（執行猶予中も欠格事由に当たる）。しかし、執行猶予期間が満了すると、直ちにOKだ（欠格事由がなくなる）。それから5年間待つ必要はない（肢(2)）。

欠格事由（業者） [平21-27]

宅地建物取引業の免許（以下この問において「免許」という。）に関する次の記述のうち、正しいものはいくつあるか。

ア　破産手続開始の決定を受けた個人Aは、復権を得てから5年を経過しなければ、免許を受けることができない。

イ　宅地建物取引業法の規定に違反したことにより罰金の刑に処せられた取締役がいる法人Bは、その刑の執行が終わった日から5年を経過しなければ、免許を受けることができない。

ウ　宅地建物取引業者Cは、業務停止処分の聴聞の期日及び場所が公示された日から当該処分をする日又は当該処分をしないことを決定する日までの間に、相当の理由なく廃業の届出を行った。この場合、Cは、当該届出の日から5年を経過しなければ、免許を受けることができない。

エ　宅地建物取引業に係る営業に関し成年者と同一の行為能力を有する未成年者Dは、その法定代理人が禁錮以上の刑に処せられ、その刑の執行が終わった日から5年を経過しなければ、免許を受けることができない。

(1)　一つ
(2)　二つ
(3)　三つ
(4)　四つ

業務停止処分だから……。

講義

ア 誤。破産者は、復権を得れば**直ちに免許が受けられる**。5年間待つ必要はない。　286頁③

イ 正。法人の**役員**（取締役等）か政令で定める使用人（各事務所の代表者）の中に**宅建業法違反**で**罰金**に処せられた者がいる場合は、法人も、執行終了後5年間は免許を受けることができない。　286頁⑤、289頁⑭

ウ 誤。不正の手段で免許を取得した等の理由で、免許権者が「**免許取消処分**」をしようとして聴聞の期日と場所を公示（言い分があるなら聞いてやるから出てこい）したところ、処分前に自分から廃業等の届出をした元業者（いわゆる**かけこみ廃業**）は、**届出**から5年間は免許を受けることができない。しかし、本肢の場合のように、免許権者が「業務停止処分」をしようとして聴聞の期日と場所を公示したところ、処分前に自分から廃業等の届出をした元業者は、届出から5年間経過していなくても免許を受けることができる。　287頁⑦、⑧

エ 誤。営業に関して成年者と同一の行為能力を**有しない**未成年者の場合は、法定代理人（法人である場合は、その役員も含む）が欠格事由に該当するときは、免許を受けることができない。しかし、本肢のDは、営業に関して成年者と同一の行為能力を**有する**未成年者なので、免許を受けることができる。　285頁①

以上により、正しいものはイだけなので正解は肢(1)となる。

正　解　(1)

① 不正の手段で免許を取得した場合
② 業務停止処分に違反した場合
③ 業務停止処分事由に当たり情状が特に重い場合

のどれかにあたるために、免許権者が「**免許取消処分**」をしようとして聴聞の期日と場所を公示したところ、処分前に自分から廃業等の届出をした元業者は、廃業等の**届出**から5年間は免許を受けることができない（肢ウ）。

欠格事由（業者） [平27-27]

宅地建物取引業の免許（以下この問において「免許」という。）に関する次の記述のうち、宅地建物取引業法の規定によれば、誤っているものはどれか。

(1) A社は、不正の手段により免許を取得したことによる免許の取消処分に係る聴聞の期日及び場所が公示された日から当該処分がなされるまでの間に、合併により消滅したが、合併に相当の理由がなかった。この場合においては、当該公示の日の50日前にA社の取締役を退任したBは、当該消滅の日から5年を経過しなければ、免許を受けることができない。

(2) C社の政令で定める使用人Dは、刑法第234条（威力業務妨害）の罪により、懲役1年、執行猶予2年の刑に処せられた後、C社を退任し、新たにE社の政令で定める使用人に就任した。この場合においてE社が免許を申請しても、Dの執行猶予期間が満了していなければ、E社は免許を受けることができない。

(3) 営業に関し成年者と同一の行為能力を有しない未成年者であるFの法定代理人であるGが、刑法第247条（背任）の罪により罰金の刑に処せられていた場合、その刑の執行が終わった日から5年を経過していなければ、Fは免許を受けることができない。

(4) H社の取締役Iが、暴力団員による不当な行為の防止等に関する法律に規定する暴力団員に該当することが判明し、宅地建物取引業法第66条第1項第3号の規定に該当することにより、H社の免許は取り消された。その後、Iは退任したが、当該取消しの日から5年を経過しなければ、H社は免許を受けることができない。

Hint! クリーンな会社はＯＫ。

講義

(1) **正**。不正手段で免許を取得したことを理由に、免許権者が免許取消処分をしようとして、聴聞の期日と場所を公示（言い分があるなら聞いてやるから出てこい）したところ、処分前に、**合併により消滅**した会社（本肢の場合はA社）の役員だった者（本肢の場合はB）は、会社が消滅した日から5年間は、免許を受けることができない。　　　　287頁 ⑨

(2) **正**。**執行猶予期間中**も免許を受けることはできないので、Dは欠格者だ。そして、役員（取締役等）か、政令で定める使用人（各事務所の代表者）の中に、欠格者がいる場合は、その会社も免許を受けることができない。だから、E社は免許を受けることができない。
　　　　286頁 よく出るポイント①、289頁 ⑭

(3) **正**。営業に関し成年者と同一の行為能力者を有しない未成年者（一般の未成年者のこと）は、**法定代理人**が欠格者の場合は、免許を受けることができない。法定代理人Gは、暴力団系の犯罪である**背任**で**罰金**に処せられ、執行終了後5年を経過していないから欠格者だ。だから、Fは免許を受けることができない。　　　　285頁 ①、286頁 ⑥

(4) **誤**。役員（取締役等）か、政令で定める使用人（各事務所の代表者）の中に、欠格者が**いる**場合は、その会社も免許を受けることができない。本肢の場合、I（欠格者）は、既に退任している。だから、**今現在**、H社の役員・政令で定める使用人の中に、欠格者は**いない**。したがって、H社は免許を受けることができる。　　　　288頁 ⑩、289頁 ⑭

正　解　(4)

Point!

肢(2)と肢(4)の違いに注意！
- 肢(2)のE社　➡　**今現在**、役員・政令で定める使用人の中に、欠格者が**いる**。だから、免許を受けることが**できない**。
- 肢(4)のH社　➡　**今現在**、役員・政令で定める使用人の中に、欠格者は**いない**。だから、免許を受けることが**できる**。

欠格事由（業者） [平23-27]

宅地建物取引業の免許（以下この問において「免許」という。）に関する次の記述のうち、誤っているものはどれか。

(1) A社の役員Bは、宅地建物取引業者C社の役員として在籍していたが、その当時、C社の役員Dがかつて禁錮以上の刑に処せられ、その刑の執行が終わった日から5年を経過していないとしてC社は免許を取り消されている。この場合、A社は、C社が免許を取り消されてから5年を経過していなくても、免許を受けることができる。

(2) E社の役員のうちに、刑法第246条の詐欺罪により罰金の刑に処せられ、その刑の執行が終わった日から5年を経過しない者がいる場合、E社は免許を受けることができない。

(3) F社の役員のうちに、指定暴力団の構成員がいた場合、暴力団員による不当な行為の防止等に関する法律の規定に違反していなくても、F社は免許を受けることができない。

(4) 宅地建物取引業者G社は、引き続いて1年以上事業を休止したときは、免許の取消しの対象となる。

 取り消された理由に注目すること。

講 義	

(1)　正。Bは**欠格者ではない**（欠格者なのはD）。だから、A社は免許を受けることができる。　　　　　　　　　　287頁⑦、289頁⑭

(2)　誤。**暴力団系の犯罪**（暴行、傷害、現場助勢、脅迫、背任、凶器準備集合・結集、暴力団新法違反等）で**罰金**に処せられたら、欠格者となる。しかし、詐欺罪は、暴力団系の犯罪ではない。だから、罰金に処せられても、欠格者とならない。だから、E社は免許を受けることができる。

286頁⑥、289頁⑭

(3)　正。**暴力団員**は、欠格者だ。指定暴力団の構成員は、暴力団員だ。だから、F社は免許を受けることができない。　　　　　288頁⑩、289頁⑭

(4)　正。引き続いて**1年**以上事業を休止した場合は、免許取消処分を受けることになる。ちなみに、免許を受けてから1年以内に事業を開始しなかった場合も、免許取消処分を受けることになる。　　　　　　　386頁⑤

正　解　(2)

肢(1)について

C社が、

① 不正手段で免許を取得した場合

② 業務停止処分に違反した場合

③ 業務停止処分事由に当たり情状が特に重い場合

の**どれかに当たる**ことを理由に免許が取り消されたときに、Bが聴聞の公示前60日以内にC社の役員であったなら、Bは欠格者となる。

しかし、C社は、上記の理由で免許が取り消されたわけではない。だから、Bは欠格者とはならない。

欠格事由（業者）　　　　　　　　　　[平20-31]

宅地建物取引業の免許（以下この問において「免許」という。）に関する次の記述のうち、正しいものはどれか。

(1) 宅地建物取引業者A社に、道路交通法違反により懲役1年執行猶予2年の刑に処せられた者が役員として就任する場合、就任時において執行猶予期間中であれば、その就任をもって、A社の免許が取り消されることはない。

(2) 宅地建物取引業者B社に、かつて破産手続開始の決定を受け、既に復権を得ている者が役員として就任する場合、その就任をもって、B社の免許が取り消されることはない。

(3) 免許を受けようとするC社に、刑法第206条（現場助勢）の罪により科料に処せられた役員がいる場合、その刑の執行が終わってから5年を経過しなければ、C社は免許を受けることができない。

(4) 免許を受けようとするD社に、刑法第204条（傷害）の罪により懲役1年執行猶予2年の刑に処せられ、その猶予期間が満了している役員がいる場合、その満了の日から5年を経過しなければ、D社は免許を受けることができない。

5年間待つ必要はない。直ちにOKだ！

講義

(1) **誤**。役員（取締役等）か政令で定める使用人（各事務所の代表者）の中に、欠格事由に当たる人がいる場合には、その会社もダメで、免許を受けられない。また、この場合（役員や政令で定める使用人に欠格事由に当たる人がいる場合）において、その会社が既に免許をもらっていたときは、その会社の免許が取り消されることになる。A社の役員は、懲役に処せられ、**執行猶予期間中**なので、欠格事由に当たる。だから、A社の免許は取り消されることになる。　　　286頁 よく出るポイント①、289頁⑭、386頁④

(2) **正**。破産者は、**復権を得れば直ちに**免許が受けられる。だから、B社の役員は欠格事由に当たらない。だから、B社の免許が取り消されることはない。　　　286頁③、289頁⑭、386頁④

(3) **誤**。拘留、**科料**、過料は欠格事由に**ならない**。ささいなあやまちは大目に見るということだ。だから、C社に科料に処せられた役員がいても、C社は免許を受けることができる。　　　287頁 よく出るポイント③、289頁⑭

(4) **誤**。執行猶予中も免許はもらえない。しかし、執行猶予期間が**満了すると、直ちにOK**だ。だから、D社は、役員の執行猶予期間が満了してから5年間待つ必要はない。直ちに免許を受けることができる。
　　　286頁 よく出るポイント①、289頁⑭

正解 (2)

直ちにOKな場合（直ちに免許が受けられる場合）
① 破産者は、**復権を得れば直ちにOK**（肢(2)）。
② 執行猶予期間が**満了すると、直ちにOK**（肢(1)(4)）。

案 内 所　　　　　　　　　　　　　　　　[平21-42]

次の記述のうち、宅地建物取引業法の規定によれば、正しいものはどれか。なお、この問において、契約行為等とは、宅地若しくは建物の売買若しくは交換の契約（予約を含む。）若しくは宅地若しくは建物の売買、交換若しくは貸借の代理若しくは媒介の契約を締結し、又はこれらの契約の申込みを受けることをいう。

(1) 宅地建物取引業者が一団の宅地の分譲を行う案内所において契約行為等を行う場合、当該案内所には国土交通大臣が定めた報酬の額を掲示しなければならない。

(2) 他の宅地建物取引業者が行う一団の建物の分譲の媒介を行うために、案内所を設置する宅地建物取引業者は、当該案内所に、売主の商号又は名称、免許証番号等を記載した国土交通省令で定める標識を掲示しなければならない。

(3) 宅地建物取引業者は、事務所以外の継続的に業務を行うことができる施設を有する場所においては、契約行為等を行わない場合であっても、専任の宅地建物取引士を1人以上置くとともに国土交通省令で定める標識を掲示しなければならない。

(4) 宅地建物取引業者は、業務に関して展示会を実施し、当該展示会場において契約行為等を行おうとする場合、当該展示会場の従業者数5人に対して1人以上の割合となる数の専任の宅地建物取引士を置かなければならない。

事務所には必要だが、案内所には不要なものは何だ？

講義

(1) 誤。**報酬額の掲示**をしなければならない場所は、**事務所**だけだ。案内所には、報酬の額を掲示しなくて OK だ。　　　📖 292 頁 (5)、294 頁 注5

(2) 正。他の宅建業者の一団の宅地建物の分譲の代理・媒介を案内所を設けて行う宅建業者は、**標識**を掲示しなければならない。
　　　📖 293 頁 ①、294 頁 注1

(3) 誤。契約行為を行わない場所であっても、**標識**は掲示しなければならないが、専任の宅地建物取引士を設置する必要はない。　📖 293 頁 ①

(4) 誤。契約行為等を行う場合、専任の宅地建物取引士を **1 人**以上設置しなければならない（1 人で OK。5 人に 1 人以上の割合ではない）。5 人に 1 人以上の割合で、専任の宅地建物取引士を設置しなければならない場所は、事務所だけだ。　　　　　　　　　　　📖 294 頁 ② ③

（正　解）(2)

① **報酬額の掲示**をしなければならない場所は ➡ 事務所だけ（肢(1)）。
② 従業者の **5 人に 1 人**以上の割合で、専任の宅地建物取引士を設置しなければならない場所は　➡　事務所だけ（肢(4)）。

案　内　所　　　　　　　　　　　　　　　　　　[平27-44]

宅地建物取引業者A（甲県知事免許）が乙県内に所在するマンション（100戸）を分譲する場合における次の記述のうち、宅地建物取引業法（以下この問において「法」という。）の規定によれば、正しいものはどれか。

(1)　Aが宅地建物取引業者Bに販売の代理を依頼し、Bが乙県内に案内所を設置する場合、Aは、その案内所に、法第50条第1項の規定に基づく標識を掲げなければならない。

(2)　Aが案内所を設置して分譲を行う場合において、契約の締結又は契約の申込みの受付を行うか否かにかかわらず、その案内所に法第50条第1項の規定に基づく標識を掲げなければならない。

(3)　Aが宅地建物取引業者Cに販売の代理を依頼し、Cが乙県内に案内所を設置して契約の締結業務を行う場合、A又はCが専任の宅地建物取引士を置けばよいが、法第50条第2項の規定に基づく届出はCがしなければならない。

(4)　Aが甲県内に案内所を設置して分譲を行う場合において、Aは甲県知事及び乙県知事に、業務を開始する日の10日前までに法第50条第2項の規定に基づく届出をしなければならない。

　契約しなくても、これは必要だ。

講義

(1) 誤。案内所には、**案内所を設置した業者**が、標識を掲示しなければならない。本肢の場合、案内所を設置した業者は、**B**だ。だから、Bが案内所に標識を掲示しなければならない。　　　　　　　　　　📖 293頁 ①

(2) 正。案内所を設置したら、**標識**を掲示しなければならない。たとえ、案内所において、契約の締結・申込みの受付を行わない場合でも、標識は必要だ。　　　　　　　　　　　　　　　　　　　　　　　　📖 293頁 ①

(3) 誤。案内所を設置したのはCだ。だから、**C**が、成年者である専任の宅地建物取引士を1人以上設置しなければならない。設置する義務はCにあるのであって、Aにはない。だから、「A又はCが置けばよい」とある本肢は、誤りだ。ちなみに、「届出はCがしなければならない」という後半部分の記述は、正しい。　　　　　📖 294頁 ② ②、③

(4) 誤。案内所で、契約を締結したり、申込みを受ける場合には、**免許権者**および**現地の知事**（案内所がある都道府県の知事のこと）に、10日前までに届出をしなければならない。Aの免許権者は甲県知事だ。そして、案内所は甲県にあるから、現地の知事も甲県知事だ。だから、Aは乙県知事に届出をする必要はなく、甲県知事にだけ届出をすればよい。
　　　　　　　　　　　　　　　　　　　　　　　　📖 294頁 ② ②

正 解 (2)

- 案内所の標識を掲示するのは　　➡ 案内所を設置した業者（肢(1)）
- 専任の取引士を設置するのは　　➡ 案内所を設置した業者（肢(3)）
- 届出をするのは　　　　　　　　➡ 案内所を設置した業者（肢(3)）

案 内 所　　　　　　　　　　　　　[平26-28]

　宅地建物取引業者A（甲県知事免許）が乙県内に建設したマンション（100戸）の販売について、宅地建物取引業者B（国土交通大臣免許）及び宅地建物取引業者C（甲県知事免許）に媒介を依頼し、Bが当該マンションの所在する場所の隣接地（乙県内）に、Cが甲県内にそれぞれ案内所を設置し、売買契約の申込みを受ける業務を行う場合における次の記述のうち、宅地建物取引業法（以下この問において「法」という。）の規定によれば、誤っているものはどれか。

(1)　Bは国土交通大臣及び乙県知事に、Cは甲県知事に、業務を開始する日の10日前までに法第50条第2項に定める届出をしなければならない。

(2)　Aは、法第50条第2項に定める届出を甲県知事及び乙県知事へ届け出る必要はないが、当該マンションの所在する場所に法第50条第1項で定める標識を掲示しなければならない。

(3)　Bは、その設置した案内所の業務に従事する者の数5人に対して1人以上の割合となる数の専任の宅地建物取引士を当該案内所に置かなければならない。

(4)　Aは、Cが設置した案内所においてCと共同して契約を締結する業務を行うこととなった。この場合、Aが当該案内所に専任の宅地建物取引士を設置すれば、Cは専任の宅地建物取引士を設置する必要はない。

事務所ではないから……。

講義

(1) 正。案内所で契約を締結する場合には、**免許権者**および**現地の知事**に、業務の開始の 10 日前までに届出をしなければならない。だから、B は大臣（免許権者）と乙県知事（現地の知事）に届け出なければならない。また、C は甲県知事（免許権者であり、かつ、現地の知事だ）に届け出なければならない。　　　　　　　　　　　　　　　　　　　　　　294頁 ② ②

(2) 正。案内所を設置したのは、B と C だ。だから、届出をしなければならないのは B と C であり、A は届出をする必要はない。したがって、前半部分の記述は正しい。また、マンションの**売主**である A は、現地（マンションがある現場）に「**所在場所の標識**」を掲示しなければならないので、後半部分の記述も正しい。　　　　　　　　293頁 ①、294頁 注4

(3) 誤。案内所で契約を締結する場合には、専任の宅地建物取引士を **1 人**以上設置しなければならない（1 人で OK。5 人に 1 人以上ではない）。
　　　　　　　　　　　　　　　　　　　　　　　　　　　　　294頁 ② ③

(4) 正。案内所で契約を締結する場合には、専任の宅地建物取引士を **1 人**設置すれば OK だ。だから、A が専任の取引士を設置すれば、それで人数は十分だ。したがって、C が専任の取引士を設置する必要はない。
　　　　　　　　　　　　　　　　　　　　　　　　　　　　　294頁 ② ③

正　解　(3)

標識は必要か？
① 事務所　　➡　○
② **所在場所**　➡　○　注意1
③ 案内所　　➡　○　注意2

注意1 所在場所の標識は、売主である業者が掲示する（肢(2)）。
注意2 案内所の標識は、案内所を設置した業者が掲示する。

案 内 所　　　　　　　　　　　　　　[平24-42]

　宅地建物取引業者Ａ社（国土交通大臣免許）が行う宅地建物取引業者Ｂ社（甲県知事免許）を売主とする分譲マンション（100戸）に係る販売代理について、Ａ社が単独で当該マンションの所在する場所の隣地に案内所を設けて売買契約の締結をしようとする場合における次の記述のうち、宅地建物取引業法（以下この問において「法」という。）の規定によれば、正しいものの組合せはどれか。なお、当該マンション及び案内所は甲県内に所在するものとする。

ア　Ａ社は、マンションの所在する場所に法第50条第1項の規定に基づく標識を掲げなければならないが、Ｂ社は、その必要がない。

イ　Ａ社が設置した案内所について、売主であるＢ社が法第50条第2項の規定に基づく届出を行う場合、Ａ社は当該届出をする必要がないが、Ｂ社による届出書については、Ａ社の商号又は名称及び免許証番号も記載しなければならない。

ウ　Ａ社は、成年者である専任の宅地建物取引士を当該案内所に置かなければならないが、Ｂ社は、当該案内所に成年者である専任の宅地建物取引士を置く必要がない。

エ　Ａ社は、当該案内所に法第50条第1項の規定に基づく標識を掲げなければならないが、当該標識へは、Ｂ社の商号又は名称及び免許証番号も記載しなければならない。

(1)　ア、イ
(2)　イ、ウ
(3)　ウ、エ
(4)　ア、エ

　設置したのは誰か？　売主は誰か？

講義

ア　**誤**。物件（マンション）の**所在する場所**に標識を設置しなければならないのは、Ａ社ではなく**売主**のＢ社だ。　　　293頁①、294頁注4

イ　**誤**。**案内所を設置**したのはＡ社だから、Ａ社が届出をしなければならない。ちなみに、法第50条第2項の規定に基づく届出とは、案内所で契約を締結する場合に行う届出（免許権者および現地の知事に、業務開始の10日前までに行わなければならない届出）のことだ。　　　294頁②②

ウ　**正**。**案内所を設置**したのはＡ社だから、Ａ社が成年者である専任の宅地建物取引士を案内所に置かなければならない。　　　294頁②③

エ　**正**。案内所に標識を設置しなければならないのはＡ社だ（難しく考える必要はない。要するに、「案内所の標識」を設置するのは、「案内所を設置した」Ａ社だ、ということ）。そして、案内所の標識には、売主であるＢ社の**業者名**・免許証番号を記載しなければならない。

293頁①、294頁注5

以上により、正しいものはウとエなので、正解は肢(3)となる。

正　解　(3)

売主がＢ社（Ａ社に販売の代理を依頼した）で、
代理業者がＡ社（案内所を設置し契約を締結）の場合
　➡　**物件の所在場所の標識**を設置するのは　➡　Ｂ社（肢ア）
　➡　**案内所の標識**を設置するのは　　　　　➡　Ａ社　注意！
　注意！　Ａ社が設置した案内所の標識には売主であるＢ社の**業者名・免許証番号**を記載しなければならない（肢エ）。

登録の移転その他　　　　　　　　　　[平29-30]

宅地建物取引業法（以下この問において「法」という。）の規定に関する次の記述のうち、誤っているものはどれか。なお、この問において「登録」とは、宅地建物取引士の登録をいうものとする。

(1) 宅地建物取引士A（甲県知事登録）が、甲県から乙県に住所を変更したときは、乙県知事に対し、登録の移転の申請をすることができる。

(2) 宅地建物取引業者B（甲県知事免許）が、乙県に所在する1棟のマンション（150戸）を分譲するため、現地に案内所を設置し契約の申込みを受けるときは、甲県知事及び乙県知事に、その業務を開始する日の10日前までに、法第50条第2項の規定に基づく届出をしなければならない。

(3) 宅地建物取引士資格試験合格後18月を経過したC（甲県知事登録）が、甲県知事から宅地建物取引士証の交付を受けようとする場合は、甲県知事が指定する講習を交付の申請前6月以内に受講しなければならない。

(4) 宅地建物取引業者D社（甲県知事免許）が、合併により消滅したときは、その日から30日以内に、D社を代表する役員であった者が、その旨を甲県知事に届け出なければならない。

(2)

転勤ではない。

講義

(1) **誤**。登録の移転ができるのは、別の都道府県の<u>事務所</u>に勤務することになった場合だ。取引士自身が別の都道府県に<u>引越</u>しても、登録の移転はできない。 　303頁 よく出るポイント⑤

(2) **正**。案内所で契約を締結したり、申込みを受ける場合には、業者は、免許権者および現地の知事に業務開始の<u>10日前</u>までに「<u>届出</u>（第50条第2項の届出）」をしなければならない。 　294頁 ②②

(3) **正**。取引士証の交付を受けるには、交付申請前6カ月以内に行われる知事が指定する講習を受けなければならない。もっとも、試験<u>合格後1年以内</u>に交付を受けようとする者は、この知事の講習が<u>免除</u>されることになっている。Cは、試験合格後18カ月を経過している（合格後1年以内ではない）ので、甲県知事の講習を受けなければならない。
　297頁(3)

(4) **正**。業者が合併により消滅した場合、<u>消滅</u>会社の代表役員だった者が<u>30日以内</u>に免許権者に届け出なければならない。
　283頁(2)②、284頁 よく出るポイント①

正 解 (1)

登録の移転ができるか？
① 転勤 ➡ ○
② 引越 ➡ ×（肢(1)）

第 1 編　弱点表

項　目	番　号	難　度	正　解	自己採点
宅建業とは？	平 27-26	普通	(1)	
宅建業とは？	令 1-42	カンターン	(1)	
宅建業とは？	平 19-32	カンターン	(2)	
宅建業とは？	平 26-26	普通	(1)	
宅建業とは？	平 17-30	普通	(1)	
宅建業とは？	平 23-26	カンターン	(3)	
宅建業とは？	平 30-41	カンターン	(3)	
宅建業とは？	令 1-26	カンターン	(4)	
宅建業とは？	平 24-27	カンターン	(1)	
宅建業とは？	平 22-26	普通	(4)	
免許換え等	平 20-30	カンターン	(3)	
従業者名簿・帳簿	平 29-35	カンターン	(3)	
従業者名簿・帳簿その他	平 20-42	カンターン	(1)	
帳簿・証明書その他	平 25-41	普通	(2)	
帳簿・証明書その他	令 1-40	普通	(2)	
従業者名簿・帳簿その他	平 19-45	カンターン	(1)	
届出その他	平 29-44	カンターン	(4)	
届出（業者）	平 21-28	カンターン	(2)	
届出等	平 22-28	カンターン	(3)	
事務所	平 22-29	普通	(4)	
免　許	平 21-26	カンターン	(3)	
免許その他	平 29-36	カンターン	(4)	

免　許	平 28-35	普通	(4)	
免　許	平 28-37	難しい	(2)	
免　許	平 17-31	普通	(4)	
免　許	平 18-30	普通	(2)	
免　許	平 22-27	カンターン	(2)	
欠格事由（業者）	平 25-26	カンターン	(1)	
欠格事由（業者）	平 16-31	普通	(3)	
欠格事由（業者）	平 19-33	カンターン	(3)	
欠格事由（業者）	平 24-26	普通	(1)	
欠格事由（業者）	令 1-43	カンターン	(2)	
欠格事由（業者）	平 21-27	難しい	(1)	
欠格事由（業者）	平 27-27	普通	(4)	
欠格事由（業者）	平 23-27	難しい	(2)	
欠格事由（業者）	平 20-31	カンターン	(2)	
案内所	平 21-42	普通	(2)	
案内所	平 27-44	カンターン	(2)	
案内所	平 26-28	カンターン	(3)	
案内所	平 24-42	普通	(3)	
登録の移転その他	平 29-30	カンターン	(1)	

第 2 編

宅地建物取引士
営業保証金と保証協会

宅地建物取引士登録 　　　　　　　　　　［平18-32］

　甲県知事の宅地建物取引士資格登録（以下この問において「登録」という。）を受け、乙県内の宅地建物取引業者の事務所に勤務している宅地建物取引士Aに関する次の記述のうち、宅地建物取引業法の規定によれば、正しいものはどれか。

(1) Aは、不正の手段により登録を受けたとして、登録の消除の処分の聴聞の期日及び場所が公示された後、自らの申請によりその登録が消除された場合、当該申請に相当の理由がなくとも、登録が消除された日から5年を経ずに新たに登録を受けることができる。

(2) Aが甲県知事から事務の禁止の処分を受け、その禁止の期間が満了していないときは、Aは宅地建物取引士としてすべき事務を行うことはできないが、Aは乙県知事に対して、甲県知事を経由して登録の移転の申請をすることができる。

(3) Aは、宅地建物取引士証の有効期間の更新を受けようとするときは、必ず甲県知事が指定する講習で交付の申請前1年以内に行われるものを受講しなければならない。

(4) Aは、禁錮以上の刑に処せられ登録が消除された場合は、速やかに、宅地建物取引士証を甲県知事に返納しなければならない。

 必要なくなったモノはどうすべき？

講義

(1) **誤**。不正手段で取引士登録を受けた者に対して、登録権者（知事）が、登録消除処分をしようとして聴聞の期日と場所を公示したところ、処分前に自分から登録消除の申請をして登録を消除してもらった者（いわゆるかけこみ消除）は、極悪だから**登録消除から5年間**は登録を受けることができない。ちなみに、登録消除の申請に「相当の理由がある」場合は、極悪ではないので、登録を受けることができる。5年間待つ必要はない。

📖 300頁 12

(2) **誤**。**事務禁止処分中**は、登録の移転が禁止される。移転しても、どうせ取引士としての仕事はできない以上、無意味だからだ。

📖 303頁 よく出るポイント⑥

(3) **誤**。取引士証の更新を受けようとする者は、交付の申請前**6カ月以内**に行われる知事が指定する講習を受講しなければならない。

📖 297頁 (3)

(4) **正**。宅地建物取引士は、**登録が消除**された場合は、速やかに、取引士証をその交付を受けた知事に**返納**しなければならない。

📖 304頁「返納」

(**正　解**) (4)

🧑 **肢(1)の詳しい話**

・登録消除の申請に「相当の理由が**ない**」場合 ➡ 極悪なので**5年間ダメ**。
・登録消除の申請に「相当の理由が**ある**」場合 ➡ 極悪ではないので**5年間待たなくてOK**。

宅地建物取引士　　　　　　　　　　　[平19-31]

　宅地建物取引士資格登録（以下この問において「登録」という。）及び宅地建物取引士証（以下この問において「取引士証」という。）に関する次の記述のうち、宅地建物取引業法の規定によれば、正しいものはどれか。

(1) 甲県知事の登録を受けて、甲県に所在する宅地建物取引業者Aの事務所の業務に従事する者が、乙県に所在するAの事務所の業務に従事することとなったときは、速やかに、甲県知事を経由して、乙県知事に対して登録の移転の申請をしなければならない。

(2) 登録を受けている者で取引士証の交付を受けていない者が重要事項説明を行い、その情状が特に重いと認められる場合は、当該登録の消除の処分を受け、その処分の日から5年を経過するまでは、再び登録を受けることができない。

(3) 丙県知事から取引士証の交付を受けている宅地建物取引士が、取引士証の有効期間の更新を受けようとするときは、丙県知事に申請し、その申請前6月以内に行われる国土交通大臣の指定する講習を受講しなければならない。

(4) 丁県知事から取引士証の交付を受けている宅地建物取引士が、取引士証の亡失によりその再交付を受けた後において、亡失した取引士証を発見したときは、速やかに、再交付された取引士証をその交付を受けた丁県知事に返納しなければならない。

 極悪な者はダメ！

講義

(1) **誤**。登録の移転は義務ではない。あくまでも**任意**だ。登録の移転ができる場合においても、移転しなくて OK だ。　　　　　　　　📖 302 頁 4.

(2) **正**。登録を受けてはいるが、まだ取引士証の交付を受けていない者は、取引士ではないのだから、取引士でなければできない事務（たとえば、重要事項の説明など）は**一切できない**。そして、この登録を受けてはいるが、まだ取引士証の交付を受けていない者が取引士しかできない事務をして、情状が特に重い場合（悪質な場合）は、登録消除処分を受けることになる。そして、この登録消除処分を受けた者は、極悪だから、登録を消除されてから **5 年間**は、取引士登録ができない。　　　　　　　📖 296 頁 (2)

(3) **誤**。取引士証の交付を受けるには、交付申請前 6 カ月以内に行われる**知事**が指定する講習を受けなければならない。受講しなければならないのは、知事が指定する講習であり、国土交通大臣の指定する講習ではない。
　　　　　　　　　　　　　　　　　　　　　　　　　　　　　📖 297 頁 (3)

(4) **誤**。取引士証をなくしたので再交付してもらったところ、その後になくした取引士証が出てきたら、速やかに、**出てきた方の**取引士証を返納しなければならない。返納しなければならないのは、出てきた方の取引士証であって、再交付を受けた取引士証ではない。　　📖 304 頁「返納」

正　解　　(2)

Point!

宅地建物取引士しかできない仕事（事務）とは次の 3 つ
　① 重要事項の説明
　② 重要事項説明書への記名押印
　③ 37 条書面（契約成立後に交付する書面のこと）への記名押印
　そして、登録を受けてはいるが、まだ取引士証の交付を受けていない者（＝取引士ではない者）が、①～③の仕事をして、情状が特に重い場合（悪質な場合）は登録消除処分を受けることになる。そして、登録を消除されてから **5 年間**は、取引士登録ができない（肢(2)）。

届 出 等　　　　　　　　　　　　　　　[平21-29]

次の記述のうち、宅地建物取引業法の規定によれば、正しいものはどれか。

(1) 都道府県知事は、不正の手段によって宅地建物取引士資格試験を受けようとした者に対しては、その試験を受けることを禁止することができ、また、その禁止処分を受けた者に対し2年を上限とする期間を定めて受験を禁止することができる。

(2) 宅地建物取引士の登録を受けている者が本籍を変更した場合、遅滞なく、登録をしている都道府県知事に変更の登録を申請しなければならない。

(3) 宅地建物取引士の登録を受けている者が死亡した場合、その相続人は、死亡した日から30日以内に登録をしている都道府県知事に届出をしなければならない。

(4) 甲県知事の宅地建物取引士の登録を受けている者が、その住所を乙県に変更した場合、甲県知事を経由して乙県知事に対し登録の移転を申請することができる。

　住所・氏名・本籍を変更した場合はドーする？

講義

(1) 誤。不正の手段によって試験を受けようとした者に対する受験禁止のペナルティーの上限は、**3年**だ。2年ではない。　　295頁 ちなみに

(2) 正。遅滞なく、登録先の知事に**変更の登録を申請**しなければならない。
　　301頁 (1) ①

(3) 誤。宅地建物取引士登録を受けている者が死亡した場合、その相続人は、死亡の事実を**知った日から30日以内**に登録先の知事に届け出なければならない。　　301頁 (2) ①

(4) 誤。登録の移転ができるのは、別の都道府県の**事務所**に勤務することになった場合だ。宅地建物取引士自身が別の都道府県に引越し（住所変更）しても、登録の移転はできない。　　303頁 よく出るポイント ⑤

正解 (2)

① 住所、氏名、**本籍**（肢(2)）
② 勤務先の業者名（名称または商号、免許証番号）

上の事項に変更が生じた場合には　➡　本人が**遅滞なく登録先の知事に変更の登録を申請**しなければならない。また、勤務先の業者の免許証番号もだ。ここで覚えておこう！

宅地建物取引士　　　　　　　　　　　　　　　　　[平23-28]

　宅地建物取引業法（以下この問において「法」という。）に規定する宅地建物取引士及び宅地建物取引士証（以下この問において「取引士証」という。）に関する次の記述のうち、正しいものはどれか。

(1) 宅地建物取引業者は、20戸以上の一団の分譲建物の売買契約の申込みのみを受ける案内所を設置し、売買契約の締結は事務所で行う場合、当該案内所には専任の宅地建物取引士を置く必要はない。

(2) 未成年者は、成年者と同一の行為能力を有していたとしても、成年に達するまでは宅地建物取引士の登録を受けることができない。

(3) 宅地建物取引士は、法第35条の規定による重要事項説明を行うにあたり、相手方から請求があった場合にのみ、取引士証を提示すればよい。

(4) 宅地建物取引士資格試験に合格した日から1年以内に取引士証の交付を受けようとする者は、登録をしている都道府県知事の指定する講習を受講する必要はない。

　免除あり。

講義

(1) **誤**。案内所で契約を締結する場合、または**契約の申込みを受ける**場合には、成年者である専任の宅地建物取引士を**1人**以上設置しなければならない（1人でOK。5人に1人以上ではない）。　　　294頁②③

(2) **誤**。営業に関して**成年者と同一の行為能力を有する**未成年者は、登録を受けることができる。登録を受けることができないのは、成年者と同一の行為能力を有しない未成年者だ。　　　298頁①

(3) **誤**。重要事項の説明をするときは、**請求がなくても**、取引士証を提示しなければならない。　　　304頁(1)②

(4) **正**。宅建士試験**合格後1年以内**に取引士証の交付を受けようとする者は、知事の講習が**免除**される。　　　297頁(3)

（正　解）　(4)

知事の講習
　取引士証の交付を受ける場合は、交付申請前6カ月以内に行われる**知事の講習**を受けなければならない。ただし、宅建士試験**合格後1年以内**に取引士証の交付を受けようとする者は、この知事の講習が**免除**される（肢(4)）。

宅地建物取引士 [平22-30]

　宅地建物取引士の登録（以下この問において「登録」という。）及び宅地建物取引士証（以下この問において「取引士証」という。）に関する次の記述のうち、民法及び宅地建物取引業法の規定によれば、正しいものはどれか。

(1) 婚姻している未成年者は、登録実務講習を修了しても、法定代理人から宅地建物取引業を営むことについての許可を受けなければ登録を受けることができない。

(2) 登録を受けている者は、取引士証の交付を受けていない場合は、その住所に変更があっても、登録を受けている都道府県知事に変更の登録を申請する必要はない。

(3) 取引士証を亡失し、その再交付を申請している者は、再交付を受けるまでの間、宅地建物取引業法第35条に規定する重要事項の説明をする時は、取引士証に代えて、再交付申請書の写しを提示すればよい。

(4) 甲県知事から取引士証の交付を受けている者が、宅地建物取引士としての事務を禁止する処分を受け、その禁止の期間中に本人の申請により登録が消除された場合は、その者が乙県で宅地建物取引士資格試験に合格したとしても、当該期間が満了しないときは、乙県知事の登録を受けることができない。

 期間が満了するまでダメ。

講義

(1) 誤。婚姻をすれば、**成年者とみなされる**。だから、婚姻をしている未成年者は、法定代理人から営業許可を得ていなくても、登録をすることができる。　　　　　　　　　　　　　　　　　　　　298頁 ここが違う

(2) 誤。登録を受けている者は、①**住所**、氏名、本籍、②勤務先の業者名（名称または商号、免許証番号）に変更が生じた場合には、遅滞なく登録先の知事に変更の登録を申請しなければならない。登録を受けていれば、取引士証の交付を受けていなくても、変更の登録を申請しなければならないので、×だ。　　　　　　　　　　　　　　　　　　　　301頁(1)①

(3) 誤。重要事項の説明をするときは、請求がなくても、**取引士証を掲示**しなければならない。取引士証に代えて、再交付申請書の写しを提示してもダメだ（再交付申請書は取引士証の代わりにはならない）。
　　　　　　　　　　　　　　　　　　　　　　　　　　　304頁(1)②

(4) 正。事務禁止処分を受け、その期間中に、自分から登録消除の申請をして登録を消除してもらった者は、事務禁止処分の**期間が満了するまで**登録を受けることはできない。　　　　　　　　　　　300頁 ⑬

　　　　　　　　　　　　　　　　　　　　　　　正 解 (4)

Point!

　事務禁止処分を受け、その期間中に、自分から登録消除の申請をして登録を消除してもらった者は、
➡ 事務禁止処分の**期間が満了するまではダメ**（登録消除から5年間ではない！）（肢(4)）

宅地建物取引士 [令1-44]

宅地建物取引業法に規定する宅地建物取引士資格登録（以下この問において「登録」という。）に関する次の記述のうち、正しいものはどれか。

(1) 業務停止の処分に違反したとして宅地建物取引業の免許の取消しを受けた法人の政令で定める使用人であった者は、当該免許取消しの日から5年を経過しなければ、登録を受けることができない。

(2) 宅地建物取引業者A（甲県知事免許）に勤務する宅地建物取引士（甲県知事登録）が、宅地建物取引業者B（乙県知事免許）に勤務先を変更した場合は、乙県知事に対して、遅滞なく勤務先の変更の登録を申請しなければならない。

(3) 甲県知事登録を受けている者が、甲県から乙県に住所を変更した場合は、宅地建物取引士証の交付を受けていなくても、甲県知事に対して、遅滞なく住所の変更の登録を申請しなければならない。

(4) 宅地建物取引士資格試験に合格した者は、宅地建物取引に関する実務の経験を有しない場合でも、合格した日から1年以内に登録を受けようとするときは、登録実務講習を受講する必要はない。

 一定の事項に変更が生じたら、登録先の知事に申請。

講義

(1) 誤。法人（会社）が、業務停止の処分に違反したとして宅建業の免許の取消しを受けた場合、聴聞の公示日の60日以内に、その法人の役員だった者は、免許取消しの日から5年間は、登録を受けることができない。登録を受けることができないのは、役員だった者だ。政令で定める使用人ならセーフだ（登録を受けることができる）。　300頁の⑨

(2) 誤。①住所、氏名、本籍、②勤務先の業者名（名称または商号、免許証番号）に変更が生じた場合には、本人が遅滞なく登録先の知事に変更の登録を申請しなければならない。本肢の宅地建物取引士の登録先の知事は甲県知事だ。だから、甲県知事に変更の登録を申請しなければならない。乙県知事に申請するのではないので、本肢は×だ。　301頁(1)①

(3) 正。①住所、氏名、本籍、②勤務先の業者名（名称または商号、免許証番号）に変更が生じた場合には、本人が遅滞なく登録先の知事に変更の登録を申請しなければならない。この変更の登録申請は、宅地建物取引士でなくても、宅地建物取引士登録を受けているなら、行う必要がある。　301頁(1)①

(4) 誤。登録を受けるには、2年以上の実務経験があることが必要だ。ただし、実務経験がない場合には、国土交通大臣の登録を受けた実務講習（登録実務講習）を受講すればよいことになっている。本肢の試験合格者は、実務経験がないのだから、登録実務講習を受講する必要がある。ちなみに、宅地建物取引士証の交付を受ける際の知事の法定講習は、合格後1年以内なら免除される。　296頁(2)

正解　(3)

変更の登録の申請
① **住所**、氏名、本籍（肢(3)）
② **勤務先**の業者名（名称または商号、免許証番号）（肢(2)）
　上の①②に変更が生じた場合には、本人が遅滞なく**登録**先の知事に変更の登録を申請しなければならない（肢(2)）。
注意！　変更の登録の申請は、宅地建物取引士でなくても、宅地建物取引士登録を受けているなら、行う必要がある（肢(3)）。

宅地建物取引士 [平24-36]

宅地建物取引士に関する次の記述のうち、宅地建物取引業法の規定によれば、正しいものはどれか。

(1) 宅地建物取引業者A社は、その主たる事務所に従事する唯一の専任の宅地建物取引士が退職したときは、30日以内に、新たな専任の宅地建物取引士を設置しなければならない。

(2) 宅地建物取引業者B社は、10戸の一団の建物の分譲の代理を案内所を設置して行う場合、当該案内所に従事する者が6名であるときは、当該案内所に少なくとも2名の専任の宅地建物取引士を設置しなければならない。

(3) 宅地建物取引業者C社（甲県知事免許）の主たる事務所の専任の宅地建物取引士Dが死亡した場合、当該事務所に従事する者17名に対し、専任の宅地建物取引士4名が設置されていれば、C社が甲県知事に届出をする事項はない。

(4) 宅地建物取引業者E社（甲県知事免許）の専任の宅地建物取引士であるF（乙県知事登録）は、E社が媒介した丙県に所在する建物の売買に関する取引において宅地建物取引士として行う事務に関し著しく不当な行為をした場合、丙県知事による事務禁止処分の対象となる。

登録消除処分はできないが……。

講義

(1) 誤。宅地建物取引士の数に欠員が生じたら、業者は **2週間以内**に補充しなければならない。「30日以内」ではないので、本肢は×だ。

291頁 よく出るポイント②

(2) 誤。案内所で**契約を締結**する場合、または申込みを受ける場合には、成年者である**専任の宅地建物取引士**を **1人**以上設置しなければならない（1人でOK。5人に1人以上ではない）。

294頁 ②③

(3) 誤。楽勝ゴロ合せ「明治の薬剤師」（①名称・商号、②事務所の所在地・名称、③役員と政令で定める使用人の氏名、④**専任の宅地建物取引士の氏名**）に変更が生じたら、業者は30日以内に免許権者に届け出なければならない。専任の宅地建物取引士が死亡したら、**専任の宅地建物取引士の氏名**に変更が生じたことになるから、C社は甲県知事に変更の届出をしなければならない。

283頁 (1)④

(4) 正。**事務禁止**処分は、登録権者と**現地の知事**ができる。だから、丙県知事（現地の知事）も事務禁止処分をすることができる。

384頁 表

正 解 (4)

監督処分のまとめ

		免許権者 登録権者	現地の知事
業者に対する監督処分	① **指示**処分	○	○
	② **業務停止**処分※	○	○
	③ **免許取消**処分	○	×
取引士に対する監督処分	① **指示**処分	○	○
	② **事務禁止**処分※	○	○（肢(4)）
	③ **登録削除**処分	○	×

※＝1年以内

宅地建物取引士登録　　　　　　　　　　[平23-29]

宅地建物取引士の登録に関する次の記述のうち、宅地建物取引業法の規定によれば、正しいものはどれか。

(1) 不正の手段により免許を受けたとしてその免許の取消しを受けた法人において役員ではない従業者であった者は、当該免許取消しの日から5年を経過しなければ、登録を受けることができない。

(2) 宅地建物取引士が、刑法第204条の傷害罪により罰金の刑に処せられ、登録が消除された場合は、当該登録が消除された日から5年を経過するまでは、新たな登録を受けることができない。

(3) 宅地建物取引業者（甲県知事免許）に勤務する宅地建物取引士（甲県知事登録）が、乙県に住所を変更するとともに宅地建物取引業者（乙県知事免許）に勤務先を変更した場合は、乙県知事に登録の移転の申請をしなければならない。

(4) 宅地建物取引業者（甲県知事免許）に勤務する宅地建物取引士（甲県知事登録）が、乙県知事に登録の移転の申請をするとともに宅地建物取引士証の交付の申請をした場合は、乙県知事は、登録後、移転申請前の宅地建物取引士証の有効期間が経過するまでの期間を有効期間とする宅地建物取引士証を交付しなければならない。

 新たに5年となるのではない。

講義

(1) 誤。法人が、不正手段で免許を取得したということを理由として、免許の取消しを受けた場合、聴聞の公示前 60 日以内に、その法人の役員だった者は、免許取消しから 5 年間は、取引士登録ができない。しかし、役員ではない単なる従業員は、登録ができる。　300 頁 ⑨

(2) 誤。暴力団系の犯罪（暴行、傷害、現場助勢、脅迫、背任、凶器準備集合・結集、暴力団新法違反等）で罰金に処せられたら、「執行終了後」5 年間登録ができない。本肢は、「登録が消除された日から」となっているので×だ。　299 頁 ⑥

(3) 誤。別の都道府県の事務所に勤務することになった場合は、登録の移転を申請することができる（任意）。登録の移転は、任意なので、「登録の移転を申請しなければならない（義務）」となっている本肢は×だ。　302 頁 4.、303 頁 よく出るポイント⑤

(4) 正。新取引士証（乙県知事から交付してもらう取引士証）の有効期間は、旧取引士証の有効期間の残りの期間だ。新たに 5 年となるのではない。　303 頁 よく出るポイント④

正　解　(4)

登録の移転と取引士証の交付
① 旧取引士証と引き換えに、新取引士証を交付してもらう方法がある。それは、登録の移転の申請と、新取引士証の交付の申請を、同時にやるという方法だ。
② ①の方法で交付された新取引士証の有効期間は、旧取引士証の有効期間の残りの期間だ。新たに 5 年となるのではない（肢(4)）。

宅地建物取引士　　　　　　　　　　[平28-38]

宅地建物取引士資格登録（以下この問において「登録」という。）又は宅地建物取引士に関する次の記述のうち、宅地建物取引業法の規定によれば、正しいものはいくつあるか。

ア　宅地建物取引士（甲県知事登録）が、乙県で宅地建物取引業に従事することとなったため乙県知事に登録の移転の申請をしたときは、移転後新たに5年を有効期間とする宅地建物取引士証の交付を受けることができる。

イ　宅地建物取引士は、取引の関係者から宅地建物取引士証の提示を求められたときは、宅地建物取引士証を提示しなければならないが、従業者証明書の提示を求められたときは、宅地建物取引業者の代表取締役である宅地建物取引士は、当該証明書がないので提示をしなくてよい。

ウ　宅地建物取引士が心身の故障により宅地建物取引士の事務を適正に行うことができない者として国土交通省令で定めるものに該当することになったときは、本人又はその法定代理人若しくは同居の親族は、3月以内に、その旨を登録している都道府県知事に届け出なければならない。

エ　宅地建物取引士の氏名等が登載されている宅地建物取引士資格登録簿は一般の閲覧に供されることはないが、専任の宅地建物取引士は、その氏名が宅地建物取引業者名簿に登載され、当該名簿が一般の閲覧に供される。

(1)　一つ
(2)　二つ
(3)　三つ
(4)　なし

　　1番偉い人も携帯している。

講義

ア　**誤**。新取引士証の有効期間は、旧取引士証の有効期間の**残りの期間**だ。新たに5年となるのではない。　　📖 303頁 よく出るポイント④

イ　**誤**。取引士は、取引の関係者から**請求があったとき**は、取引士証を提示しなければならない。だから、前半部分は○だ。**代表者**（社長）、役員（非常勤も含む）、一時的に事務を補助する者（パート・アルバイト）にも、従業者証明書を携帯させなければならない。だから、代表取締役にも従業者証明書はある。そして、従業者証明書は、取引の関係者から**請求があったとき**は、提示しなければならない。したがって、「証明書がないので提示しなくてよい」とある後半部分は全くのデタラメだから×だ。
　　📖 304頁 (1) ①、305頁 (2)

ウ　**誤**。取引士が心身の故障により取引士の事務を適正に行うことができない者になったときは、本人・法定代理人・同居の親族は、**30日**以内に、その旨を登録先の知事に届け出なければならない。3カ月以内ではないので、本肢は×だ。　　📖 301頁 (2) ②

エ　**正**。取引士資格登録簿は一般の閲覧に供されることはないが、**業者名簿**は一般の閲覧に**供される**。そして、「専任の取引士は、その氏名が業者名簿に登載される」という点も○だ。　　📖 283頁 (1) ④

以上により、正しいものはエだけなので、正解は肢(1)となる。

（**正　解**）(1)

従業者証明書
代表者（社長）、役員（非常勤も含む）、一時的に事務を補助する者（パート・アルバイト）にも、従業者証明書を携帯させなければならない（肢イ）。

宅地建物取引士その他　　　　　　　　　　　[平29-37]

次の記述のうち、宅地建物取引業法（以下この問において「法」という。）の規定によれば、正しいものはどれか。

(1) 宅地建物取引士は、取引の関係者から請求があったときは、物件の買受けの申込みの前であっても宅地建物取引士証を提示しなければならないが、このときに提示した場合、後日、法第35条に規定する重要事項の説明をする際は、宅地建物取引士証を提示しなくてもよい。

(2) 甲県知事の登録を受けている宅地建物取引士Aは、乙県に主たる事務所を置く宅地建物取引業者Bの専任の宅地建物取引士となる場合、乙県知事に登録を移転しなければならない。

(3) 宅地建物取引士の登録を受けるには、宅地建物取引士資格試験に合格した者で、2年以上の実務の経験を有するもの又は国土交通大臣がその実務の経験を有するものと同等以上の能力を有すると認めたものであり、法で定める事由に該当しないことが必要である。

(4) 宅地建物取引士は、取引の関係者から請求があったときは、従業者証明書を提示しなければならないが、法第35条に規定する重要事項の説明をする際は、宅地建物取引士証の提示が義務付けられているため、宅地建物取引士証の提示をもって、従業者証明書の提示に代えることができる。

　大臣のオスミツキがあればOK。

講 義

(1) **誤**。取引士は、重要事項の説明をするとき以外であっても、取引関係者から請求があったら、取引士証を提示しなければならない（前半部分は○）。また、取引士は、重要事項の説明をするときは、**請求がなくても**、取引士証を提示しなければならない。だから、「重要事項を説明する際は、取引士証を提示しなくてもよい」とある後半部分が×。

304頁 (1) ①、②

(2) **誤**。取引士は、別の都道府県の事務所に勤務することになった場合は、登録の移転が**できる**。登録の移転は義務（しなければならない）ではない。あくまでも**任意（できる）**だ。

302頁 4.

(3) **正**。試験に合格した者で、2年以上の実務経験を有するもの、または国土交**大臣**が実務経験を有するものと同等以上の能力を有すると認めたもの（大臣の登録実務講習を受講すればよい）で、法で定める事由に該当しなければ（要するに、欠格事由がなければ、ということ）、登録ができる。

296頁 (2)

(4) **誤**。従業者証明書は、取引の関係者から**請求があったとき**は、提示しなければならない（前半部分は○）。取引士が取引士証を提示しても、取引士証には本人の住所は記載されているが勤務先までは記載されていないから、取引士証は従業者証明書の**代わりにはならない**。だから、後半部分が×。

305頁 (2)、306頁 上から1〜3行目

正　解 (3)

従業者証明書

① 取引の関係者から**請求があったとき**は、提示しなければならない（肢(4)）。

② 取引士証や従業者名簿は、従業者証明書の**代わりにはならない**（肢(4)）。

③ 業者は、従業者に従業者証明書を携帯させなければ、業務に従事させることができない。注意！

注意！ 従業者には、代表者（社長）、役員（非常勤も含む）、一時的に事務を補助する者（パート・アルバイト）も含まれる。

宅地建物取引士　　　　　　　　　　　　　　　　[平30-42]

次の記述のうち、宅地建物取引業法（以下この問において「法」という。）の規定によれば、正しいものはどれか。

(1) 宅地建物取引士が死亡した場合、その相続人は、死亡した日から30日以内に、その旨を当該宅地建物取引士の登録をしている都道府県知事に届け出なければならない。

(2) 甲県知事の登録を受けている宅地建物取引士は、乙県に所在する宅地建物取引業者の事務所の業務に従事しようとするときは、乙県知事に対し登録の移転の申請をし、乙県知事の登録を受けなければならない。

(3) 宅地建物取引士は、事務禁止の処分を受けたときは宅地建物取引士証をその交付を受けた都道府県知事に提出しなくてよいが、登録消除の処分を受けたときは返納しなければならない。

(4) 宅地建物取引士は、法第37条に規定する書面を交付する際、取引の関係者から請求があったときは、専任の宅地建物取引士であるか否かにかかわらず宅地建物取引士証を提示しなければならない。

　重要事項の説明をするときだけではない。

講義

(1) **誤**。取引士が死亡した場合、その相続人は、死亡の事実を**知った**日から30日以内に登録先の知事に届け出なければならない。　301頁(2)

(2) **誤**。取引士は、別の都道府県（登録している知事の管轄する都道府県以外の都道府県）の事務所に勤務し、または勤務しようとするときは、登録の移転が**できる**。登録の移転は義務（しなければならない）ではない。あくまでも**任意**（できる）だ。　302頁 4.

(3) **誤**。取引士は、事務禁止処分を受けたときは、速やかに、取引士証を交付を受けた知事に**提出**しなければならない（前半部分は×）。また、取引士は、登録が消除されたときは、速やかに、取引士証を交付を受けた知事に**返納**しなければならない（後半部分は○）。
　305頁 ㋒、よく出るポイント①

(4) **正**。取引士は、専任であるか否かにかかわらず、取引の関係者から**請求があった**ときは、取引士証を提示しなければならない。ちなみに、重要事項の説明をするときは、請求がなくても、取引士証を提示しなければならない。　304頁 (1) ②

正　解　(4)

第2編　宅地建物取引士／営業保証金と保証協会

Point!

① 取引士は、登録が消除されたときは、
　➡　速やかに、取引士証を交付を受けた知事に**返納**しなければならない（肢(3)）。
② 取引士は、事務禁止処分を受けたときは、
　➡　速やかに、取引士証を交付を受けた知事に**提出**しなければならない（肢(3)）。

宅地建物取引士証その他　　　　　　　　　　[平25-44]

　宅地建物取引業法に規定する宅地建物取引士資格登録（以下この問において「登録」という。）、宅地建物取引士及び宅地建物取引士証に関する次の記述のうち、正しいものはいくつあるか。

ア　登録を受けている者は、登録事項に変更があった場合は変更の登録申請を、また、破産者となった場合はその旨の届出を、遅滞なく、登録している都道府県知事に行わなければならない。

イ　宅地建物取引士証の交付を受けようとする者（宅地建物取引士資格試験合格日から1年以内の者又は登録の移転に伴う者を除く。）は、都道府県知事が指定した講習を、交付の申請の90日前から30日前までに受講しなければならない。

ウ　宅地建物取引業法第35条に規定する事項を記載した書面への記名押印及び同法第37条の規定により交付すべき書面への記名押印については、専任の宅地建物取引士でなければ行ってはならない。

エ　宅地建物取引士は、事務禁止処分を受けた場合、宅地建物取引士証をその交付を受けた都道府県知事に速やかに提出しなければならないが、提出しなかったときは10万円以下の過料に処せられることがある。

(1)　一つ　(2)　二つ　(3)　三つ　(4)　なし

 取引士証がらみは過料。

講義

ア　誤。登録を受けている者が破産をした場合は、本人が **30日以内** に登録先の知事に届け出なければならない。ちなみに、登録事項に変更があった場合は、本人が **遅滞なく** 登録先の知事に変更の登録を申請しなければならない、という部分は正しい。　　　　　301頁(1)、(2)

イ　誤。宅地建物取引士証の交付を受けるには、交付申請前 **6カ月** 以内に行われる **知事** が指定する講習を受けなければならない。ちなみに、宅建士試験 **合格後1年以内** に取引士証の交付を受けようとする者または、登録の移転に伴い、旧取引士証と引き換えに、新取引士証の交付を受けようとする者は、この知事の講習は **免除** されることになっている。
297頁(3)

ウ　誤。35条書面（重要事項説明書のこと）にも37条書面にも、宅地建物取引士の記名押印が必要だ。しかし、この記名押印は専任の宅地建物取引士がやる必要はない。**パートでもアルバイトでも**、宅地建物取引士であれば記名押印できる。　　　　　373頁(3)、382頁1.

エ　正。宅地建物取引士が事務禁止処分を受けた場合、取引士証を交付を受けた知事に提出しなければならない。もし、提出しなかったら10万円以下の **過料** だ。　　　　　305頁 よく出るポイント①、388頁⑬

以上により、正しいものはエだけなので、正解は肢(1)となる。

正　解　(1)

取引士証がらみは過料（罰金ではない）
① 取引士証を **返納** しなかった場合　➡　10万円以下の **過料**
② 取引士証を **提出** しなかった場合　➡　10万円以下の **過料**（肢エ）
③ **重要事項の説明** の際、取引士証を提示しなかった場合　➡　10万円以下の **過料**

宅地建物取引士 [平20-33]

次の記述のうち、宅地建物取引業法（以下この問において「法」という。）の規定によれば、正しいものはどれか。

(1) 禁錮以上の刑に処せられた宅地建物取引士は、登録を受けている都道府県知事から登録の消除の処分を受け、その処分の日から5年を経過するまで、宅地建物取引士の登録をすることはできない。

(2) 宅地建物取引士資格試験に合格した者で、宅地建物の取引に関し2年以上の実務経験を有するもの、又は都道府県知事がその実務経験を有するものと同等以上の能力を有すると認めたものは、法第18条第1項の登録を受けることができる。

(3) 甲県知事から宅地建物取引士証（以下この問において「取引士証」という。）の交付を受けている宅地建物取引士は、その住所を変更したときは、遅滞なく、変更の登録の申請をするとともに、取引士証の書換え交付の申請を甲県知事に対してしなければならない。

(4) 宅地建物取引士が心身の故障により宅地建物取引士の事務を適正に行うことができない者として国土交通省令で定めるものに該当することになったときは、その日から3月以内にその旨を登録している都道府県知事に本人又はその法定代理人若しくは同居の親族が届け出なければならない。

 一緒にやった方が効率的だ！

講 義

(1) **誤**。禁錮以上の刑に処せられた者は、**執行終了後5年間はダメ**で免許を受けることはできない。ダメなのは、「執行終了後5年間」であり、「登録の消除処分の日から5年間」ではないので、本肢は×だ。　📖 299頁 ④

(2) **誤**。2年以上の実務経験を有する者か、国土交通**大臣**がその実務経験を有する者と同等以上の能力を有すると認めた者は、登録を受けることができる。オスミツキを与えるのは、「国土交通**大臣**」であり、「知事」ではないので、本肢は×だ。　📖 296頁 (2)

(3) **正**。登録簿には、登録を受けた者の住所が登載されている。また、取引士証には、その者の住所が記載されている。だから、甲県知事から取引士証の交付を受けている宅地建物取引士が、住所を変更したら、**遅滞なく**変更の登録を申請するとともに、取引士証の書換交付の申請を甲県知事にしなければならない。　📖 301頁 (1)、306頁 上の(3)

(4) **誤**。取引士が心身の故障により取引士の事務を適正に行うことができない者になったときは、本人・法定代理人・同居の親族は、**30日**以内に、その旨を登録先の知事に届け出なければならない。3カ月以内ではないので、本肢は×だ。　📖 301頁 (2) ②

正 解 (3)

👨 **肢(3)の詳しい話**

① 登録簿には ➡ 登録を受けた者の住所が登載されている。 ➡ だから、**住所の変更**があったら変更の登録が必要だ。

② 取引士証には ➡ 取引士の住所が記載されている。 ➡ だから、**住所の変更**があったら書換えが必要だ。

　同じ住所変更の話なのだから、①と②は一緒にやった方が効率的だ。だから、取引士が、住所を変更したら、**遅滞なく**変更の登録を申請するとともに、取引士証の書換交付の申請を知事にしなければならないことになっている。

宅地建物取引士証その他　　　　　　[平16-34]

　宅地建物取引士資格登録（以下この問において「登録」という。）及び宅地建物取引士証（以下この問において「取引士証」という。）に関する次の記述のうち、宅地建物取引業法の規定によれば、正しいものはどれか。

(1) 宅地建物取引士A（甲県知事登録）が、宅地建物取引業者B社（乙県知事免許）に従事した場合、Aは乙県知事に対し、甲県知事を経由して登録の移転を申請しなければならない。

(2) 宅地建物取引士Cが、宅地建物取引業者D社を退職し、宅地建物取引業者E社に就職したが、CはD社及びE社においても専任の宅地建物取引士ではないので、宅地建物取引士資格登録簿の変更の登録は申請しなくてもよい。

(3) Fは、不正の手段により登録を受けたとして、登録の消除の処分の聴聞の期日及び場所が公示された後、自らの申請により、登録が消除された。Fは、登録が消除された日から5年を経過せずに新たに登録を受けることができる。

(4) 宅地建物取引士Gは、取引士証の有効期間内に更新をせず、有効期間の満了日から2週間後に取引士証の交付を受けた。その2週間の間にGに重要事項説明を行わせた宅地建物取引業者H社は業務停止処分を受けることがある。

 重説は業者の義務だから…。

講義

(1) **誤**。登録の移転は義務（登録の移転をしなければならない）ではなく、**任意**（登録の移転をすることができる）だ。だから、本肢は×だ。ちなみに、登録の移転は、今の知事である甲県知事を経由して行われるという点は正しい。　　　　　　　　　　　　　　　　　　　　　　302頁 4.

(2) **誤**。宅地建物取引士は、**勤務先の業者名**に変更を生じた場合は、遅滞なく登録先の知事に変更の登録を申請しなければならない。CはD社を退職し、E社に就職したのだから、勤務先の業者名に変更を生じており、変更の登録を申請しなければならない。　　　　　　　　　301頁(1)

(3) **誤**。不正の手段で登録を受けたとして、登録権者（知事）が登録消除処分をしようとして聴聞の期日と場所を公示（言い分があるなら出て来い）をしたところ、処分前に自分から登録を消除してもらった者（いわゆるかけこみ消除）は、登録消除から**5年間**は登録を受けることができない。　　　　　　　　　　　　　　　　　　　　　　300頁⑫

(4) **正**。有効期間満了日から2週間後に取引士証を受けるまでの期間は、Gは宅地建物取引士ではない。だから、その2週間の間にGに重要事項の説明を行わせると、H社は宅地建物取引士ではない者に重要事項を説明させたことになるので、**業務停止処分**を受けることがある。　　　373頁(6)

正解 (4)

重要事項の説明義務を負っているのは業者
➡ 違反すると業者が**業務停止処分**を受ける（肢(4)）

宅地建物取引士その他　　　　　　　　[平27-35]

　宅地建物取引業法の規定に関する次の記述のうち、正しいものはどれか。
(1)「宅地建物取引業者は、取引の関係者に対し、信義を旨とし、誠実にその業務を行わなければならない」との規定があるが、宅地建物取引士については、規定はないものの、公正かつ誠実に宅地建物取引業法に定める事務を行うとともに、宅地建物取引業に関連する業務に従事する者との連携に努めなければならないものと解されている。
(2)「宅地建物取引士は、宅地建物取引業の業務に従事するときは、宅地建物取引士の信用又は品位を害するような行為をしてはならない」との規定がある。
(3)「宅地建物取引士は、宅地建物取引業を営む事務所において、専ら宅地建物取引業に従事し、これに専念しなければならない」との規定がある。
(4)「宅地建物取引業者は、その従業者に対し、その業務を適正に実施させるため、必要な教育を行うよう努めなければならない」との規定があり、「宅地建物取引士は、宅地又は建物の取引に係る事務に必要な知識及び能力の維持向上に努めなければならない」との規定がある。

 巧妙なヒッカケがあるぞ！

講義

(1) 誤。「業者は、取引の関係者に対し、信義を旨とし、誠実にその業務を行わなければならない」との規定はある（前半は○）。そして、「取引士は、宅建業の業務に従事するときは、宅地建物の取引の専門家として、公正かつ誠実に事務を行うとともに、宅建業に関連する業務に従事する者との連携に努めなければならない」との規定もある（後半が×）。
306頁(1)

(2) 誤。「取引士は、取引士の信用または品位を害するような行為をしてはならない」という規定はある。しかし、この規定には、「宅建業の業務に従事するときは」という文言はない。だから、本肢は×だ。巧妙なヒッカケ問題だ。
306頁(2)

(3) 誤。「取引士は、宅建業を営む事務所において、専ら宅建業に従事し、これに専念しなければならない」との規定はない。全くのデタラメだ。
306頁7.

(4) 正。「業者は、従業者に対し、必要な教育を行うよう努めなければならない」との規定もあるし、「取引士は、必要な知識及び能力の維持向上に努めなければならない」との規定もある。
306頁7.(3)、331頁9.

（正解）(4)

Point!

教育と知識・能力
① 業者は　　➡　従業者に対し、必要な教育を行うよう**努めなければならない**（肢(4)）。
② 取引士は　➡　必要な知識及び能力の維持向上に**努めなければならない**（肢(4)）。

コメント 教育と知識・能力は、「**努めなければならない（努力義務ということ）**」となっている、と覚えておこう。

営業保証金 [平20-34]

　宅地建物取引業者A（甲県知事免許）は、甲県内に本店Xと支店Yを設置して、額面金額1,000万円の国債証券と500万円の金銭を営業保証金として供託して営業している。この場合の営業保証金に関する次の記述のうち、宅地建物取引業法の規定によれば、正しいものはどれか。なお、本店Xと支店Yとでは、最寄りの供託所を異にする。

(1)　Aが新たに支店Zを甲県内に設置したときは、本店Xの最寄りの供託所に政令で定める額の営業保証金を供託すれば、支店Zでの事業を開始することができる。

(2)　Aが、Yを本店とし、Xを支店としたときは、Aは、金銭の部分に限り、Yの最寄りの供託所への営業保証金の保管替えを請求することができる。

(3)　Aは、額面金額1,000万円の地方債証券を新たに供託すれば、既に供託している同額の国債証券と変換することができる。その場合、遅滞なく、甲県知事に営業保証金の変換の届出をしなければならない。

(4)　Aは、営業保証金の還付が行われ、営業保証金が政令で定める額に不足することになったときは、その旨の通知書の送付を受けた日から2週間以内にその不足額を供託しなければ、免許取消の処分を受けることがある。

　情状が特に重い場合は、ドーなる？

講義

(1) **誤**。開業後に、事務所を新設した場合は、その分の営業保証金を供託し、供託した旨を免許権者に**届け出た後**でなければ、その事務所での営業を開始できない。　　　309頁(3)②

(2) **誤**。**金銭だけ**で供託している場合は、保管替えを請求しなければならない（ただし、遅滞なく費用の予納を要す）。Aは、金銭プラス有価証券（国債証券）で供託しているので、保管替えを請求することはできない。だから、本肢の業者は、営業保証金を新たに供託し直さなければならない。　　　311頁(6)

(3) **誤**。国債証券は、額面金額の**100%**の金額に評価されるが、地方債証券は、額面金額の**90%**の金額でしか評価されない。だから、1,000万円の地方債証券（＝ 900万円の金額）を供託して1,000万円の国債証券（＝ 1,000万円の金額）と変換することはできない。　　　309頁(2)①、②

(4) **正**。業者が不足額を追加供託しなければならないタイムリミットは、免許権者から**不足通知**を受けてから**2週間**以内だ。そして、この期間内に追加供託をしなかったAの情状が特に重い場合は、免許取消処分を受けることになる。　　　313頁(3)、386頁③

　　　　　　　　　　　　　　　　　　　　　　　　　　（**正　解**）(4)

免許権者から**不足通知**を受けてから**2週間**以内に追加供託をしなかった場合の監督処分
① 情状が特に重くはない場合は、業務停止処分
② 情状が特に重い場合は、免許取消処分（肢(4)）

営業保証金 [平29-32]

宅地建物取引業法に規定する営業保証金に関する次の記述のうち、誤っているものはどれか。

(1) 宅地建物取引業者は、主たる事務所を移転したことにより、その最寄りの供託所が変更となった場合において、金銭のみをもって営業保証金を供託しているときは、従前の供託所から営業保証金を取り戻した後、移転後の最寄りの供託所に供託しなければならない。

(2) 宅地建物取引業者は、事業の開始後新たに事務所を設置するため営業保証金を供託したときは、供託物受入れの記載のある供託書の写しを添附して、その旨を免許を受けた国土交通大臣又は都道府県知事に届け出なければならない。

(3) 宅地建物取引業者は、一部の事務所を廃止し営業保証金を取り戻そうとする場合には、供託した営業保証金につき還付を請求する権利を有する者に対し、6月以上の期間を定めて申し出るべき旨の公告をしなければならない。

(4) 宅地建物取引業者は、営業保証金の還付があったために営業保証金に不足が生じたときは、国土交通大臣又は都道府県知事から不足額を供託すべき旨の通知書の送付を受けた日から2週間以内に、不足額を供託しなければならない。

 金銭だけで供託している。

講義

(1) **誤**。**金銭だけ**で供託している場合は、**保管替え**を請求しなければならない。ちなみに、新たに供託し直さなければならないのは、有価証券だけで供託している場合と、有価証券プラス金銭で供託している場合だ。ついでに覚えておこう。　311頁①

(2) **正**。業者は、開業後、事務所を新設した場合は、その分の営業保証金を供託し、供託書の写しを添付して、供託した旨を免許権者に**届け出**なければならない。ちなみに、この届け出をした後でなければ、その事務所での営業を開始できない。ついでに覚えておこう。　309頁(3)

(3) **正**。業者は、営業保証金を供託しておく必要がなくなった全ての場合に、営業保証金を取り戻すことができる。だから、廃業の場合も、免許が取り消された場合も、**支店（一部の事務所）を廃止**した場合も、営業保証金を取り戻すことができる。そして、営業保証金を取り戻そうとする場合は、**6カ月**を下らない一定期間を定めて、「債権をお持ちの方はお申し出下さい」と**公告**をしなければならない。　315頁4.

(4) **正**。業者が不足額を追加供託しなければならないタイムリミットは、免許権者から**不足通知**を受けてから**2週間**以内だ。　313頁(3)

（正　解）(1)

業者が不足額を追加供託しなければならないタイムリミットは、
➡　免許権者から**不足通知**を受けてから**2週間**以内だ（肢(4)）。

注意!　追加供託をした場合、業者は、その日から**2週間**以内に、供託した旨を免許権者に届け出なければならない。

営業保証金　　　　　　　　　　　　　　[〒26-29]

宅地建物取引業法に規定する営業保証金に関する次の記述のうち、正しいものはどれか。

(1)　新たに宅地建物取引業を営もうとする者は、営業保証金を金銭又は国土交通省令で定める有価証券により、主たる事務所の最寄りの供託所に供託した後に、国土交通大臣又は都道府県知事の免許を受けなければならない。

(2)　宅地建物取引業者は、既に供託した額面金額1,000万円の国債証券と変換するため1,000万円の金銭を新たに供託した場合、遅滞なく、その旨を免許を受けた国土交通大臣又は都道府県知事に届け出なければならない。

(3)　宅地建物取引業者は、事業の開始後新たに従たる事務所を設置したときは、その従たる事務所の最寄りの供託所に政令で定める額を供託し、その旨を免許を受けた国土交通大臣又は都道府県知事に届け出なければならない。

(4)　宅地建物取引業者が、営業保証金を金銭及び有価証券をもって供託している場合で、主たる事務所を移転したためその最寄りの供託所が変更したときは、金銭の部分に限り、移転後の主たる事務所の最寄りの供託所への営業保証金の保管替えを請求することができる。

消去法で解くのがイイかも。

講義

(1) 誤。「①免許を取得した後に ➡ ②供託する」という順番が正しい。本肢は「供託した後に ➡ 免許を取得する」という順番になっているので×だ。　　309頁(3)

(2) 正。営業保証金の変換とは、供託の方法を変えることだ（例、今までは、「国債証券で供託」していたが、これからは、「金銭で供託」する）。そして、営業保証金の変換をした場合は、遅滞なく、免許権者に届け出なければならないことになっている。

(3) 誤。営業保証金は、主たる事務所の最寄りの供託所に供託する。従たる事務所の分の営業保証金についても、主たる事務所の最寄りの供託所に供託するので、本肢は×だ。　　311頁(5)

(4) 誤。金銭だけで供託している場合は、保管替えを請求しなければならない（ただし、遅滞なく費用の予納を要す）。本肢の業者は、有価証券＋金銭で供託しているので、保管替えを請求できない。だから、本肢の業者は、営業保証金を新たに供託し直さなければならない。　　311頁(6)

正解　(2)

営業保証金の変換とは、供託の方法を変えることだ。
➡ 営業保証金の変換をした場合は、遅滞なく、**免許権者**に**届け出**なければならない（肢(2)）。

営業保証金 [㍻21-30]

　宅地建物取引業者Ａ（国土交通大臣免許）が、宅地建物取引業法の規定に基づき供託する営業保証金に関する次の記述のうち、正しいものはどれか。

(1)　Ａは、営業保証金を主たる事務所又はその他の事務所のいずれかの最寄りの供託所に供託することができる。

(2)　Ａが営業保証金を供託した旨は、供託所から国土交通大臣あてに通知されることから、Ａがその旨を直接国土交通大臣に届け出る必要はない。

(3)　Ａとの取引により生じた電気工事業者の工事代金債権について、当該電気工事業者は、営業継続中のＡが供託している営業保証金から、その弁済を受ける権利を有する。

(4)　営業保証金の還付により、営業保証金の額が政令で定める額に不足することとなった場合、Ａは、国土交通大臣から不足額を供託すべき旨の通知書の送付を受けた日から２週間以内にその不足額を供託しなければならない。

　タイムリミットは２週間！

講義

(1) 誤。業者は、営業保証金を**主たる事務所の最寄りの供託所**に、全額まとめて供託する。従たる事務所の最寄の供託所に、営業保証金を供託することはできない。　311頁(5)

(2) 誤。業者は、営業保証金を供託し、供託した旨を**免許権者に届け出**る必要がある。ちなみに、業者は、この届出をした後でなければ、営業を開始できない。　309頁(3)

(3) 誤。営業保証金から還付を受けられるのは、「**宅建業の取引から生じた債権**」についてだ。電気工事事業者の工事代金債権は、宅建業の取引から生じた債権ではないので、電気工事事業者は、営業保証金から還付を受けることはできない。　313頁(2)

(4) 正。業者が不足額を追加供託しなければならないタイムリミットは、免許権者から**不足通知**を受けてから**2週間**以内だ。　313頁(3)

　　　　　　　　　　　　　　　　　　　　　　　正　解　(4)

追加供託
業者が不足額を追加供託しなければならないタイムリミットは、
➡ 免許権者から**不足通知**を受けてから**2週間**以内だ（肢(4)）。

営業保証金 [平23-30]

宅地建物取引業者Ａ社（甲県知事免許）の営業保証金に関する次の記述のうち、宅地建物取引業法の規定によれば、正しいものはどれか。

(1) Ａ社は、甲県の区域内に新たに支店を設置し宅地建物取引業を営もうとする場合、甲県知事にその旨の届出を行うことにより事業を開始することができるが、当該支店を設置してから3月以内に、営業保証金を供託した旨を甲県知事に届け出なければならない。

(2) 甲県知事は、Ａ社が宅地建物取引業の免許を受けた日から3月以内に営業保証金を供託した旨の届出をしないときは、その届出をすべき旨の催告をしなければならず、その催告が到達した日から1月以内にＡ社が届出をしないときは、Ａ社の免許を取り消すことができる。

(3) Ａ社は、宅地建物取引業の廃業により営業保証金を取り戻すときは、営業保証金の還付を請求する権利を有する者（以下この問において「還付請求権者」という。）に対して公告しなければならないが、支店の廃止により営業保証金を取り戻すときは、還付請求権者に対して公告する必要はない。

(4) Ａ社は、宅地建物取引業の廃業によりその免許が効力を失い、その後に自らを売主とする取引が結了した場合、廃業の日から10年経過していれば、還付請求権者に対して公告することなく営業保証金を取り戻すことができる。

 幽霊のような業者を放置しておくのはマズイ。

講義

(1) **誤**。開業後に、支店を**新設**した場合は、**いつ届出をしても OK** だ（ただし、その支店分の営業保証金を供託し、その旨の届出を免許権者にしなければ、その支店での営業が開始できない）。　　309頁(3)②

(2) **正**。免許権者は、免許を与えてから **3 カ月**以内に営業保証金を供託した旨の届出をしない業者には、「早く届出をしろ」と**催告**しなければならず、催告後 **1 カ月**以内に届出がない場合には、免許を**取り消す**ことができる。　　310頁(4)

(3) **誤**。業者は、廃業の場合も**支店を廃止**する場合も、6 カ月を下らない一定の期間を定めて、「債権をお持ちの方はお申し出下さい」と**公告**しなければならない。　　315頁 4.

(4) **誤**。**取戻しの原因が生じてから** 10 年を経過した場合は、業者は、公告をしないで直ちに取り戻せる（「廃業の日から 10 年を経過した場合」ではない）。　　315頁③

正　解　(2)

Point!

免許権者は、
① 免許を与えてから **3 カ月**以内に営業保証金を供託した旨の届出をしない業者には、「早く届出をしろ」と**催告**しなければならず（義務）、
② 催告後 **1 カ月**以内に届出がない場合には、免許を**取り消す**ことができる（任意）（肢(2)）。

営業保証金   [平30-43]

宅地建物取引業法に規定する営業保証金に関する次の記述のうち、正しいものはどれか。

(1) 宅地建物取引業者は、免許を受けた日から3月以内に営業保証金を供託した旨の届出を行わなかったことにより国土交通大臣又は都道府県知事の催告を受けた場合、当該催告が到達した日から1月以内に届出をしないときは、免許を取り消されることがある。

(2) 宅地建物取引業者に委託している家賃収納代行業務により生じた債権を有する者は、宅地建物取引業者が供託した営業保証金について、その債権の弁済を受けることができる。

(3) 宅地建物取引業者は、宅地建物取引業の開始後1週間以内に、供託物受入れの記載のある供託書の写しを添附して、営業保証金を供託した旨を免許を受けた国土交通大臣又は都道府県知事に届け出なければならない。

(4) 宅地建物取引業者は、新たに事務所を2か所増設するための営業保証金の供託について国債証券と地方債証券を充てる場合、地方債証券の額面金額が800万円であるときは、額面金額が200万円の国債証券が必要となる。

 催告は義務、取消しは任意。

講義

(1) 正。免許権者は、免許を与えてから3カ月以内に営業保証金を供託した旨の届出をしない業者には、早く届出をしろと催告しなければならず、催告後**1カ月**以内に届出がない場合には、免許を**取り消す**ことができる（任意）。だから、本肢の業者は免許を取り消されることがある。

310頁(4)

(2) 誤。営業保証金から弁済を受けることができるのは、「**宅建業の取引**から生じた債権」だ。家賃収納代行業務により生じた債権は、「宅建業の取引から生じた債権」ではないので、営業保証金から弁済を受けることはできない。

313頁(2)

(3) 誤。業者は、営業保証金を供託し、供託した旨を免許権者に届け出た**後**でなければ、宅建業（営業）を開始できない。つまり、「届出の後 → 宅建業の開始」という順番だ。本肢は「宅建業の開始の後 → 届出」となっているので、×だ（順番が逆になっている）。

309頁(3)①

(4) 誤。新たに事務所（支店）を2カ所増設するのだから、1,000万円の営業保証金が必要だ。国債証券は額面金額の**100**％の金額に評価されるが、地方債証券は**90**％の金額で評価される。だから、地方債証券の額面金額が800万円のときは、720万円に評価される（800万円×90％＝720万円）ので、額面金額が280万円の国債証券が必要だ。

309頁(2)①、②

正解 (1)

Point!

免許権者への届出
業者は、
① 開業の場合は、
→ 営業保証金を供託し、供託した旨を免許権者に届け出た**後**でなければ、営業を開始できない（肢(3)）。
② 開業後に、事務所を新設した場合は、
→ その分の営業保証金を供託し、供託した旨を免許権者に届け出た**後**でなければ、その事務所での営業を開始できない。

営業保証金　　　　　　　　　　　　　[平28-40]

　宅地建物取引業者Ａ（甲県知事免許）は、甲県に本店と支店を設け、営業保証金として1,000万円の金銭と額面金額500万円の国債証券を供託し、営業している。この場合に関する次の記述のうち宅地建物取引業法の規定によれば、正しいものはどれか。

⑴　Ａは、本店を移転したため、その最寄りの供託所が変更した場合は、遅滞なく、移転後の本店の最寄りの供託所に新たに営業保証金を供託しなければならない。

⑵　Ａは、営業保証金が還付され、営業保証金の不足額を供託したときは、供託書の写しを添付して、30日以内にその旨を甲県知事に届け出なければならない。

⑶　本店でＡと宅地建物取引業に関する取引をした者（宅地建物取引業者に該当する者を除く。）は、その取引により生じた債権に関し、1,000万円を限度としてＡからその債権の弁済を受ける権利を有する。

⑷　Ａは、本店を移転したため、その最寄りの供託所が変更した場合において、従前の営業保証金を取りもどすときは、営業保証金の還付を請求する権利を有する者に対し、一定期間内に申し出るべき旨の公告をしなければならない。

　保管替えは、金銭だけで供託している場合の話だ。

講義

(1) 正。有価証券だけで供託している場合と、**有価証券プラス金銭**で供託している場合は、遅滞なく、営業保証金を移転後の主たる事務所（本店）の最寄りの供託所に**新たに供託**しなければならない。　　📖 311頁 ②

(2) 誤。追加供託をした場合、業者は、その日から **2週間**以内に、供託した旨を免許権者に届け出なければならない。　　📖 314頁 注意!

(3) 誤。お客さん（業者を除く）は、業者が**供託した営業保証金**の額を限度に還付を受けることができる。Aは1,500万円の営業保証金を供託している。だから、Aと宅建業に関する取引をした者は、1,500万円を限度として還付を受けることができる。ちなみに、業者は還付を受けることができない。例えば、業者Bが、業者Aと宅建業に関する取引をして、損害を受けたとしても、BはAが供託した営業保証金からは1円ももらえない（還付を受けることができない）。　　📖 312頁 3.(1)

(4) 誤。**二重供託**を生じた場合（主たる事務所を移転したが、営業保証金を有価証券も含めて供託しているため、保管替えができず、新たに供託し直して二重供託を生じた場合）において、従来の営業保証金を取り戻すときは、「債権をお持ちの方はお申し出下さい」との**公告は不要**だ。　　📖 315頁 例外①

　　　　　　　　　　　　　　　　　　　　　　　(正 解)　(1)

主たる事務所を移転したためその最寄りの供託所が変更した場合
① 金銭だけで供託している場合 ➡ 保管替え
② 有価証券だけで供託している場合 ➡ 新たに供託
③ **有価証券プラス金銭**で供託している場合 ➡ **新たに供託**（肢(1)）

営業保証金　　　　　　　　　　　　　　　　　[平19-37]

　宅地建物取引業者Ａ（甲県知事免許）の営業保証金に関する次の記述のうち、宅地建物取引業法の規定によれば、誤っているものはどれか。なお、Ａは、甲県内に本店と一つの支店を設置して事業を営んでいるものとする。

(1) Ａが販売する新築分譲マンションの広告を受託した広告代理店は、その広告代金債権に関し、Ａが供託した営業保証金からその債権の弁済を受ける権利を有しない。

(2) Ａは、免許の有効期間の満了に伴い、営業保証金の取戻しをするための公告をしたときは、遅滞なく、その旨を甲県知事に届け出なければならない。

(3) Ａは、マンション3棟を分譲するための現地出張所を甲県内に設置した場合、営業保証金を追加して供託しなければ、当該出張所でマンションの売買契約を締結することはできない。

(4) Ａの支店でＡと宅地建物取引業に関する取引をした者（宅地建物取引業者に該当する者を除く。）は、その取引により生じた債権に関し、1,500万円を限度として、Ａが供託した営業保証金からその債権の弁済を受ける権利を有する。

　現地出張所と事務所は違う！

講義

(1) 正。営業保証金から還付が受けられる債権は「**宅建業から生じた債権**」だ。これ以外の債権については、還付を受けられない。そして、「広告を依頼すること」は、「宅建業の取引」ではないので、広告代理店は、広告の代金債権について、還付を受けることはできない。　313頁(2)

(2) 正。業者が、営業保証金の取戻しをするために公告をしたときは、遅滞なく、その旨を**免許権者に届け出**なければならない。　315頁 4.

(3) 誤。営業保証金を追加して供託しなければならないのは、**事務所**を設置した場合だ。だから、現地出張所を設置しても、営業保証金を追加して供託する必要はない。　309頁(3)②

(4) 正。業者と宅建業に関する取引をして損害を受けたお客さん（業者を除く）は、その**業者が供託した営業保証金の額**を限度に還付を受けることができる。Aは、本店と一つの支店を設置して事業を営んでいるから、1,500万円（本店の分 1,000万円＋支店の分 500万円）の営業保証金を供託している。だから、Aと宅建業に関する取引をして損害を受けたお客さん（業者を除く）は、Aが供託した営業保証金の 1,500万円を限度として還付を受けることができる。　312頁(1)

（正　解）　(3)

営業保証金を供託する必要があるか？
① **事務所**を設置　➡　必要
② 案内所を設置　➡　不要
③ 現地出張所を設置　➡　不要（肢(3)）

営業保証金 　　　　　　　　　　　　　　　[平22-31]

　宅地建物取引業者の営業保証金に関する次の記述のうち、宅地建物取引業法の規定によれば、誤っているものはどれか。なお、この問において、「還付請求権者」とは、同法第27条第1項の規定に基づき、営業保証金の還付を請求する権利を有する者をいう。

(1) 宅地建物取引業者は、宅地建物取引業に関し不正な行為をし、情状が特に重いとして免許を取り消されたときであっても、営業保証金を取り戻すことができる場合がある。

(2) 宅地建物取引業者は、免許の有効期間満了に伴い営業保証金を取り戻す場合は、還付請求権者に対する公告をすることなく、営業保証金を取り戻すことができる。

(3) 宅地建物取引業者は、一部の支店を廃止したことにより、営業保証金の額が政令で定める額を超えた場合は、還付請求権者に対し所定の期間内に申し出るべき旨を公告し、その期間内にその申出がなかったときに、その超過額を取り戻すことができる。

(4) 宅地建物取引業者は、宅地建物取引業保証協会の社員となった後において、社員となる前に供託していた営業保証金を取り戻す場合は、還付請求権者に対する公告をすることなく、営業保証金を取り戻すことができる。

 直ちに取り戻せるのは、3つの場合だけ。

講義

(1) **正。免許取消**処分を受けた場合でも、営業保証金は没収されない。だから、免許取消処分を受けた元業者は、営業保証金を取り戻すことができる。　　　　316頁 例題

(2) **誤**。業者が、公告せずに**直ちに**営業保証金を取り戻せるのは、①二重供託を生じた場合と、②業者が保証協会に加入した場合と、③取戻しの原因が生じてから10年経過した場合の3つだけだ。だから、この業者は、公告をする必要がある。　　　　315頁 例外

(3) **正**。業者は、営業保証金を供託しておく必要がなくなった全ての場合に、営業保証金を取り戻すことができる。だから、廃業の場合も免許が取り消された場合も、**支店を廃止**した場合も、営業保証金を取り戻すことができる。　　　　315頁 4.

(4) **正**。業者が保証協会に加入したら、これで債権者は安泰だ。だから、業者が**保証協会に加入**した場合、業者は、公告せずに直ちに営業保証金を取り戻せる。　　　　315頁 例外 ②

正解 (2)

業者が、公告せずに**直ちに**営業保証金を取り戻せる場合（肢(2)）
① **二重供託**を生じた場合
② 業者が**保証協会に加入**した場合（肢(4)）
③ 取戻しの原因が生じてから**10年経過**した場合

営業保証金 ［平25-27］

宅地建物取引業者の営業保証金に関する次の記述のうち、宅地建物取引業法（以下この問において「法」という。）の規定によれば、正しいものはどれか。

(1) 宅地建物取引業者は、不正の手段により法第3条第1項の免許を受けたことを理由に免許を取り消された場合であっても、営業保証金を取り戻すことができる。

(2) 信託業法第3条の免許を受けた信託会社で宅地建物取引業を営むものは、国土交通大臣の免許を受けた宅地建物取引業者とみなされるため、営業保証金を供託した旨の届出を国土交通大臣に行わない場合は、国土交通大臣から免許を取り消されることがある。

(3) 宅地建物取引業者は、本店を移転したためその最寄りの供託所が変更した場合、国債証券をもって営業保証金を供託しているときは、遅滞なく、従前の本店の最寄りの供託所に対し、営業保証金の保管替えを請求しなければならない。

(4) 宅地建物取引業者は、その免許を受けた国土交通大臣又は都道府県知事から、営業保証金の額が政令で定める額に不足することとなった旨の通知を受けたときは、供託額に不足を生じた日から2週間以内に、その不足額を供託しなければならない。

 供託しておく必要がなくなった全ての場合、取り戻しOK。

講義

(1) 正。業者は、営業保証金を供託しておく必要がなくなった全ての場合において、取り戻すことができる。だから、廃業の場合も、免許取消しの場合も、支店の廃止の場合も、取り戻すことができる。　315頁 4.

(2) 誤。信託会社は特別扱いだ。免許なしで宅建業ができる（つまり、免許をもらっていないわけだ）。免許をもらっていないのだから、免許を取り消されることもない（そもそも、ないのだから、取り消すことはできない）。　276頁 ④

(3) 誤。保管替えを請求しなければならないのは、金銭だけで供託している場合だけだ。有価証券だけで供託している場合と、有価証券プラス金銭で供託している場合は、ダメだ。新たに供託し直さなければならない。　311頁 ①

(4) 誤。業者が、不足額を追加供託しなければならないタイムリミットは、免許権者から「不足通知を受けてから」2週間以内だ。「供託額に不足を生じた日から」ではないので、本肢は×だ。　313頁 (3)

正解　(1)

　業者は、営業保証金を供託しておく必要がなくなった場合は、営業保証金を取り戻すことができる。
➡ ① 廃業の場合も、
　② **免許取消し**の場合も（肢(1)）、
　③ 支店の廃止の場合も、取り戻すことができる。

営業保証金・保証協会　　　　　　　　　　[平27-42]

　営業保証金を供託している宅地建物取引業者Ａと宅地建物取引業保証協会（以下この問において「保証協会」という。）の社員である宅地建物取引業者Ｂに関する次の記述のうち、宅地建物取引業法の規定によれば、正しいものはどれか。

⑴　新たに事務所を設置する場合、Ａは、主たる事務所の最寄りの供託所に供託すべき営業保証金に、Ｂは、保証協会に納付すべき弁済業務保証金分担金に、それぞれ金銭又は有価証券をもって充てることができる。

⑵　一部の事務所を廃止した場合において、営業保証金又は弁済業務保証金を取り戻すときは、Ａ、Ｂはそれぞれ還付を請求する権利を有する者に対して６か月以内に申し出るべき旨を官報に公告しなければならない。

⑶　ＡとＢが、それぞれ主たる事務所の他に３か所の従たる事務所を有している場合、Ａは営業保証金として2,500万円の供託を、Ｂは弁済業務保証金分担金として150万円の納付をしなければならない。

⑷　宅地建物取引業に関する取引により生じた債権を有する者（宅地建物取引業者に該当する者を除く。）は、Ａに関する債権にあってはＡが供託した営業保証金についてその額を上限として弁済を受ける権利を有し、Ｂに関する債権にあってはＢが納付した弁済業務保証金分担金についてその額を上限として弁済を受ける権利を有する。

　1,000万円、500万円、60万円、30万円。

講義

(1) **誤**。業者が、営業保証金を主たる事務所の最寄りの供託所に供託する場合は、金銭で供託してもOKだし、有価証券で供託してもOKだ。しかし、業者が、保証協会に弁済業務保証金分担金を納付する場合は、金銭だけで納付しなければならない。　　　　　　　　　309頁(2)、318頁(3)

(2) **誤**。①業者が、一部の事務所を廃止した場合、業者が、営業保証金を取り戻すときは、「債権者出てこい」公告が必要だ。しかし、②業者が、一部の事務所を廃止した場合、保証協会が、弁済業務保証金を取り戻すときは、「債権者出てこい」公告は不要だ。　　315頁4、323頁(3) 注意！

(3) **正**。営業保証金の場合は、主たる事務所については、1,000万円、その他の事務所（従たる事務所）については、1カ所につき500万円の合計額を供託しなければならない。だから、Aは、営業保証金として2,500万円供託しなければならない。また、弁済業務保証金分担金の場合は、主たる事務所については、60万円、その他の事務所（従たる事務所）については、1カ所につき30万円の合計額を納付しなければならない。だから、Bは、弁済業務保証金分担金として150万円納付しなければならない。

308頁(1)、318頁(1)

(4) **誤**。業者が、保証協会の社員である場合、お客さん（業者を除く）が還付を受けられる額の限度は、「その業者が保証協会の社員でないとした場合の営業保証金の額」だ。営業保証金の場合も、保証協会の場合も、お客さん（業者を除く）は、同じ額のお金を還付してもらえる、ということ。

320頁(3)

正解 (3)

Point!

公告は必要か？

	一部の事務所を廃止した場合、公告は必要か？
営業保証金	必要（肢(2)）
保証協会	不要（肢(2)）

営業保証金・保証協会　　　　　　　　　　　[平29-39]

　営業保証金を供託している宅地建物取引業者Aと宅地建物取引業保証協会（以下この問において「保証協会」という。）の社員である宅地建物取引業者Bに関する次の記述のうち、宅地建物取引業法の規定によれば、正しいものはいくつあるか。

ア　A（国土交通大臣免許）は、甲県内にある主たる事務所とは別に、乙県内に新たに従たる事務所を設置したときは、営業保証金をその従たる事務所の最寄りの供託所に供託しなければならない。

イ　Aは、令和2年4月1日に、Bに手付金500万円を支払い、宅地の売買契約を締結した。宅地の引渡しの前にBが失踪し、宅地の引渡しを受けることができなくなったときは、Aは、手付金について、弁済業務保証金から弁済を受けることができる。

ウ　Bは、保証協会の社員の地位を失ったときは、その地位を失った日から1週間以内に、営業保証金を供託しなければならない。

エ　Bの取引に関して弁済業務保証金の還付があったときは、Bは、保証協会から当該還付額に相当する額の還付充当金を納付すべき旨の通知を受けた日から2週間以内に、還付充当金を保証協会に納付しなければならない。

(1)　一つ
(2)　二つ
(3)　三つ
(4)　四つ

シロート（羊）を守る制度だ。

講義

ア　誤。営業保証金は**主たる事務所の最寄りの供託所**に供託しなければならない。開業後に、従たる事務所を新設した場合も、その分の営業保証金は主たる事務所の最寄りの供託所に供託しなければならない。

311頁⑸

イ　誤。**業者**は、弁済業務保証金から還付（弁済）を受けることは**できない**。弁済業務保証金はシロート（羊）のお客さんのためのもの。だから、プロ（狼）である業者はガマンしなさいということ。　317頁 注意!

ウ　正。社員の地位を失った業者は、社員の地位を失ってから**1週間**以内に営業保証金を供託しなければならない。　322頁⑹

エ　正。業者が還付充当金を保証協会に納付しなければならないタイムリミットは、保証協会から納付通知を受けてから**2週間**以内だ。321頁⑷

以上により、正しいものはウとエなので、正解は肢⑵となる。

正　解　⑵

Point!

2つの1週間
① 保証協会が弁済業務保証金を供託するタイムリミット　➡　業者が弁済業務保証金分担金を保証協会に納付してから**1週間**以内。
② 社員の地位を失った業者は　➡　社員の地位を失ってから**1週間**以内に営業保証金を供託しなければならない（肢ウ）。

保証協会　　　　　　　　　　　　[平24-43]

　宅地建物取引業保証協会（以下この問において「保証協会」という。）に関する次の記述のうち、宅地建物取引業法の規定によれば、誤っているものはどれか。

(1)　保証協会は、弁済業務保証金分担金の納付を受けたときは、その納付を受けた額に相当する額の弁済業務保証金を供託しなければならない。

(2)　保証協会は、弁済業務保証金の還付があったときは、当該還付額に相当する額の弁済業務保証金を供託しなければならない。

(3)　保証協会の社員との宅地建物取引業に関する取引により生じた債権を有する者（宅地建物取引業者に該当する者を除く。）は、当該社員が納付した弁済業務保証金分担金の額に相当する額の範囲内で、弁済を受ける権利を有する。

(4)　保証協会の社員との宅地建物取引業に関する取引により生じた債権を有する者（宅地建物取引業者に該当する者を除く。）は、弁済を受ける権利を実行しようとする場合、弁済を受けることができる額について保証協会の認証を受けなければならない。

　3つの親切　その②。

講義

(1) 正。保証協会は、業者から弁済業務保証金分担金の納付を受けたときは、その日から**1週間**以内に、弁済業務保証金を、法務大臣及び国土交通大臣の定める供託所（東京法務局のこと）に**供託**しなければならない。
319頁(4)、(5)

(2) 正。保証協会は、弁済業務保証金の還付があったときは、還付額に相当する額の弁済業務保証金を**供託**しなければならない。　321頁(4)

(3) 誤。お客さん（業者を除く）が還付を受けられる限度額は、「その業者が保証協会の社員でないとした場合の**営業保証金の額**」だ。「弁済業務保証金分担金の額に相当する額」ではないので、本肢は×だ。
320頁(3)

(4) 正。保証協会は、還付前に債権額をチェックしておく必要がある。そこで、お客さん（業者を除く）は、供託所から還付を受ける前に、まず、**保証協会**の「認証」（債権額の確認）を受けなければならないことになっている。
320頁(1)

正　解　(3)

還付の限度額は？
➡「その業者が保証協会の社員でないとした場合の**営業保証金の額**」だ（「3つの親切」その②）（肢(3)）。

保証協会　　　　　　　　　　　　　　[平28-31]

　宅地建物取引業保証協会（以下この問において「保証協会」という。）の社員である宅地建物取引業者に関する次の記述のうち、宅地建物取引業法の規定によれば、正しいものはどれか。

(1)　保証協会に加入することは宅地建物取引業者の任意であり、一の保証協会の社員となった後に、宅地建物取引業に関し取引をした者の保護を目的として、重ねて他の保証協会の社員となることができる。

(2)　保証協会に加入している宅地建物取引業者（甲県知事免許）は、甲県の区域内に新たに支店を設置した場合、その設置した日から1月以内に当該保証協会に追加の弁済業務保証金分担金を納付しないときは、社員の地位を失う。

(3)　保証協会から還付充当金の納付の通知を受けた社員は、その通知を受けた日から2週間以内に、その通知された額の還付充当金を主たる事務所の最寄りの供託所に供託しなければならない。

(4)　150万円の弁済業務保証金分担金を保証協会に納付して当該保証協会の社員となった者と宅地建物取引業に関し取引をした者（宅地建物取引業者に該当する者を除く。）は、その取引により生じた債権に関し、2,500万円を限度として、当該保証協会が供託した弁済業務保証金から弁済を受ける権利を有する。

　150万円の分担金＝本店と3カ所の支店を設置。

講義

(1) 誤。業者が保証協会に加入するかしないかは**任意だ**（加入しなくてもOK）。だから、前半部分は○だ。そして、業者は、**重ねて**他の保証協会の社員になることは**できない**（一つの保証協会にしか加入できない）。だから、後半部分は×だ。　317頁1.

(2) 誤。業者は、保証協会に加入後に事務所を**新設**した場合、新事務所設置後**2週間以内**に弁済業務保証金分担金を納付しなければならない。そして、この期間内に納付しなかったら社員としての地位を失う。「1カ月以内」ではなく「2週間以内」に納付しなければならないので、本肢は×だ。　318頁(2)②

(3) 誤。業者は、保証協会から納付通知を受けてから2週間以内に、還付充当金を「**保証協会**に納付」しなければならない。「主たる事務所の最寄りの供託所に供託」ではないので、本肢は×だ。　321頁図⑫

(4) 正。還付の限度額は、「その業者が保証協会の社員でないとした場合の**営業保証金の額**」だ。本肢の業者は、150万円の弁済業務保証金分担金を納付していることから、本店の他に支店3カ所を有していることが分かる（本店60万円＋支店30万円×3＝150万円の分担金）。だから、還付の限度額は、2,500万円（本店1,000万円＋支店500万円×3＝2,500万円）となる。ちなみに、業者は還付を受けることができない。例えば、業者Aが、業者Bと宅建業に関する取引をして、損害を受けたとしても、Aは弁済業務保証金からは1円ももらえない（還付を受けることができない）。　320頁(3)

正解 (4)

保証協会
① 国土交通大臣の指定を受けた一般**社団**法人。
② 業者が加入するかしないかは**任意**（肢(1)）。
③ 業者は、**重ねて**他の保証協会の社員になることは**できない**（肢(1)）。

保証協会 [令1-33]

宅地建物取引業保証協会（以下この問において「保証協会」という。）に関する次の記述のうち、宅地建物取引業法の規定によれば、正しいものはどれか。

(1) 宅地建物取引業者で保証協会に加入した者は、その加入の日から2週間以内に、弁済業務保証金分担金を保証協会に納付しなければならない。

(2) 保証協会の社員となった宅地建物取引業者が、保証協会に加入する前に供託していた営業保証金を取り戻すときは、還付請求権者に対する公告をしなければならない。

(3) 保証協会の社員は、新たに事務所を設置したにもかかわらずその日から2週間以内に弁済業務保証金分担金を納付しなかったときは、保証協会の社員の地位を失う。

(4) 還付充当金の未納により保証協会の社員の地位を失った宅地建物取引業者は、その地位を失った日から2週間以内に弁済業務保証金を供託すれば、その地位を回復する。

 加入する場合と、加入後に事務所を設置した場合で異なる。

講義

(1) **誤**。保証協会に加入しようとする者は、**加入しようとする日**までに弁済業務保証金分担金を保証協会に納付しなければならない。加入の日から２週間以内ではないので、本肢は×だ。　　　　　318頁(2)①

(2) **誤**。業者が**保証協会**に加入したら、これで債権者は安泰だ。だから、**保証協会**の社員となった業者が営業保証金を取り戻す場合は、公告は不要だ。　　　　　315頁 **例 外** ②

(3) **正**。業者が保証協会に加入した後に、新たに事務所を設置した場合は、新事務所設置後**２週間**以内に弁済業務保証金分担金を保証協会に納付しなければならない。２週間以内に納付しなかったら、制裁として社員の地位を失うことになる。　　　　　318頁(2)②

(4) **誤**。「社員の地位を失った日から２週間以内に弁済業務保証金を供託すれば、地位を回復する」という規定は**ない**。また、そもそも、弁済業務保証金を供託するのは保証協会の仕事であって、業者の仕事ではない。本肢は全くのデタラメだ。　　　　　318頁(3)、322頁(6)

正 解　(3)

業者は弁済業務保証金分担金をいつまでに納付すればいいのか？
① 業者が保証協会に加入する場合 ➡ **加入しようとする日までに**納付しなければならない（肢(1)）。
② 加入後に事務所を新設した場合 ➡ **新事務所設置後２週間以内**に納付しなければならない。
   注意!
   注意!　２週間以内に納付しなかったときは、制裁として社員の地位を失う（肢(3)）。

保証協会 [平20-44]

宅地建物取引業保証協会（以下この問において「保証協会」という。）又はその社員に関する次の記述のうち、正しいものはどれか。

(1) 300万円の弁済業務保証金分担金を保証協会に納付して当該保証協会の社員となった者と宅地建物取引業に関し取引をした者（宅地建物取引業者に該当する者を除く。）は、その取引により生じた債権に関し、6,000万円を限度として、当該保証協会が供託した弁済業務保証金から弁済を受ける権利を有する。

(2) 保証協会は、弁済業務保証金の還付があったときは、当該還付に係る社員又は社員であった者に対し、当該還付額に相当する額の還付充当金を主たる事務所の最寄りの供託所に供託すべきことを通知しなければならない。

(3) 保証協会の社員は、保証協会から特別弁済業務保証金分担金を納付すべき旨の通知を受けた場合で、その通知を受けた日から1か月以内にその通知された額の特別弁済業務保証金分担金を保証協会に納付しないときは、当該保証協会の社員の地位を失う。

(4) 宅地建物取引業者は、保証協会の社員の地位を失ったときは、当該地位を失った日から2週間以内に、営業保証金を主たる事務所の最寄りの供託所に供託しなければならない。

制裁なしでは、虫が良すぎる。

講義

(1) 誤。還付の限度額は、「その業者が保証協会の社員でないとした場合の営業保証金の額」だ。本肢の業者は、300万円の分担金を納付しているのだから、本店の他に支店8カ所を有していることになる（本店60万円＋支店30万円×8＝300万円の分担金）。だから、還付の限度額は、1,000万円（本店分）＋500万円×8（支店分）＝5,000万円となる。

320頁(3)

(2) 誤。保証協会は、社員または社員であった者に対し、還付充当金を「保証協会」に納付すべきことを通知しなければならない。「供託所」に供託すべきことを通知するのではない。

321頁(4)

(3) 正。保証協会から特別弁済業務保証金分担金を納付すべき通知を受けてから、1カ月以内に納付しなかった社員は、制裁として社員としての地位を失う。

322頁(5)

(4) 誤。社員の地位を失った業者は、社員の地位を失ってから「1週間以内」に営業保証金を供託しなければならない。「2週間以内」ではない。

322頁(6)

正　解　(3)

保証協会の社員が社員としての地位を失う場合
① 業者が保証協会に加入後に事務所を新設したのに、新事務所設置後2週間以内に、弁済業務保証金分担金を納付しなかった場合。
② 保証協会から還付充当金を納付すべき通知を受けてから、2週間以内に納付しなかった場合。
③ 保証協会から特別弁済業務保証金分担金を納付すべき通知を受けてから、1カ月以内に納付しなかった場合（肢(3)）。

保証協会　　　　　　　　　　　　　　[平26-39]

　宅地建物取引業保証協会（以下この問において「保証協会」という。）に関する次の記述のうち、正しいものはどれか。

(1) 還付充当金の未納により保証協会の社員の地位を失った宅地建物取引業者は、その地位を失った日から2週間以内に弁済業務保証金を供託すれば、その地位を回復する。

(2) 保証協会は、その社員である宅地建物取引業者から弁済業務保証金分担金の納付を受けたときは、その納付を受けた日から2週間以内に、その納付を受けた額に相当する額の弁済業務保証金を供託しなければならない。

(3) 保証協会は、弁済業務保証金の還付があったときは、当該還付に係る社員又は社員であった者に対して、当該還付額に相当する額の還付充当金を保証協会に納付すべきことを通知しなければならない。

(4) 宅地建物取引業者が保証協会の社員となる前に、当該宅地建物取引業者に建物の貸借の媒介を依頼した者（宅地建物取引業者に該当する者を除く。）は、その取引により生じた債権に関し、当該保証協会が供託した弁済業務保証金について弁済を受ける権利を有しない。

 穴埋めが必要。

講義

(1) **誤**。「社員の地位を失った業者は、社員の地位を失ってから2週間以内に弁済業務保証金を供託すれば、その地位を回復する」というルールはこの世に存在しない。全くのデタラメだ。ちなみに、社員の地位を失った業者は、社員の地位を失ってから **1週間**以内に**営業保証金を供託**しなければならない。 322頁(6)

(2) **誤**。保証協会が、弁済業務保証金を供託するタイムリミットは、業者が弁済業務保証金分担金を保証協会に納付してから **1週間**以内だ。2週間以内ではないので、本肢は×だ。 319頁(5)

(3) **正**。お客さん(業者を除く)が供託所から還付を受けた場合(弁済業務保証金の還付があった場合)、その開いた穴を埋めることが必要。だから、保証協会は、業者(社員・元社員)に対して、「**還付充当金**を保証協会に納付してくれ」と通知しなければならない。 321頁 図の⑪、⑫

(4) **誤**。①業者が社員となった**後**にその業者と取引したお客さん(業者を除く)だけでなく②業者が社員になる**前**に取引したお客さん(業者を除く)も還付を受けられる(「3つの親切」その①)。 320頁(2)②

正 解 (3)

弁済業務保証金の還付があった場合、
➡ 保証協会は、業者(社員・元社員)に**還付充当金**を納付すべきことを通知しなければならない(肢(3))。

注意! ちなみに、業者が還付充当金を保証協会に納付しなければならないタイムリミットは、保証協会から**納付通知**を受けてから**2週間**以内だ。

保証協会　　　　　　　　　　　　　　　　　［平25-39］

　宅地建物取引業保証協会（以下この問において「保証協会」という。）に関する次の記述のうち、宅地建物取引業法の規定によれば、正しいものはどれか。

(1) 保証協会は、社員の取り扱った宅地建物取引業に係る取引に関する苦情について、宅地建物取引業者の相手方等からの解決の申出及びその解決の結果を社員に周知させなければならない。

(2) 保証協会に加入した宅地建物取引業者は、直ちに、その旨を免許を受けた国土交通大臣又は都道府県知事に報告しなければならない。

(3) 保証協会は、弁済業務保証金の還付があったときは、当該還付に係る社員又は社員であった者に対し、当該還付額に相当する額の還付充当金をその主たる事務所の最寄りの供託所に供託すべきことを通知しなければならない。

(4) 宅地建物取引業者で保証協会に加入しようとする者は、その加入の日から2週間以内に、弁済業務保証金分担金を保証協会に納付しなければならない。

　同じことが起こらないように。

講義

(1) **正**。保証協会は、必須業務（必ずやらなければならない業務のこと）として、**苦情の解決**を行わなければならない。そして、業者の相手方等からの苦情解決の申出およびその解決の結果について社員に周知させなければならない。　323頁(1)②注意！

(2) **誤**。**保証協会**は、「業者○○が保証協会に加入しました」との報告を大臣または知事に対してしなければならない（報告をするのは保証協会であり、業者ではない）。

(3) **誤**。保証協会は、「還付充当金を**保証協会に納付**しなさい」と通知しなければならない（「保証協会に納付しなさい」と通知するのであり、「主たる事務所の最寄りの供託所に供託しなさい」と通知するのではない）。　321頁 図の⑪、⑫

(4) **誤**。保証協会に加入しようとする者は、**加入しようとする日**までに弁済業務保証金分担金を保証協会に納付しなければならない（「加入しようとする日」までに納付しなければならないのであり、「加入の日から2週間以内」ではない）。　318頁(2)①

正 解 (1)

保証協会が必ずやらなければならない業務（必須業務）
① **弁済業務**（これが一番大事な業務）
② **苦情の解決**（肢(1)）
③ **研修**

保証協会　　　　　　　　　　　　　　　[平30-44]

宅地建物取引業保証協会（以下この問において「保証協会」という。）の社員である宅地建物取引業者Ａに関する次の記述のうち、宅地建物取引業法の規定によれば、正しいものはどれか。

(1) Ａは、保証協会の社員の地位を失った場合、Ａとの宅地建物取引業に関する取引により生じた債権に関し権利を有する者に対し、6月以内に申し出るべき旨の公告をしなければならない。

(2) 保証協会は、Ａの取引の相手方から宅地建物取引業に係る取引に関する苦情を受けた場合は、Ａに対し、文書又は口頭による説明を求めることができる。

(3) Ａは、保証協会の社員の地位を失った場合において、保証協会に弁済業務保証金分担金として150万円の納付をしていたときは、全ての事務所で営業を継続するためには、1週間以内に主たる事務所の最寄りの供託所に営業保証金として1,500万円を供託しなければならない。

(4) Ａは、その一部の事務所を廃止したときは、保証協会が弁済業務保証金の還付請求権者に対し、一定期間内に申し出るべき旨の公告をした後でなければ、弁済業務保証金分担金の返還を受けることができない。

 苦情を解決するために必要なら、求めることができる。

講義

(1) 誤。Aが社員の地位を失った場合、保証協会は、6カ月を下らない一定期間を定めて、「債権をお持ちの方はお申し出下さい」と公告をしなければならない。この公告をしなければならないのは、保証協会であって、Aではない。 323頁 (3) ①

(2) 正。保証協会は、Aが取り扱った取引に関する苦情の解決を行わなければならない(苦情の解決は、保証協会の必須業務だ)。保証協会は、苦情の解決について必要があるときは、Aに対し、文書または口頭による説明を求めることができる。 323頁 (1) ②

(3) 誤。150万円の弁済業務保証金分担金を納付していることから、本店の他に支店3カ所を有していることが分かる(本店60万円+支店30万円×3＝150万円)。だから、Aは、1週間以内に主たる事務所の最寄りの供託所に営業保証金として2,500万円(本店1,000万円+支店500万円×3＝2,500万円)を供託しなければならない。 308頁 (1)、318頁 (1)

(4) 誤。保証協会は、Aが社員の地位を失った場合は、公告をしなければならない(肢(1)参照)。しかし、一部の事務所を廃止した場合は、公告は不要だ。 323頁 (3) 注意！

正 解 (2)

保証協会は、苦情の解決について必要があるときは、社員に対し、次の①②を求めることができる。
① 文書・口頭による**説明**(肢(2))。
② **資料の提出**。

保証協会　　　　　　　　　　　　［平23-43］

　宅地建物取引業保証協会（以下この問において「保証協会」という。）に関する次の記述のうち、宅地建物取引業法（以下この問において「法」という。）の規定によれば、正しいものはどれか。

(1) 宅地建物取引業者が保証協会に加入しようとするときは、当該保証協会に弁済業務保証金分担金を金銭又は有価証券で納付することができるが、保証協会が弁済業務保証金を供託所に供託するときは、金銭でしなければならない。

(2) 保証協会は、宅地建物取引業の業務に従事し、又は、従事しようとする者に対する研修を行わなければならないが、宅地建物取引士については、法第22条の2の規定に基づき都道府県知事が指定する講習をもって代えることができる。

(3) 保証協会に加入している宅地建物取引業者（甲県知事免許）は、甲県の区域内に新たに支店を設置する場合、その日までに当該保証協会に追加の弁済業務保証金分担金を納付しないときは、社員の地位を失う。

(4) 保証協会は、弁済業務保証金から生ずる利息又は配当金、及び、弁済業務保証金準備金を弁済業務保証金の供託に充てた後に社員から納付された還付充当金は、いずれも弁済業務保証金準備金に繰り入れなければならない。

 消去法で解く問題だ。

講義

(1) **誤**。業者が保証協会に納付する弁済業務保証金分担金は、必ず**金銭**に限る。これに対して、保証協会が供託所に供託する弁済業務保証金は**有価証券**でも供託できる。　　　　　　　　　　　　　　　319頁 囲み内

(2) **誤**。保証協会は、現に宅建業の業務に従事し、または、これから従事しようとする者に対する**研修**を行わなければならない（必須業務）。そして、この研修は、知事が指定する講習をもって代えることはできない。
　　　　　　　　　　　　　　　　　　　　　　　　　　323頁(1)③

(3) **誤**。業者が保証協会に加入後に支店を新設した場合、業者は、新支店設置後**2週間**以内に弁済業務保証金分担金を納付しなければならない。この期間内に納付しなかったら、業者は社員の地位を失うことになる。
　　　　　　　　　　　　　　　　　　　　　318頁(2)②注意！

(4) **正**。弁済業務保証金から生じる利息等や、社員から納付された還付充当金は、**弁済業務保証金準備金**（穴埋めのために保証協会が積み立てているお金のこと）に繰り入れる必要がある。　　　　　322頁(5)

正解　(4)

① 弁済業務保証金から生じる利息等や、
② 弁済業務保証金準備金を弁済業務保証金の供託に充てた後に社員から納付された還付充当金は、
➡ **弁済業務保証金準備金**に繰り入れなければならない（肢(4)）。

第2編　弱点表

項　目	番　号	難　度	正　解	自己採点
宅地建物取引士登録	平 18-32	カンターン	(4)	
宅地建物取引士	平 19-31	普通	(2)	
届出等	平 21-29	カンターン	(2)	
宅地建物取引士	平 23-28	普通	(4)	
宅地建物取引士	平 22-30	普通	(4)	
宅地建物取引士	令 1-44	普通	(3)	
宅地建物取引士	平 24-36	カンターン	(4)	
宅地建物取引士登録	平 23-29	難しい	(4)	
宅地建物取引士	平 28-38	難しい	(1)	
宅地建物取引士その他	平 29-37	カンターン	(3)	
宅地建物取引士	平 30-42	カンターン	(4)	
宅地建物取引士証その他	平 25-44	難しい	(1)	
宅地建物取引士	平 20-33	カンターン	(3)	
宅地建物取引士証その他	平 16-34	普通	(4)	
宅地建物取引士その他	平 27-35	普通	(4)	
営業保証金	平 20-34	普通	(4)	
営業保証金	平 29-32	カンターン	(1)	
営業保証金	平 26-29	普通	(2)	
営業保証金	平 21-30	カンターン	(4)	
営業保証金	平 23-30	普通	(2)	
営業保証金	平 30-43	カンターン	(1)	
営業保証金	平 28-40	普通	(1)	

営業保証金	平 19-37	カンターン	(3)	
営業保証金	平 22-31	カンターン	(2)	
営業保証金	平 25-27	カンターン	(1)	
営業保証金・保証協会	平 27-42	カンターン	(3)	
営業保証金・保証協会	平 29-39	普通	(2)	
保証協会	平 24-43	普通	(3)	
保証協会	平 28-31	カンターン	(4)	
保証協会	令 1-33	カンターン	(3)	
保証協会	平 20-44	普通	(3)	
保証協会	平 26-39	カンターン	(3)	
保証協会	平 25-39	カンターン	(1)	
保証協会	平 30-44	カンターン	(2)	
保証協会	平 23-43	普通	(4)	

第2編 宅地建物取引士／営業保証金と保証協会

第 3 編

業務上の規制と媒介契約
報酬額の制限

業務上の規制 　　　　　　　　　　　　　　　　　　[平21-43]

次の記述のうち、宅地建物取引業法の規定によれば、正しいものはどれか。

(1) 宅地建物取引業者の従業者である宅地建物取引士は、取引の関係者から事務所で従業者証明書の提示を求められたときは、この証明書に代えて従業者名簿又は宅地建物取引士証を提示することで足りる。

(2) 宅地建物取引業者がその事務所ごとに備える従業者名簿には、従業者の氏名、生年月日、当該事務所の従業者となった年月日及び当該事務所の従業者でなくなった年月日を記載することで足りる。

(3) 宅地建物取引業者は、一団の宅地の分譲を案内所を設置して行う場合、業務を開始する日の10日前までに、その旨を免許を受けた国土交通大臣又は都道府県知事及び案内所の所在地を管轄する都道府県知事に届け出なければならない。

(4) 宅地建物取引業者は、その事務所ごとに、その業務に関する帳簿を備え、宅地建物取引業に関し取引のあった月の翌月10日までに、一定の事項を記載しなければならない。

 所在地を管轄する知事＝現地の知事。

講義

(1) 誤。従業者証明書は、取引の関係者から**請求があったとき**は、提示しなければならない。そして、従業者名簿や取引士証は、従業者証明書の代わりにはならないので、従業者証明書に代えて、従業者名簿や取引士証を提示してもダメだ。　　　　　　　　　　　　　🔀 305頁(2)

(2) 誤。業者は事務所ごとに、従業者名簿（ハードディスク等でも可）を置かなければならない。そして、従業者名簿には、従業者1人1人について一定の事項（**宅地建物取引士か否か**等）が記載される。本肢の記載内容では、宅地建物取引士か否かなどが記載されていないので、足りない。なお、従業者の氏名は、従業者名簿の記載事項だが、住所は、記載事項ではないから念のため。　　　　　　　　　　　　🔀 292頁(3)

(3) 正。案内所で契約を締結する場合、または申込みを受ける場合、業者は、免許権者および現地の知事に業務開始の**10日前**までに「**届出**」をしなければならない。　　　　　　　　　　　　　　　🔀 294頁②②

(4) 誤。業者は、**取引のあったつど**、取引内容を記載しなければならない。　　　　　　　　　　　　　　　　　　　　　　　🔀 292頁(4)

（**正　解**）　(3)

👓 **肢(2)の詳しい話**

　従業者名簿には ➡ 従業者の①氏名、②生年月日、③従業者証明番号、④主たる職務内容、⑤**宅地建物取引士であるか否か**の別、⑥当該事務所の従業者となった年月日、⑦当該事務所の従業者でなくなった年月日を記載しなければならない。

業務上の規制その他　　[令1-27]

宅地建物取引業法に関する次の記述のうち、正しいものはいくつあるか。なお、取引の相手方は宅地建物取引業者ではないものとする。

ア　宅地建物取引業者は、自己の所有に属しない宅地又は建物についての自ら売主となる売買契約を締結してはならないが、当該売買契約の予約を行うことはできる。

イ　宅地建物取引業者は、自ら売主となる宅地又は建物の売買契約において、その目的物が種類又は品質に関して契約の内容に適合しない場合におけるその不適合を担保すべき責任に関し、取引の相手方が同意した場合に限り、損害賠償の請求期間を当該宅地又は建物の引渡しの日から1年とする特約を有効に定めることができる。

ウ　宅地建物取引業者は、いかなる理由があっても、その業務上取り扱ったことについて知り得た秘密を他に漏らしてはならない。

エ　宅地建物取引業者は、宅地建物取引業に係る契約の締結の勧誘をするに際し、その相手方に対し、利益を生ずることが確実であると誤解させるべき断定的判断を提供する行為をしてはならない。

(1)　一つ
(2)　二つ
(3)　三つ
(4)　なし

アコギなワザ（交渉方法）を使ってはダメ。

講義

ア　誤。業者は、自ら売主となって、他人の物件をシロートの買主に売ってはならない（①契約はもちろん、②予約も、③条件付契約もダメ）。だから、売買契約の予約を行うこともできない。　357頁 原則

イ　誤。契約不適合の場合の担保責任の追及期間を「目的物の引渡しの日から2年以上」とする特約なら有効だ。本肢の特約は「目的物の引渡しの日から1年」だから無効だ。たとえ、取引の相手方が同意してもダメだ。　369頁 例外

ウ　誤。業者は、業務上知った秘密を、正当な理由なく他に漏らしてはならない。だから、正当な理由があれば漏らしてよいので、「いかなる理由があっても、漏らしてはならない」とある本肢は×だ。　324頁1.③

エ　正。業者は、「必ず利益が出ますよ」というような断定的判断を提供してはならない。　325頁3.

以上により、正しいものはエだけなので、正解は肢(1)となる。

正　解　(1)

守秘義務のポイント
① 業者だけでなく、**従業者**にも守秘義務がある。
② **引退後**、退職後も、守秘義務がある。
③ **正当な理由**があれば漏らしてよい（肢ウ）。

業務上の規制　　　　　　　　　　　[平23-41]

　宅地建物取引業者A社が行う業務に関する次の記述のうち、宅地建物取引業法の規定に違反するものはいくつあるか。

ア　A社は、建物の販売に際して、買主が手付として必要な額を持ち合わせていなかったため、手付を貸し付けることにより、契約の締結を誘引した。

イ　A社は、建物の販売に際して、短時間であったが、私生活の平穏を害するような方法により電話勧誘を行い、相手方を困惑させた。

ウ　A社は、建物の販売に際して、売買契約の締結後、買主から手付放棄による契約解除の申出を受けたが、正当な理由なく、これを拒んだ。

エ　A社は、建物の売買の媒介に際して、売買契約の締結後、買主に対して不当に高額の報酬を要求したが、買主がこれを拒んだため、その要求を取り下げた。

(1)　一つ
(2)　二つ
(3)　三つ
(4)　四つ

　全部違反する（違反しない）という解答もありうるぞ。

講義

ア　**違反する。**業者が、<u>手付金</u>をお客さんに貸し付けて、契約の勧誘をすると、業法違反となる。　326頁 5.

イ　**違反する。**業者が、契約の勧誘をするに際し、<u>私生活の平穏を害する</u>ような方法により相手方を困惑させると、業法違反となる。　326頁 ⑦

ウ　**違反する。**買主が、<u>手付を放棄</u>して契約の解除を申し出た場合において、業者が、正当な理由もないのに、契約の解除に応じなかったら、業法違反となる。　325頁 ③

エ　**違反する。**業者が、<u>不当に高額</u>の報酬を要求したら、業法違反となる（要求しただけでアウト。実際に受け取っていなくても、業法違反となる）。　349頁 ⑵

以上により、違反しているものはアとイとウとエなので（全部が違反しているので）、正解は肢(4)となる。

正 解　(4)

契約の締結の勧誘をするに際し、
➡ **私生活**または業務の**平穏を害する**ような方法によりお客さんを困惑させると、業法違反となる（肢イ）。たとえば、深夜に勧誘することなどだ。

業務上の規制　　　　　　　　　　　　　　　　［平28-41］

　宅地建物取引業者Ａが行う業務に関する次の記述のうち、宅地建物取引業法（以下この問において「法」という。）の規定によれば、正しいものはどれか。

(1)　Ａは、宅地建物取引業者Ｂから宅地の売却についての依頼を受けた場合、媒介契約を締結したときは媒介契約の内容を記載した書面を交付しなければならないが、代理契約を締結したときは代理契約の内容を記載した書面を交付する必要はない。

(2)　Ａは、自ら売主として宅地の売買契約を締結したときは、相手方に対して、遅滞なく、法第37条の規定による書面を交付するとともに、その内容について宅地建物取引士をして説明させなければならない。

(3)　Ａは、宅地建物取引業者でないＣが所有する宅地について、自らを売主、宅地建物取引業者Ｄを買主とする売買契約を締結することができる。

(4)　Ａは、宅地建物取引業者でないＥから宅地の売却についての依頼を受け、専属専任媒介契約を締結したときは、当該宅地について法で規定されている事項を、契約締結の日から休業日数を含め5日以内に指定流通機構へ登録する義務がある。

　シロートの買主に売ってはダメ。

講義

(1) 誤。トラブルが生じないように、業者は、媒介契約をした場合は媒介契約書を、代理契約をした場合は**代理契約書**を交付しなければならない。

　　　　　　　　　　　　　　　　　　　　　　　　　　　335頁 2.

(2) 誤。37条書面は**交付**すれば、それでOKだ。取引士にその内容を説明させる必要はない。　　　　　　　　　　　　　　　382頁 1.

(3) 正。原則として、業者は、自ら売主となって、**他人の物件**をシロートの買主に売ってはならない。しかし本肢の買主Dは業者なので、この制限は適用されない。だからAは、Cの物件をDに売ってOKだ。なお、例外として、買主がシロートでも、業者がその他人の物件を確実に取得できる場合には、買主が期待を裏切られる心配はないから売ってもよい。

　　　　　　　　　　　　　　　　　　　　　　　　357頁 **原則**

(4) 誤。専属専任媒介契約の場合、媒介契約締結の日から**5日**（休業日数は**算入しない**）以内に指定流通機構に登録しなければならない。本肢は「休業日数を含め（算入して）」とあるから×だ。　　　　333頁 ⑤ ❸

　　　　　　　　　　　　　　　　　　　　　　正　解　(3)

Point!

指定流通機構への登録義務は？
1. 一般媒介契約　　　➡ なし。
2. 専任媒介契約　　　➡ 媒介契約締結の日から**7日**（休業日数は**算入しない**）以内に登録しなければならない。
3. 専属専任媒介契約　➡ 媒介契約締結の日から**5日**（休業日数は**算入しない**）以内に登録しなければならない（肢(4)）。

業務上の規制 [平24-41]

宅地建物取引業者A社による投資用マンションの販売の勧誘に関する次の記述のうち、宅地建物取引業法の規定に違反するものはいくつあるか。

ア　A社の従業員は、勧誘に先立ってA社の商号及び自らの氏名を告げてから勧誘を行ったが、勧誘の目的が投資用マンションの売買契約の締結である旨を告げなかった。

イ　A社の従業員は、「将来、南側に5階建て以上の建物が建つ予定は全くない。」と告げ、将来の環境について誤解させるべき断定的判断を提供したが、当該従業員には故意に誤解させるつもりはなかった。

ウ　A社の従業員は、勧誘の相手方が金銭的に不安であることを述べたため、売買代金を引き下げ、契約の締結を誘引した。

エ　A社の従業員は、勧誘の相手方から、「午後3時に訪問されるのは迷惑である。」と事前に聞いていたが、深夜でなければ迷惑にはならないだろうと判断し、午後3時に当該相手方を訪問して勧誘を行った。

(1)　一つ
(2)　二つ
(3)　三つ
(4)　四つ

　「手付金」を貸し付けて、契約を勧誘してはダメ。

講義

ア **違反する**。勧誘に先立って、業者名・勧誘を行う者の氏名・契約の締結について勧誘をする目的である旨を告げずに、勧誘をしたらアウトだ。だから、A社の従業員が勧誘に先立って、勧誘の目的を告げなかったことは、業法の規定に違反する。　325頁 ④

イ **違反する**。「近くに国道が必ず開通しますよ」「将来、南側に5階建て以上の建物が建つ予定は全くない」というように**断定的判断**を提供したらアウトだ（故意がなくてもアウトだ）。　325頁 3.

ウ **違反しない**。**手付金**をお客さんに**貸し付けて**、契約の勧誘をしたらアウトだ。しかし、本肢のように、売買代金を引き下げて、契約の勧誘をしてもセーフだ（単なる値引きであり、何の問題もない。よくある話だ）。　326頁 5.

エ **違反する**。**迷惑**を覚えさせるような時間に電話したり、**訪問**したらアウトだ。本肢の場合、「午後3時に訪問されるのは迷惑である。」と事前に聞いていたのだから、午後3時に訪問したらアウトだ。　326頁 ⑥

以上により、違反しているものはアとイとエなので、正解は肢(3)となる。

正　解　(3)

1. **手付金を貸し付けて、契約の勧誘 ➡ 違反となる。**
2. **売買代金を引き下げて、契約の勧誘 ➡ 違反とならない（肢ウ）。**

業務上の規制 [平29-28]

宅地建物取引業者Aが行う業務に関する次の記述のうち、宅地建物取引業法（以下この問において「法」という。）の規定に違反しないものはいくつあるか。

ア　Aは、法第49条に規定されている業務に関する帳簿について、業務上知り得た秘密が含まれているため、当該帳簿の閉鎖後、遅滞なく、専門業者に委託して廃棄した。

イ　Aは、宅地の売却を希望するBと専任代理契約を締結した。Aは、Bの要望を踏まえ、当該代理契約に指定流通機構に登録しない旨の特約を付したため、その登録をしなかった。

ウ　Aの従業者Cは、投資用マンションの販売において、勧誘に先立ちAの名称を告げず、自己の氏名及び契約締結の勧誘が目的であることを告げたうえで勧誘を行ったが、相手方から関心がない旨の意思表示があったので、勧誘の継続を断念した。

エ　Aは、自ら売主として新築マンションを分譲するに当たり、売買契約の締結に際して買主から手付を受領した。その後、当該契約の当事者の双方が契約の履行に着手する前に、Aは、手付を買主に返還して、契約を一方的に解除した。

(1)　一つ
(2)　二つ
(3)　三つ
(4)　なし

専任代理と専任媒介は同じ規制。

講義

ア **違反する**。帳簿の保存期間は、**5年間**（業者が自ら売主となる新築住宅に係るものは**10年間**）だ。だから、「遅滞なく、廃棄したら」業法違反だ。
292頁(4)

イ **違反する**。専任代理契約の場合、業者は、代理契約締結の日から7日（休業日数は算入しない）以内に指定流通機構に**登録しなければならない**。だから、登録をしなかったら、業法違反だ（登録しない旨の特約を定めても、その特約は無効だ）。
333頁 5 2、335頁(5)

ウ **違反する**。勧誘に先立って、①**業者名**、②勧誘を行う者の氏名、③契約の締結について勧誘をする目的である旨を**告げず**に、勧誘を行ってはダメだ。Cは、②と③については告げているが、①を告げていないので、業法違反だ（告げずに勧誘したら、それだけでアウトであり、勧誘の継続を断念しても、業法違反だ）。
325頁(4)

エ **違反する**。売主である業者Aは、買主が履行に着手する前は、手付の**倍額**を返還すれば契約を解除できる。Aは、手付を返還しただけなので（手付の倍額を返還していないので）、業法違反だ。
174頁①②、366頁 第4節

以上により、違反しないものはないので、正解は肢(4)となる。

正 解 (4)

勧誘に先立って、次の①～③を**告げず**に勧誘したら、業法違反となる。
① **業者名**（肢ウ）
② 勧誘を行う者の氏名
③ 締結について**勧誘をする目的**

注意！　①～③を**告げず**に勧誘したら、それだけで、アウトだ。たとえ、勧誘の継続を断念しても、業法違反だ（肢ウ）。

業務上の規制 [平26-41]

次の記述のうち、宅地建物取引業法(以下この問において「法」という。)の規定によれば、正しいものはどれか。

(1) 宅地建物取引業者が、他の宅地建物取引業者が行う一団の宅地建物の分譲の代理又は媒介を、案内所を設置して行う場合で、その案内所が専任の宅地建物取引士を置くべき場所に該当しない場合は、当該案内所には、クーリング・オフ制度の適用がある旨を表示した標識を掲げなければならない。

(2) 宅地建物取引業者が、その従業者をして宅地の売買の勧誘を行わせたが、相手方が明確に買う意思がない旨を表明した場合、別の従業者をして、再度同じ相手方に勧誘を行わせることは法に違反しない。

(3) 宅地建物取引業者が、自ら売主となる宅地建物売買契約成立後、媒介を依頼した他の宅地建物取引業者へ報酬を支払うことを拒む行為は、不当な履行遅延(法第44条)に該当する。

(4) 宅地建物取引業者は、その事務所ごとに従業者名簿を備えなければならないが、退職した従業者に関する事項は従業者名簿への記載の対象ではない。

 お客さんを守れ！

講義

(1) **正**。専任の宅地建物取引士を置かなくてよい案内所（契約を締結しない案内所のこと）の標識には、「この場所においてした契約については、**クーリング・オフ**制度の適用があります（クーリング・オフができるということ）」という表示をしなければならない。

(2) **誤**。相手方が**契約を締結しない旨の意思**を表示した場合は、勧誘を続けてはダメだ。欲にかられた業者が、アコギなワザ（交渉方法）を使うことは許しません、という話だ。　　　　　　　　　　　　📖 325頁 ⑤

(3) **誤**。不当な履行遅延の禁止の対象となるのは、「登記」「引渡し」「**代金（対価）の支払い**」の3つだけだ。他の業者に対する報酬は、「代金（対価）の支払い」ではないので、不当な履行遅延の禁止の対象とならない。
　　[コメント] 報酬を支払わなかったとしても、法第44条違反にはならない、ということだ。　　　　　　　　　　　　　　　　　　　📖 326頁 4.

(4) **誤**。**退職した従業者**に関する事項も従業者名簿への記載の対象なので、本肢は×である（たとえば、業者Aで働いていたBが、Aを退職したとする。この場合、Aの従業者名簿には、「B－従業者でなくなった年月日は、○年○月○日」というように記載される）。　　　　　　　📖 292頁 ⑶

（　**正　解**　）(1)

😊 肢⑶について

不当な履行遅延をしたら（法第44条に違反したら）
➡ **懲役**もしくは**罰金**または**両者の併科**だ（懲役まであるのだから、きびしい罰則だ）。

[事例－業者Aが、媒介業者Bに報酬を支払うことを拒んだ。]

　報酬を支払うことを拒むことは、確かに、イケナイことだ。しかし、不当な履行遅延には**ならない**（法第44条違反にはならない）。だから、Aは、報酬を支払うことを拒んだことを理由として、牢屋に入れられる（懲役）ことはないし、お金を取られる（罰金）こともない、という話だ。
　宅建業法は何のためにあるかと言うと、「一般消費者保護」のためにある。だから、報酬の支払いを拒むことについて、「業者を保護」するような規定はないのだ。

業務上の規制　　　　　　　　　　　　［平20-38］

次に記述する宅地建物取引業者Aが行う業務に関する行為のうち、宅地建物取引業法の規定に違反しないものはどれか。

(1) 宅地の売買の媒介において、当該宅地の周辺環境について買主の判断に重要な影響を及ぼす事実があったため、買主を現地に案内した際に、宅地建物取引士でないAの従業者が当該事実について説明した。

(2) 建物の貸借の媒介において、申込者が自己都合で申込みを撤回し賃貸借契約が成立しなかったため、Aは、既に受領していた預り金から媒介報酬に相当する金額を差し引いて、申込者に返還した。

(3) Aの従業者は、宅地の販売の勧誘に際し、買主に対して「この付近に鉄道の新駅ができる」と説明したが、実際には新駅設置計画は存在せず、当該従業者の思い込みであったことが判明し、契約の締結には至らなかった。

(4) Aは、自ら売主として、宅地の売却を行うに際し、買主が手付金100万円を用意していなかったため、後日支払うことを約して、手付金を100万円とする売買契約を締結した。

 重要事項の説明ではないから……。

講義

(1) **違反しない。** 重要事項の説明なら、宅地建物取引士が行わなければならない。しかし、本肢は、**重要事項の説明ではない**ので、宅地建物取引士以外の者が行ってもOKだ。　　　　　　　　　　　372頁(1)

(2) **違反する。** お客さんが申込みの撤回を行うに際し、既に受け取った**預り金**を返すことを拒むと業法違反だ。預り金から媒介報酬に相当する金額を差し引くというのは、預り金を返さないのと同じだ（例えば、預り金が30万円で、媒介報酬に相当する金額が18万円だったとする。18万円を差し引いて12万円しか返さない→18万円の預り金を返さないのと同じ）。だから、本肢は業法違反だ。　　　　　　　325頁 ②

(3) **違反する。** 将来の環境や交通について、お客さんを誤解させるようなことを言って（＝**断定的判断の提供**をして）、契約を勧誘すると、業法違反だ。そして、業者が言ったことを、お客さんが信じなかったため、契約が成立しなかった場合も、業法に違反することになる。　325頁 3.

(4) **違反する。** 業者は、**手付金を貸し付けて**、契約の勧誘をしてはならない。そして、本肢の場合のように、「手付金は後日でOKですよ」と言って契約（を勧誘）することもダメで、業法に違反することになる。
　　　　　　　　　　　　　　　　　　　　　　　　326頁 5.

正 解　(1)

宅地建物取引士が行う必要があるか？

① 重要事項の説明	ある
② お客さんの判断に重要な影響を及ぼすことになる事実の告知（肢(1))	ない（宅地建物取引士でなくてもOK）

業務上の規制　　　　　　　　　　　　　　　[平29-34]

次の記述のうち、宅地建物取引業法（以下この問において「法」という。）の規定によれば、誤っているものはどれか。

(1) 宅地建物取引業者が、自ら売主として、宅地及び建物の売買の契約を締結するに際し、手付金について、当初提示した金額を減額することにより、買主に対し売買契約の締結を誘引し、その契約を締結させることは、法に違反しない。

(2) 宅地建物取引業者が、アンケート調査をすることを装って電話をし、その目的がマンションの売買の勧誘であることを告げずに勧誘をする行為は、法に違反する。

(3) 宅地建物取引業者が、宅地及び建物の売買の媒介を行うに際し、媒介報酬について、買主の要望を受けて分割受領に応じることにより、契約の締結を誘引する行為は、法に違反する。

(4) 宅地建物取引業者が、手付金について信用の供与をすることにより、宅地及び建物の売買契約の締結を誘引する行為を行った場合、監督処分の対象となるほか、罰則の適用を受けることがある。

ダメなのは手付の分割。

講義

(1) 正。業者は、手付金をお客さんに貸し付けて、契約を勧誘してはならない。ただし、手付の減額は単なるサービスだから OK。

327頁 ちなみに

(2) 正。勧誘に先立って、①業者名、②勧誘を行う者の氏名、③契約の締結について勧誘をする目的である旨を告げずに、勧誘を行ってはダメだ。本肢は③を告げていないから、違反する。　325頁 ④

(3) 誤。業者は、手付金を分割払いにして、契約を勧誘してはならない。ただし、媒介報酬を分割払いにすることは OK。　326頁 5.

(4) 正。業者は、手付金について信用を供与して（例えば、手付金をお客さんに貸し付けて）、契約を勧誘してはならない。そして、勧誘をしたら、監督処分の対象となるし、罰則の適用（6カ月以下の懲役もしくは100万円以下の罰金または両者の併科）を受けることがある。　326頁 5.

正　解　(3)

手付金について信用を供与したらどうなるか？（肢(4)）
➡ 監督処分の対象となるし、**罰則**の適用（6カ月以下の**懲役**もしくは100万円以下の**罰金**または両者の併科）を受けることがある。

業務上の規制　　　　　　　　　　　　　　　　　［平21-40］

　宅地建物取引業者Ａが行う建物の売買又は売買の媒介に関する次の記述のうち、宅地建物取引業法の規定に違反しないものはどれか。

(1)　Ａは、建物の売買の媒介に際し、買主に対して手付の貸付けを行う旨を告げて契約の締結を勧誘したが、売買契約は成立しなかった。

(2)　建物の売買の媒介に際し、買主から売買契約の申込みを撤回する旨の申出があったが、Ａは、申込みの際に受領した預り金を既に売主に交付していたため、買主に返還しなかった。

(3)　Ａは、自ら売主となる建物（代金5,000万円）の売買に際し、あらかじめ買主の承諾を得た上で、代金の30％に当たる1,500万円の手付金を受領した。

(4)　Ａは、自ら売主として行う中古建物の売買に際し、当該建物が種類又は品質に関して、契約の内容に適合しない場合におけるその不適合を担保すべき責任について、Ａがその責任を負う期間を引渡しの日から2年間とする特約をした。

　例外あり！

講義

(1) **違反する。** 業者は、手付金をお客さんに貸し付けて、契約を勧誘してはならない。**勧誘したら**、それだけでアウトであり、たとえ、契約が成立しなくても宅建業法違反となる。 326頁 5.

(2) **違反する。** 預り金はお客さんから預ったお金だから、申込みが撤回されたら返すのが当たり前だ。だから、お客さんが契約の申込みを撤回する申出をしたのに、**預り金を返還することを拒む**ことは、宅建業法違反となる。 325頁 ②

(3) **違反する。** 業者がシロートの買主から受け取れる手付の額は、代金の **20%**（本肢の場合は1,000万円）が限度だ。たとえ、買主の承諾を得ていても、代金の20%を超える手付金を受け取ったら、宅建業法違反となる。 366頁 第4節

(4) **違反しない。** 業者が自ら売主となって、シロートの買主と契約する場合には、原則として、民法の規定より買主に不利な特約をしても無効だ。しかし、例外として、契約不適合担保責任の追及期間を「**引渡しの日から2年以上の期間内**」とする特約だけは、民法の規定より買主に不利だが、有効だ。 369頁 例外

正 解 (4)

業者が自ら売主となって、シロートの買主と契約する場合には、
- **原則** 民法の規定より買主に不利な特約をしても無効だ。
- **例外** 契約不適合担保責任の追及期間を「**引渡しの日から2年以上の期間内**」とする特約だけは、民法の規定より買主に不利だが、有効だ（肢(4)）。

業務上の規制　　　　　　　　　　[平28-29]

　宅地建物取引業者Aの業務に関する次の記述のうち、宅地建物取引業法（以下この問において「法」という。）の規定に違反するものの組合せはどれか。

ア　Aは、マンションを分譲するに際して案内所を設置したが、売買契約の締結をせず、かつ、契約の申込みの受付も行わない案内所であったので、当該案内所に法第50条第1項に規定する標識を掲示しなかった。

イ　Aは、建物の売買の媒介に際し、買主に対して手付の貸付けを行う旨を告げて契約の締結を勧誘したが、売買は成立しなかった。

ウ　Aは、法第49条の規定によりその事務所ごとに備えるべきこととされている業務に関する帳簿について、取引関係者から閲覧の請求を受けたが、閲覧に供さなかった。

エ　Aは、自ら売主となるマンションの割賦販売の契約について、宅地建物取引業者でない買主から賦払金が支払期日までに支払われなかったので、直ちに賦払金の支払の遅延を理由として契約を解除した。

(1)　ア、イ
(2)　ア、ウ
(3)　ア、イ、エ
(4)　イ、ウ、エ

　閲覧させる必要があるのは従業者名簿。

講義

ア 違反する。案内所で契約を締結せず、かつ、申込みを受けない場合であっても標識を掲示する必要があるので、違反だ。　293頁 表① ①

イ 違反する。業者は、手付金をお客さんに貸し付けて、契約を勧誘してはならない。勧誘したら、それだけでアウトであり、たとえ、契約が成立しなくても違反だ。　326頁 5.

ウ 違反しない。帳簿は、取引の関係者から請求があっても、閲覧させる必要はない。取引の関係者から請求があったときに閲覧させなければいけないのは、従業者名簿だ。ヒッカケ注意！　292頁 (4)

エ 違反する。売主である業者は、シロートの買主に対して、①30日以上の相当の期間を定めて、②書面で催告し、それでも支払いがない場合に限って、契約の解除や代金の一括返済請求ができることになっている。だから、直ちに契約を解除することはできないので、違反だ。
　370頁 第7節

以上により、違反するのはアとイとエなので、正解は肢(3)となる。

正　解　(3)

取引の関係者から請求があった場合、閲覧させる必要はあるか？
① 従業者名簿 ➡ ある
② 帳簿 ➡ ない（肢ウ）

業務上の規制　　　　　　　　　　　　　[平30-40]

　宅地建物取引業者Ａが行う業務に関する次の記述のうち、宅地建物取引業法の規定に違反するものはいくつあるか。

ア　Ａは、自ら売主として、建物の売買契約を締結するに際し、買主が手付金を持ち合わせていなかったため手付金の分割払いを提案し、買主はこれに応じた。

イ　Ａは、建物の販売に際し、勧誘の相手方から値引きの要求があったため、広告に表示した販売価格から100万円値引きすることを告げて勧誘し、売買契約を締結した。

ウ　Ａは、土地の売買の媒介に際し重要事項の説明の前に、宅地建物取引士ではないＡの従業者をして媒介の相手方に対し、当該土地の交通等の利便の状況について説明させた。

エ　Ａは、投資用マンションの販売に際し、電話で勧誘を行ったところ、勧誘の相手方から「購入の意思がないので二度と電話をかけないように」と言われたことから、電話での勧誘を諦め、当該相手方の自宅を訪問して勧誘した。

(1)　一つ
(2)　二つ
(3)　三つ
(4)　四つ

　代金の減額は単なるサービスだ。

講義

ア　**違反する。** 業者は、手付金の**分割払い**を持ちかけて、契約を勧誘してはならない（手付金を貸し付けることもダメだが、手付金の分割払いもダメだ）。　　　　　　　　　　　　　　　　　📖327頁 ちなみに

イ　**違反しない。** 業者は、手付金を**貸し付けて**、契約の勧誘をしてはならない。しかし、代金の減額は単なるサービスだからOKだ。　📖326頁 5.

ウ　**違反しない。** **重要事項の説明**なら、取引士が行わなければならない。しかし、本肢は、重要事項の説明ではないので、取引士以外の者が行ってもOKだ。　　　　　　　　　　　　　　　　　　　　　📖372頁 (1)

エ　**違反する。** 相手方が**契約を締結しない**旨の意思を表示したら、勧誘を続けることはできない。本肢の相手方は、購入の意思がないと言っているので（契約を締結しない旨の意思を表示しているので）、勧誘を続けてはダメだ。　　　　　　　　　　　　　　　　　　　　📖325頁 ⑤

以上により、違反するものはアとエなので、正解は肢(2) となる。

正 解　(2)

　　手付金を貸し付けて、契約を勧誘することは禁止されている（手付金の**分割払い**もダメ）（肢ア）。
　　注意！　ただし、手付金・代金の**減額**や、手付金・代金に関し銀行などを**あっせん**することは、単なるサービスだから禁止されていない（肢イ）。

業務上の規制　　　　　　　　　　　　　　　　[平27-41]

宅地建物取引業者が売主である新築分譲マンションを訪れた買主Aに対して、当該宅地建物取引業者の従業者Bが行った次の発言内容のうち、宅地建物取引業法の規定に違反しないものはいくつあるか。

ア　A：眺望の良さが気に入った。隣接地は空地だが、将来の眺望は大丈夫なのか。
　　B：隣接地は、市有地で、現在、建築計画や売却の予定がないことを市に確認しました。将来、建つとしても公共施設なので、市が眺望を遮るような建物を建てることは絶対ありません。ご安心ください。

イ　A：先日来たとき、5年後の転売で利益が生じるのが確実だと言われたが本当か。
　　B：弊社が数年前に分譲したマンションが、先日高値で売れました。このマンションはそれより立地条件が良く、また、近隣のマンション価格の動向から見ても、5年後値上がりするのは間違いありません。

ウ　A：購入を検討している。貯金が少なく、手付金の負担が重いのだが。
　　B：弊社と提携している銀行の担当者から、手付金も融資の対象になっていると聞いております。ご検討ください。

エ　A：昨日、申込証拠金10万円を支払ったが、都合により撤回したいので申込証拠金を返してほしい。
　　B：お預かりした10万円のうち、社内規程上、お客様の個人情報保護のため、申込書の処分手数料として、5,000円はお返しできませんが、残金につきましては法令に従いお返しします。

(1)　一つ
(2)　二つ
(3)　三つ
(4)　なし

　手付貸与。

講義

ア　違反する。「眺望を遮るような建物を建てることは絶対ありません」というような断定的判断を提供してはいけない。　📖325頁 3.

イ　違反する。「必ず値上がりしますよ（値上がりするのは間違いありません）」というような断定的判断を提供してはいけない。　📖325頁 3.

ウ　違反しない。手付金をお客さんに貸し付けて、契約の勧誘をしてはいけない。Ｂは、「手付金の融資をしてくれる銀行を紹介（あっせん）しますよ」と言っているだけであり、手付金を貸し付けているわけではない。だから、業法の規定に違反しない。　📖327頁 ちなみに

エ　違反する。相手方が契約の申込みの撤回を行う場合、既に受け取った預り金を返還することを拒んではダメだ（全額返還する必要がある）。
　📖325頁 ②

以上により、違反しないものはウだけなので、正解は肢(1)となる。

正　解　(1)

第3編　業務上の規制と媒介契約／報酬額の制限

Point!

手付貸与の禁止
1　手付金の立替え　➡ ダメ
2　手付金の分割払い　➡ ダメ
3　手付金の後払い　➡ ダメ
4　手付金の**減額**　➡ OK
5　手付金を貸してくれる銀行のあっせん　➡ OK（肢ウ）

ダメ：手付貸与に該当する（業法違反となる）
OK：手付貸与に該当しない（業法違反とならない）

業務上の規制その他　　　　　　　[令1-35]

　宅地建物取引業者Ａが行う業務に関する次の記述のうち、宅地建物取引業法の規定に違反しないものはどれか。

(1)　Ａは、宅地建物取引業者ではないＢが所有する宅地について、Ｂとの間で確定測量図の交付を停止条件とする売買契約を締結した。その後、停止条件が成就する前に、Ａは自ら売主として、宅地建物取引業者ではないＣとの間で当該宅地の売買契約を締結した。

(2)　Ａは、その主たる事務所に従事する唯一の専任の宅地建物取引士Ｄが令和２年５月15日に退職したため、同年６月10日に新たな専任の宅地建物取引士Ｅを置いた。

(3)　Ａは、宅地建物取引業者Ｆから宅地の売買に関する注文を受けた際、Ｆに対して取引態様の別を明示しなかった。

(4)　Ａは、宅地の貸借の媒介に際し、当該宅地が都市計画法第29条の許可の申請中であることを知りつつ、賃貸借契約を成立させた。

　貸借契約は大目に見られている。

188

講義

(1) **違反する**。業者AがBの宅地について、Bと**条件付契約**を締結していても、宅地を確実に取得できるとは言えない。だから、AはBの宅地をシロートの買主Cに売ることはできない。　357頁　**例　外**

(2) **違反する**。宅地建物取引士の数に欠員が生じたら、業者は2週間以内に補充しなければならない。Aは6月10日に補充している（新たな専任の宅地建物取引士Eを置いた）が、2週間を超えているので、業法違反だ。　291頁　よく出るポイント②

(3) **違反する**。業者は、取引態様を「**注文**を受けたら**遅滞なく**」明示しなければならない。この取引態様の明示は、お客さんが業者の場合でも省略できない（業者間にも適用あり）。だから、業者Fに対して取引態様の別を明示しなかったAは業法違反だ。　329頁 **5**

(4) **違反しない**。未完成の宅地の場合、開発許可を受けた後でなければ、売買契約・交換契約をしてはいけないことになっている。ただし、**貸借契約**については、大目に見られていて、開発許可を受ける前でもできる。　330頁 表

（正　解）(4)

宅地建物取引士の数に欠員が生じたら、
➡ 業者は2週間以内に補充しなければならない（肢(2)）。

広　告　　　　　　　　　　　　　[平20-32]

　次の記述のうち、宅地建物取引業法の規定によれば、正しいものはどれか。

(1) 新たに宅地建物取引業の免許を受けようとする者は、当該免許の取得に係る申請をしてから当該免許を受けるまでの間においても、免許申請中である旨を表示すれば、免許取得後の営業に備えて広告をすることができる。

(2) 宅地建物取引業者は、宅地の造成又は建物の建築に関する工事の完了前においては、当該工事に必要な都市計画法に基づく開発許可、建築基準法に基づく建築確認その他法令に基づく許可等の申請をした後でなければ、当該工事に係る宅地又は建物の売買その他の業務に関する広告をしてはならない。

(3) 宅地建物取引業者は、宅地又は建物の売買、交換又は貸借に関する広告をするときに取引態様の別を明示していれば、注文を受けたときに改めて取引態様の別を明らかにする必要はない。

(4) 宅地建物取引業者は、販売する宅地又は建物の広告に著しく事実に相違する表示をした場合、監督処分の対象となるほか、6月以下の懲役又は100万円以下の罰金に処せられることがある。

違反すると、重いペナルティーを受けることになるぞ。

講義

(1) 誤。免許を受けていないのだから、まだ、宅建業者ではない。まだ宅建業者ではないのだから、トーゼン広告することもできない。たとえ、「免許申請中」である旨を表示してもダメだ。　277頁 注意!

(2) 誤。未完成物件の場合は、開発許可（宅地の場合）、建築確認（建物の場合）等を実際に得た後でないと広告できないことになっている。開発許可、建築確認、津波防災地域づくりに関する法律の許可等を申請しただけでは広告できないので、本肢は×だ。　331頁(3)

(3) 誤。業者は、取引態様を広告時及び注文時に明示しなければならない。たとえ、広告に取引態様を明示しても、更に念のため、注文を受けた時にも取引態様を重ねて明示しなければならないのだ。　329頁 2

(4) 正。誇大広告をすると、監督処分の対象となるほか、6カ月以下の懲役または100万円以下の罰金に処せられることがある。

　385頁 6 、388頁 2

正　解　(4)

誇大広告をするとドーなる？（肢(4)）
① 監督処分として ➡ 業務停止処分（情状が特に重い場合は免許取消処分）
② 罰則として　　 ➡ 6カ月以下の懲役もしくは100万円以下の罰金または両者の併科

191

広　告 　　　　　　　　　　　　　　　　　　[平23-36]

　宅地建物取引業者が行う広告に関する次の記述のうち、宅地建物取引業法の規定によれば、正しいものはどれか。

(1)　宅地建物取引業者は、宅地の造成又は建物の建築に関する工事が完了するまでの間は、当該工事に必要な都市計画法に基づく開発許可、建築基準法に基づく建築確認その他法令に基づく許可等の処分があった後でなければ、当該工事に係る宅地又は建物の売買その他の業務に関する広告をすることはできない。

(2)　宅地建物取引業者が、複数の区画がある宅地の売買について、数回に分けて広告をするときは、最初に行う広告以外には取引態様の別を明示する必要はない。

(3)　宅地建物取引業者は、建物の貸借の媒介において広告を行った場合には、依頼者の依頼の有無にかかわらず、報酬とは別に、当該広告の料金に相当する額を受領することができる。

(4)　宅地建物取引業の免許を取り消された者は、免許の取消し前に建物の売買の広告をしていれば、当該建物の売買契約を締結する目的の範囲内においては、なお宅地建物取引業者とみなされる。

　トラブルを防止して、お客さんを守れ！

講義

(1) **正**。未完成物件については、お客さんを守るため、**開発許可**（宅地の場合）、**建築確認**（建物の場合）、津波防災地域づくりに関する法律の許可等の後でなければ、広告をしてはいけないことになっている。

📖 330頁 (1)

(2) **誤**。業者は、**広告**をする時に取引態様を明示しなければならない。そして、数回に分けて広告をする場合は、すべての広告において取引態様を明示する必要がある。

📖 328頁 囲み内

(3) **誤**。依頼者から**頼まれて**やった広告の料金については、その実費を報酬とは別に受領できる。頼まれていないのにやった広告の料金については、受領できないので、本肢は×だ。

📖 349頁 (1) ①

(4) **誤**。業者が免許取消前に**契約を締結**していた場合、免許取消しにより契約が履行されなくなると、相手方に迷惑がかかる。だから、こういう場合は、業者とみなすことになっている（つまり、免許を再取得しないで履行を行ってOKということ）。このように、業者とみなされるのは、免許取消前に**契約を締結**していた場合であって、売買の広告をしていた場合ではないので、本肢は×だ。

📖 282頁 (3)

正 解 (1)

Point!

建築確認・開発許可等の前でも	売 買 （自ら・代理・媒介）	交 換 （自ら・代理・媒介）	貸 借 （代理・媒介）
「**広告**」ができるか？（肢(1)）	×	×	×
「**契約**」ができるか？	×	×	○

広　告　　　　　　　　　　　　[平26-30]

宅地建物取引業者Ａが行う業務に関する次の記述のうち、宅地建物取引業法の規定によれば、正しいものはどれか。

(1)　Ａは、新築分譲マンションを建築工事の完了前に販売しようとする場合、建築基準法第6条第1項の確認を受ける前において、当該マンションの売買契約の締結をすることはできないが、当該販売に関する広告をすることはできる。

(2)　Ａは、宅地の売買に関する広告をするに当たり、当該宅地の形質について、実際のものよりも著しく優良であると人を誤認させる表示をした場合、当該宅地に関する注文がなく、売買が成立しなかったときであっても、監督処分及び罰則の対象となる。

(3)　Ａは、宅地又は建物の売買に関する広告をする際に取引態様の別を明示した場合、当該広告を見た者から売買に関する注文を受けたときは、改めて取引態様の別を明示する必要はない。

(4)　Ａは、一団の宅地の販売について、数回に分けて広告をするときは、最初に行う広告以外は、取引態様の別を明示する必要はない。

　誇大広告はダメ。

講義

(1) 誤。未完成物件については、お客さんを守るため、開発許可（宅地の場合）、**建築確認**（建物の場合）等の後でなければ、広告・契約をしてはいけないことになっている（ただし、貸借の「契約」だけはできる）。

330頁(1)

(2) 正。宅地の形質について、実際のものよりも著しく優良であると人を誤認させる表示をしたのだから、誇大広告だ。そして、本肢の場合のように、誰も信じなかったため、「**実害**」が発生しなかったとしても誇大広告となり、監督処分および罰則の対象となる。

327頁6.④、385頁(2)⑥、388頁②

(3) 誤。業者は、取引態様を①「広告をする時に」明示しなければならない。**かつ**、②「**注文**を受けたら**遅滞なく**」明示しなければならない。注文の際において、取引態様の明示を省略することはできないので、本肢は×だ。

328頁 表Ⓑ

(4) 誤。業者は、取引態様を「**広告**をする時に」明示しなければならない。そして、数回に分けて広告をする場合は、すべての広告において取引態様を明示しなければならない。

328頁 表Ⓐ

正解 (2)

Point!

誰も信じなかったため、「**実害**」が発生しなかったとしても、誇大広告となる（肢(2)）。

注意！ 誇大広告をすると監督処分（業務停止処分）及び罰則（6カ月以下の懲役または100万円以下の罰金）の対象となる。

広　告　　　　　　　　　　　　　　　　　[平22-32]

　宅地建物取引業者Aがその業務に関して行う広告に関する次の記述のうち、宅地建物取引業法（以下この問において「法」という。）の規定によれば、正しいものはいくつあるか。

ア　Aが行う広告については、実際のものよりも著しく優良又は有利であると人を誤認させるような表示をしてはならないが、誤認させる方法には限定がなく、宅地又は建物に係る現在又は将来の利用の制限の一部を表示しないことにより誤認させることも禁止されている。

イ　Aがテレビやインターネットを利用して行う広告は、新聞の折込チラシや配布用のチラシと異なり法の規制の対象とならない。

ウ　Aが行う広告については、実際のものよりも著しく優良又は有利であると人を誤認させるような表示であっても、誤認による損害が実際に発生しなければ、監督処分の対象とならない。

(1)　一つ
(2)　二つ
(3)　三つ
(4)　なし

　限定なし。

講義

ア　**正**。現在または将来の「環境・利用の制限・交通」について、実際より著しく優良・有利と誤認させる表示をしたら、誇大広告になる。そして、誤認させる方法には**限定がない**から、一部を表示しないことにより誤認させることも禁止されている。　　　　　　　　　　　327頁 6.

イ　**誤**。広告の方法に**限定はない**。だから、テレビやインターネットを利用して行う広告も規制の対象になる。　　　　　　327頁 注意！

ウ　**誤**。誰も信じなかったため、「**実害**」が発生しなかったとしても、誇大広告になる。そして、誇大広告をした業者は、業務停止処分を受けることがある（監督処分の対象になる）。　　　327頁 ④、385頁 (2) ⑥

以上により、正しいものはアだけなので、正解は肢(1)となる。

（正　解）(1)

① 広告の方法に**限定はない** ➡ だから、テレビやインターネットも規制の対象になる（肢イ）。
② 誤認させる方法に**限定はない** ➡ だから、一部を表示しないことにより誤認させることも禁止されている（肢ア）。

広告その他　　　　　　　　　　　　[平29-42]

宅地建物取引業者が行う広告に関する次の記述のうち、宅地建物取引業法の規定によれば、正しいものはいくつあるか。

ア　宅地の販売広告において、宅地の将来の環境について、著しく事実に相違する表示をしてはならない。

イ　宅地又は建物に係る広告の表示項目の中に、取引物件に係る現在又は将来の利用の制限があるが、この制限には、都市計画法に基づく利用制限等の公法上の制限だけではなく、借地権の有無等の私法上の制限も含まれる。

ウ　顧客を集めるために売る意思のない条件の良い物件を広告することにより他の物件を販売しようとした場合、取引の相手方が実際に誤認したか否か、あるいは損害を受けたか否かにかかわらず、監督処分の対象となる。

エ　建物の売却について代理を依頼されて広告を行う場合、取引態様として、代理であることを明示しなければならないが、その後、当該物件の購入の注文を受けたとき、広告を行った時点と取引態様に変更がない場合でも、遅滞なく、その注文者に対し取引態様を明らかにしなければならない。

(1)　一つ
(2)　二つ
(3)　三つ
(4)　四つ

　「実害」が発生しなくてもアウト。

講義

ア **正**。**環境**等については、現在だけでなく、「**将来**」のことについての表示も誇大広告になる。だから、宅地の将来の環境について、著しく事実に相違する表示をしてはならない。　　　　　　　　　327頁 ②、②

イ **正**。お上の制限（公法上の制限、例えば、都市計画法や建築基準法の「○○してはいけません」）だけでなく、民間の制限（**私法上の制限**、例えば、借地権の有無や内容）も利用の制限に**含まれる**。要するに、民間の制限についても、①著しく事実に相違する表示、②実際より著しく優良・有利と誤解されるような表示をしてはならないということ。　　327頁 ②

ウ **正**。**おとり広告**（売る意思のない、条件の良い物件を広告し、実際は他の物件を販売しようとすること）も誇大広告になる。誇大広告は、しただけでアウトであり、誰も信じなかったため、「**実害**」が発生しなかったとしても、監督処分の対象となる。　　　　　　327頁 ④ ⑤

エ **正**。業者は、取引態様を①「**広告**をする時に」明示しなければならない。かつ、②「**注文**を受けたら**遅滞なく**」明示しなければならない。
　　　　　　　　　　　　　　　　　　　　　　　　328頁 Ⓐ、Ⓑ

以上により、正しいものはアとイとウとエなので（全部が正しいので）、正解は肢(4)となる。

正 解　(4)

Point!

　現在または、**将来**の「環境（肢ア）・利用の制限（肢イ）・交通」について、①著しく事実に相違する表示、②実際より著しく優良・有利と誤解されるような表示をしてはならない。
　注意！　利用の制限には、公法上の制限だけでなく、**私法上の制限も含まれる**（肢イ）。また、誤認させることも禁止されている。

広告その他　　　　　　　　　　　　　　　　　[平19-38]

宅地建物取引業者Ａの業務に関する次の記述のうち、宅地建物取引業法の規定によれば、正しいものはどれか。

(1) Ａは、実在しない宅地について広告又は虚偽の表示を行ってはならないが、実在する宅地については、実際に販売する意思がなくても、当該宅地の広告の表示に誤りがなければ、その広告を行うことができる。

(2) Ａは、新築分譲マンションを建築工事の完了前に売却する場合、建築基準法第6条第1項の確認を受ける前において、当該マンションの売買の広告及び売買契約の締結のいずれもすることはできない。

(3) 都市計画法第29条第1項の許可を必要とする宅地について、Ｂが開発行為を行い貸主として貸借をしようとする場合、Ａは、Ｂがその許可を受ける前であっても、Ｂの依頼により当該宅地の貸借の広告をすることができるが、当該宅地の貸借の媒介をすることはできない。

(4) Ａは、都市計画法第29条第1項の許可を必要とする宅地について開発行為を行いＣに売却する場合、Ｃが宅地建物取引業者であれば、その許可を受ける前であっても当該宅地の売買の予約を締結することができる。

 大目に見られているのはどれ？

講義

(1) 誤。実際に取引する意思のない物件の広告をすることを、おとり広告という。おとり広告は、お客さんを惑わせるものだから、行うことはできない。　327頁 6.⑤

(2) 正。未完成の建物については、建築確認の後でなければ、売買の広告をすることもできないし、売買契約の締結をすることもできない。　330頁(1)

(3) 誤。未完成の宅地については、開発許可の後でなければ、貸借の広告をすることはできない。しかし、開発許可の前であっても、貸借の契約（貸借の媒介）をすることはできる。　330頁(1)

(4) 誤。未完成の宅地については、開発許可の後でなければ、売買の広告をすることもできないし、売買契約（予約も含む）の締結をすることもできない。この「開発許可を受ける前においては、売買の広告も売買契約（予約も含む）の締結もできない」という規制は、業者間にも適用される。だから、Aは、Cが宅建業者であっても、開発許可の後でなければ、当該宅地の売買の予約を締結することはできない。　330頁(1)

（正　解）(2)

Point!

未完成物件については
① 建築確認（肢(2)）
② 開発許可（肢(3)、肢(4)）
③ 津波防災地域づくりに関する法律の許可
④ 宅地造成工事の許可

｝等の後でなければ広告・契約をしてはいけない。

➡ ただし、①～④等の前でも貸借の契約だけはすることができる。

広　告　[平30-26]

宅地建物取引業者が行う広告に関する次の記述のうち、宅地建物取引業法（以下この問において「法」という。）の規定によれば、正しいものはどれか。

(1) 宅地の売買に関する広告をインターネットで行った場合において、当該宅地の売買契約成立後に継続して広告を掲載していたとしても、当該広告の掲載を始めた時点で当該宅地に関する売買契約が成立していなかったときは、法第32条に規定する誇大広告等の禁止に違反しない。

(2) 販売する宅地又は建物の広告に著しく事実に相違する表示をした場合、監督処分の対象となるほか、6月以下の懲役及び100万円以下の罰金を併科されることがある。

(3) 建築基準法第6条第1項の確認を申請中の建物については、当該建物の売買の媒介に関する広告をしてはならないが、貸借の媒介に関する広告はすることができる。

(4) 宅地建物取引業者がその業務に関して広告をするときは、実際のものより著しく優良又は有利であると人を誤認させるような表示をしてはならないが、宅地又は建物に係る現在又は将来の利用の制限の一部を表示しないことによりそのような誤認をさせる場合は、法第32条に規定する誇大広告等の禁止に違反しない。

 重い違反だから‥‥。

講義

(1) 誤。「宅地の売買契約成立後に継続して広告を掲載していた（つまり、契約することができない物件の広告をしていた）」のだから、**おとり広告**だ。おとり広告も誇大広告になるので、本肢は×だ。ちなみに、新聞・テレビ・**インターネット**など、すべての広告が規制の対象となる。

327頁 5

(2) 正。誇大広告をすると、監督処分の対象となるほか、6カ月以下の懲役と100万円以下の罰金を**併科**されることがある。　385頁 6、388頁 2

(3) 誤。建築確認を実際に得た後でないと、広告できない。だから、建築確認**申請中**の建物は、広告できない。　331頁 3

(4) 誤。現在または将来の「環境・**利用の制限**・交通」について、実際より著しく優良・有利と誤解させるような表示をしてはならない。そして、誤解させる方法には**限定がない**。だから、「一部を表示しないことにより」誤解させることも、ダメだ。

327頁 6.

正 解　(2)

誇大広告をすると
➡ 6カ月以下の**懲役**もしくは100万円以下の**罰金**または両者の**併科**だ。

コメント

併科とは、両方を科されることだ。誇大広告をすると、懲役と罰金の両方を科されることがある（肢(2)）。

広　告　　　　　　　　　　　　　　　　　　　[平24-28]

宅地建物取引業者が行う広告に関する次の記述のうち、宅地建物取引業法（以下この問において「法」という。）の規定によれば、正しいものはいくつあるか。

ア　建物の所有者と賃貸借契約を締結し、当該建物を転貸するための広告をする際は、当該広告に自らが契約の当事者となって貸借を成立させる旨を明示しなければ、法第34条に規定する取引態様の明示義務に違反する。

イ　居住用賃貸マンションとする予定の建築確認申請中の建物については、当該建物の貸借に係る媒介の依頼を受け、媒介契約を締結した場合であっても、広告をすることができない。

ウ　宅地の売買に関する広告をインターネットで行った場合において、当該宅地の売買契約成立後に継続して広告を掲載していたとしても、最初の広告掲載時点で当該宅地に関する売買契約が成立していなければ、法第32条に規定する誇大広告等の禁止に違反することはない。

エ　新築分譲住宅としての販売を予定している建築確認申請中の物件については、建築確認申請中である旨を表示をすれば、広告をすることができる。

(1)　一つ
(2)　二つ
(3)　三つ
(4)　四つ

ダメなものはダメ。

講義

ア 誤。「自ら貸借（**自ら転貸**）」は「取引」に当たらない。だから、広告をする際にその旨を明示しなくてもOK（取引態様の明示義務に違反しない）。　274頁(1)、328頁(1)

イ 正。建物の場合は、**建築確認**を実際に得た**後**でないと広告できない。だから、建築確認申請中は広告できない（「建築確認申請中」＝「まだ、建築確認を得ていない」ということだから）。　330頁(1)、331頁(3)

ウ 誤。広告をインターネットで行った場合において、物件の売買契約**成立後**に継続して**広告**を掲載していたら、アウトだ（誇大広告等の禁止に違反する）。　327頁6.、注意!

エ 誤。建物の場合は、建築確認を実際に得た後でないと広告できない。だから、「建築確認**申請中**」と注記しても、広告できない。　331頁(3)

以上により、正しいものはイだけなので、正解は肢(1)となる。

正　解　(1)

Point!

建築確認・開発許可等の前でも	売買 (自ら・代理・媒介)	交換 (自ら・代理・媒介)	貸借 (代理・媒介)
「**広告**」ができるか？	×	×	×
「**契約**」ができるか？	×	×	○

↑
ここだけ○になるのがポイントだ！

広告その他　　　　　　　　　　　　［平25-32］

　次の記述のうち、宅地建物取引業法の規定に違反しないものの組合せとして、正しいものはどれか。なお、この問において「建築確認」とは、建築基準法第6条第1項の確認をいうものとする。

ア　宅地建物取引業者A社は、建築確認の済んでいない建築工事完了前の賃貸住宅の貸主Bから当該住宅の貸借の媒介を依頼され、取引態様を媒介と明示して募集広告を行った。

イ　宅地建物取引業者C社は、建築確認の済んでいない建築工事完了前の賃貸住宅の貸主Dから当該住宅の貸借の代理を依頼され、代理人として借主Eとの間で当該住宅の賃貸借契約を締結した。

ウ　宅地建物取引業者F社は、建築確認の済んだ建築工事完了前の建売住宅の売主G社（宅地建物取引業者）との間で当該住宅の売却の専任媒介契約を締結し、媒介業務を行った。

エ　宅地建物取引業者H社は、建築確認の済んでいない建築工事完了前の建売住宅の売主I社（宅地建物取引業者）から当該住宅の売却の媒介を依頼され、取引態様を媒介と明示して当該住宅の販売広告を行った。

(1)　ア、イ
(2)　イ、ウ
(3)　ウ、エ
(4)　イ、ウ、エ

　貸借「契約」の代理・媒介だけは、大目に見られている。

講義

ア **違反する**。未完成の建物の場合は、建築確認を得る**前**は、広告をすることはできない。

イ **違反しない**。建築確認を得ていない未完成の建物であっても、**貸借**「**契約**」の**代理**・媒介だけは大目に見られている（建築確認を得ていなくても、貸借「契約」の代理・媒介はして OK）。

ウ **違反しない**。未完成の建物であっても、建築確認を得た**後**であれば、契約ができる。

エ **違反する**。未完成の建物の場合は、建築確認を得る**前**は、広告をすることはできない。

以上全体につき、📖 330 頁 表

以上により、違反しないものはイとウなので、正解は肢(2)となる。

正 解 (2)

建築確認・開発許可等の前でも	売買 (自ら・代理・媒介)	交換 (自ら・代理・媒介)	貸借 (代理・媒介)
「**広告**」ができるか？	×	×	×
「**契約**」ができるか？	×	×	○

↑
ここだけ○になるのがポイントだ！

広告その他 [平27-37]

次の記述のうち、宅地建物取引業法の規定によれば、正しいものはどれか。なお、この問において「建築確認」とは、建築基準法第6条第1項の確認をいうものとする。

(1) 宅地建物取引業者は、建築確認が必要とされる建物の建築に関する工事の完了前においては、建築確認を受けた後でなければ、当該建物の貸借の媒介をしてはならない。

(2) 宅地建物取引業者は、建築確認が必要とされる建物の建築に関する工事の完了前において、建築確認の申請中である場合は、その旨を表示すれば、自ら売主として当該建物を販売する旨の広告をすることができる。

(3) 宅地建物取引業者は、建築確認が必要とされる建物の建築に関する工事の完了前においては、建築確認を受けた後でなければ、当該建物の貸借の代理を行う旨の広告をしてはならない。

(4) 宅地建物取引業者は、建築確認が必要とされる建物の建築に関する工事の完了前において、建築確認の申請中である場合は、建築確認を受けることを停止条件とする特約を付ければ、自ら売主として当該建物の売買契約を締結することができる。

これも大目に見て欲しいが……。

講義

(1) **誤**。建築確認を得ていない未完成物件は原則として、広告・契約してはいけないことになっている。しかし、貸借「**契約**」の代理・媒介だけは、大目に見られていて、建築確認を得ていなくても**できる**。 330頁 表

(2) **誤**。建築確認を実際に得た後でないと、広告できない。だから、「建築確認**申請中**」と注記しても、広告できない。 331頁(3)

(3) **正**。大目に見られているのは、貸借「**契約**」の代理・媒介だけだ。貸借の代理・媒介でも、「**広告**」については、建築確認を得た後でないと、**できない**。 330頁 表

(4) **誤**。建築確認を実際に得た後でないと、売買契約できない。だから、「建築確認を受けることを**停止条件**」とする特約を付けても、売買契約できない。 331頁(3)

正解 (3)

ダメなものはダメ
1 「建築確認**申請中**」と注記しても ➡ ダメ（肢(2)）
2 「建築確認を受けることを**停止条件**」とする特約を付けても ➡ ダメ（肢(4)）

広告その他 [令1-30]

宅地建物取引業者が行う広告に関する次の記述のうち、宅地建物取引業法の規定に違反するものはいくつあるか。

ア 建築基準法第6条第1項に基づき必要とされる確認を受ける前において、建築工事着手前の賃貸住宅の貸主から当該住宅の貸借の媒介を依頼され、取引態様を媒介と明示して募集広告を行った。

イ 一団の宅地の売買について、数回に分けて広告する際に、最初に行った広告以外には取引態様の別を明示しなかった。

ウ 建物の貸借の媒介において、依頼者の依頼によらない通常の広告を行い、国土交通大臣の定める報酬限度額の媒介報酬のほか、当該広告の料金に相当する額を受領した。

エ 建築工事着手前の分譲住宅の販売において、建築基準法第6条第1項に基づき必要とされる確認を受ける前に、取引態様を売主と明示して当該住宅の広告を行った。

(1) 一つ
(2) 二つ
(3) 三つ
(4) 四つ

 最初の広告を見ていない人はドーなる！？

講義

ア　違反する。建築確認を受ける前は、広告をしてはいけない。もちろん、取引態様を明示してもダメだ。　　330頁(1)

イ　違反する。業者は、取引態様を「広告をするときに」明示しなければならない。そして、本肢のように数回に分けて広告をする場合は、すべての広告において取引態様を明示しなければならない（例えば、3回に分けて広告をする場合は、1回目の広告をするときも2回目の広告をするときも3回目の広告をするときも取引態様を明示しなければならない）。
　　328頁 表Ⓐ

ウ　違反する。依頼者から頼まれてやった広告なら、広告の料金に相当する額を、報酬とは別に受け取ることができる。しかし、本肢の場合は、頼まれてやった広告ではないので、受け取ることはできない。
　　349頁(1)①

エ　違反する。建築確認を受ける前は、広告をしてはいけない。もちろん、取引態様を明示してもダメだ。　　330頁(1)

以上により、違反するものはアとイとウとエなので（全部が違反するので）、正解は肢(4)となる。

正解　(4)

数回に分けて広告をする場合は、
➡ すべての広告において取引態様を明示しなければならない（肢イ）。

媒介契約 　　　　　　　　　　　　　　[平22-33]

　宅地建物取引業者Ａが、Ｂから自己所有の宅地の売買の媒介を依頼された場合における当該媒介に係る契約に関する次の記述のうち、宅地建物取引業法（以下この問において「法」という。）の規定によれば、正しいものはどれか。

(1)　Ａは、Ｂとの間で専任媒介契約を締結したときは、宅地建物取引士に法第34条の２第１項の規定に基づき交付すべき書面の記載内容を確認させた上で、当該宅地建物取引士をして記名押印させなければならない。

(2)　Ａは、Ｂとの間で有効期間を２月とする専任媒介契約を締結した場合、Ｂの申出により契約を更新するときは、更新する媒介契約の有効期間は当初の有効期間を超えてはならない。

(3)　Ａは、Ｂとの間で一般媒介契約（専任媒介契約でない媒介契約）を締結する際、Ｂから媒介契約の有効期間を６月とする旨の申出があったとしても、当該媒介契約において３月を超える有効期間を定めてはならない。

(4)　Ａは、Ｂとの間で締結した媒介契約が一般媒介契約であるか、専任媒介契約であるかにかかわらず、宅地を売買すべき価額をＢに口頭で述べたとしても、法第34条の２第１項の規定に基づき交付すべき書面に当該価額を記載しなければならない。

　売買価額は記載事項。

講義

(1) 誤。媒介契約書には、宅地建物取引士の記名押印は不要だ。必要なのは**業者**の記名押印だ。　　336頁 ポイント②

(2) 誤。専任媒介契約の有効期間は**3カ月**が限度だ（更新する場合も3カ月が限度）。だから、更新する媒介契約の有効期間が3カ月以内であれば、当初の有効期間を超えてもOKだ。　　333頁 表③②

(3) 誤。一般媒介契約の有効期間は、**無制限**だ。だから、一般媒介契約の有効期間を6カ月と定めてもOKだ。　　333頁 表③①

(4) 正。**売買価額**は、媒介契約書の記載事項だ。だから、AがBに口頭で売買価額を述べた場合でも、売買価額を媒介契約書に記載しなければならない。　　337頁 ①②

正　解　(4)

媒介契約の有効期間（更新の場合も同様）
① 一般媒介契約 ➡ 無制限（肢(3)）
② 専任媒介契約 ➡ **3カ月**以内（肢(2)）
③ 専属専任媒介契約 ➡ **3カ月**以内

媒介契約 [平23-31]

宅地建物取引業者A社が、Bから自己所有の宅地の売買の媒介を依頼された場合における次の記述のうち、宅地建物取引業法の規定によれば、正しいものはどれか。

(1) A社は、Bとの間で締結した媒介契約が専任媒介契約であるか否かにかかわらず、所定の事項を指定流通機構に登録しなければならない。

(2) A社は、Bとの間で専任媒介契約を締結したときは、Bからの申出があれば、所定の事項を指定流通機構に登録しない旨の特約を定めることができる。

(3) A社は、Bとの間で専任媒介契約を締結し、所定の事項を指定流通機構に登録したときは、その登録を証する書面を遅滞なくBに引き渡さなければならない。

(4) A社は、Bとの間で専任媒介契約を締結した場合、当該宅地の売買契約が成立したとしても、その旨を指定流通機構に通知する必要はない。

 依頼者に引き渡す必要あり。

講義

(1) 誤。指定流通機構に登録しなければならないのは、**専任媒介契約**と**専属専任媒介契約**だ。一般媒介契約の場合は、指定流通機構に登録しなくてOKだ。
　　　　　　　　　　　　　　　　　　　　　　　　　　　333頁 ⑤

(2) 誤。専任媒介契約と専属専任媒介契約の場合は、指定流通機構に登録しなければならない。登録しない旨の特約を定めても、その特約は**無効**だ。
　　　　　　　　　　　　　　　　　　　　　　　　　　　333頁 ⑤

(3) 正。A社が登録すると指定流通機構が登録を証する書面を発行してくれる。A社はこの**登録を証する書面を遅滞なく**Bに引き渡さなければならない。
　　　　　　　　　　　　　　　　　　334頁 よく出るポイント②

(4) 誤。Bの宅地がめでたく売れた暁には、A社は「どれが・いくらで・いつ」(①登録番号、②取引価格、③売買契約成立年月日)を**遅滞**なく指定流通機構に**通知**しなければならない。
　　　　　　　　　　　　　　　　　　335頁 よく出るポイント③

正解 (3)

① 業者が登録すると、指定流通機構が、登録を証する書面を発行してくれる。業者は、この**登録を証する書面を遅滞なく依頼者に引き渡さなけ**ればならない（肢(3)）。

② 依頼者の宅地建物がめでたく売れた暁には、業者は、「どれが・いくらで・いつ」(①登録番号、②取引価格、③売買契約成立年月日)を**遅滞**なく指定流通機構に**通知**しなければならない（肢(4)）。

媒介契約

[平21-32]

宅地建物取引業者Aが、B所有の甲宅地の売却の媒介を依頼され、Bと専任媒介契約を締結した場合に関する次の記述のうち、宅地建物取引業法の規定によれば、正しいものはどれか。

(1) Aは、甲宅地の所在、規模、形質、売買すべき価額のほかに、甲宅地の上に存する登記された権利の種類及び内容を指定流通機構に登録しなければならない。

(2) AがBに対して、甲宅地に関する所定の事項を指定流通機構に登録したことを証する書面を引き渡さなかったときは、Aはそのことを理由として指示処分を受けることがある。

(3) AがBに対して、当該専任媒介契約に係る業務の処理状況を14日（ただし、Aの休業日は含まない。）に1回報告するという特約は有効である。

(4) Aは、指定流通機構に登録した甲宅地について売買契約が成立し、かつ、甲宅地の引渡しが完了したときは、遅滞なく、その旨を当該指定流通機構に通知しなければならない。

 宅建業法違反だから……。

講義

(1) 誤。登記された権利の種類及び内容は、指定流通機構への登録事項ではない。ちなみに、登記された権利の種類及び内容は重要事項説明書の記載事項だ。　334頁(4)よくでるポイント①

(2) 正。Aが登録をすると、指定流通機構が登録を証する書面を発行してくれる。Aはこの登録を証する書面を遅滞なくBに引き渡さなければならない。そして、引き渡さなかったら、宅建業法違反となるので、Aはそのことを理由として指示処分を受けることがある。
　334頁(4)よく出るポイント②、385頁(1)①

(3) 誤。専任媒介契約の場合、2週間（14日）に1回以上の割合で、業務処理状況を報告しなければならない。本肢の特約は、例えば、Aの休みが2日あったら「14日＋2日（Aの休み）＝16日」に1回の報告をすればOK、ということになってしまうので、無効となる。
　333頁 ④ 2

(4) 誤。Bの甲宅地がめでたく売れた暁には、Aは遅滞なく指定流通機構に通知しなければならない。たとえ、引渡しが完了していなかったとしても、売れたら（売買契約が成立したら）、遅滞なく指定流通機構に通知しなければならないので、本肢は×だ。　335頁 よく出るポイント③

正解 (2)

業者に対する指示処分は次の場合等にできる。
① **宅建業法違反**（肢(2)）
② 業務に関し宅建業法以外の法令に違反し、業者として不適当な場合
③ 宅地建物取引士が監督処分を受けたが、その原因が業者にある場合

媒介契約　　　　　　　　　　　　　　　[平19-39]

　宅地建物取引業者Aは、BからB所有の宅地の売却について媒介の依頼を受けた。この場合における次の記述のうち、宅地建物取引業法（以下この問において「法」という。）の規定によれば、誤っているものはどれか。

(1)　Aは、Bとの間に媒介契約を締結したときは、当該契約が国土交通大臣が定める標準媒介契約約款に基づくものであるか否かの別を、法第34条の2第1項の規定に基づき交付すべき書面に記載しなければならない。

(2)　Aは、Bとの間で媒介契約を締結し、Bに対して当該宅地を売却すべき価額又はその評価額について意見を述べるときは、その根拠を明らかにしなければならない。

(3)　Aは、Bとの間に専属専任媒介契約を締結したときは、当該契約の締結の日から5日以内（休業日を除く。）に、所定の事項を当該宅地の所在地を含む地域を対象として登録業務を現に行っている指定流通機構に登録しなければならない。

(4)　Aは、Bとの間で有効期間を2か月とする専任媒介契約を締結する際、「Bが媒介契約を更新する旨を申し出ない場合は、有効期間満了により自動更新するものとする」旨の特約を定めることができる。

　依頼者からの申し出が不可欠である。

講義

(1) 正。書式を統一するために、国土交通大臣が定めた標準媒介契約約款というヒナ型があるが、媒介契約がそれ（国土交通大臣が定めた標準媒介契約約款）に**基づく契約かどうか**を媒介契約書に記載しなければならないことになっている。　　337頁 **2** ⑤

(2) 正。売却価額について、業者が意見を述べるときは、必ずその**根拠**を示さなければならない。意見だけを述べることは違法になる。
338頁 ポイント①

(3) 正。業者は、専属専任媒介契約を締結したときは、媒介契約締結の日から**5日**（休業日数は算入しない）以内に指定流通機構に登録しなければならない。　　333頁 ⑤ **3**

(4) 誤。専任媒介契約の場合、有効期間は3か月が限度となっているが、契約を更新することもできる。ただし、更新には、**依頼者からの申し出が不可欠**であり、依頼者からの申し出がなくても有効期間満了により自動的に更新する、という特約は**無効**になる。　　334頁 (3)

　　　　　　　　　　　　　　　　　　　　　　正 解 (4)

第3編　業務上の規制と媒介契約／報酬額の制限

自動更新の特約は有効か？
① 一般媒介契約　　➡ 有効
② 専任媒介契約　　➡ **無効**（肢(4)）
③ 専属専任媒介契約 ➡ **無効**

媒介契約　　　　　　　　　　　　　　　　[平28-27]

　宅地建物取引業者Ａが、ＢからＢ所有の宅地の売却に係る媒介を依頼された場合における次の記述のうち、宅地建物取引業法（以下この問において「法」という。）の規定によれば、正しいものはどれか。なお、この問において一般媒介契約とは、専任媒介契約でない媒介契約をいう。

⑴　ＡがＢと一般媒介契約を締結した場合、当該一般媒介契約が国土交通大臣が定める標準媒介契約約款に基づくものであるか否かの別を、法第34条の２第１項に規定する書面に記載する必要はない。

⑵　ＡがＢと専任媒介契約を締結した場合、当該宅地の売買契約が成立しても、当該宅地の引渡しが完了していなければ、売買契約が成立した旨を指定流通機構に通知する必要はない。

⑶　ＡがＢと一般媒介契約を締結した場合、当該宅地の売買の媒介を担当するＡの宅地建物取引士は、法第34条の２第１項に規定する書面に記名押印する必要はない。

⑷　Ａは、Ｂとの間で締結した媒介契約が一般媒介契約であるか、専任媒介契約であるかを問わず、法第34条の２第１項に規定する書面に売買すべき価額を記載する必要はない。

重要事項説明書と37条書面には必要だが……。

講義

(1) **誤**。書式を統一するために、国土交通大臣が定めた標準媒介契約約款というヒナ型がある。そして、第34条の2の第1項に規定する書面（媒介契約書のこと）には、締結した媒介契約が、標準媒介契約約款に**基づく契約かどうか**を記載しなければならない。　📖 337頁 **2** 5

(2) **誤**。Bの宅地がめでたく**売れた**暁には、Aは「どれが・いくらで・いつ」（①登録**番号**、②取引**価格**、③売買契約成立**年月日**）を遅滞なく指定流通機構に通知しなければならない。引渡しは関係ない。売れたら通知しなければならないので、本肢は×だ。　📖 335頁 よく出るポイント③

(3) **正**。媒介契約書には、**業者が**記名押印しなければならない。必要なのは業者の記名押印であって、取引士の記名押印ではないので、本肢は○だ。　📖 336頁 ポイント②

(4) **誤**。媒介契約書には、**売買価額**を記載しなければならない（一般媒介契約の場合も、専任媒介契約の場合も、専属専任媒介契約の場合も記載が必要だ）。　📖 337頁 上の②

正解 (3)

媒介契約書には ➡ **業者が**記名押印しなければならない。
注意！　取引士の記名押印は不要。必要なのは業者の記名押印（肢(3)）。

媒介契約　　　　　　　　　　　　　　　　　　[平24-29]

　宅地建物取引業者Ａ社が、宅地建物取引業者でないＢから自己所有の土地付建物の売却の媒介を依頼された場合における次の記述のうち、宅地建物取引業法（以下この問において「法」という。）の規定によれば、誤っているものはどれか。

(1)　Ａ社がＢと専任媒介契約を締結した場合、当該土地付建物の売買契約が成立したときは、Ａ社は、遅滞なく、登録番号、取引価格及び売買契約の成立した年月日を指定流通機構に通知しなければならない。

(2)　Ａ社がＢと専属専任媒介契約を締結した場合、Ａ社は、Ｂに当該媒介業務の処理状況の報告を電子メールで行うことはできない。

(3)　Ａ社が宅地建物取引業者Ｃ社から当該土地付建物の購入の媒介を依頼され、Ｃ社との間で一般媒介契約（専任媒介契約でない媒介契約）を締結した場合、Ａ社は、Ｃ社に法第34条の２の規定に基づく書面を交付しなければならない。

(4)　Ａ社がＢと一般媒介契約（専任媒介契約でない媒介契約）を締結した場合、Ａ社がＢに対し当該土地付建物の価額又は評価額について意見を述べるときは、その根拠を明らかにしなければならない。

報告なのだから……。

講義

(1) **正**。登録した物件が売れた暁には、業者は、「どれが・いくらで・いつ」（①登録番号、②取引価格、③売買契約成立年月日）を遅滞なく指定流通機構に通知しなければならない。　　　　📖 335頁 よく出るポイント ③

(2) **誤**。業務の処理状況は書面でする必要はない。電子メールでもOKだ。
　　　　📖 333頁 ④

(3) **正**。依頼者が業者の場合にも、媒介契約書を交付しなければならない（業者間でも、省略できない）。　　　　📖 336頁 ポイント ④

(4) **正**。売買価額について、業者が意見を述べるときは、必ずその根拠を示さなければならない。　　　　📖 338頁 ポイント ①

（**正　解**）(2)

業務処理状況の**報告義務**は？
① 一般媒介契約　　➡ なし
② 専任媒介契約　　➡ 2週間に1回以上
③ 専属専任媒介契約　➡ 1週間に1回以上
注意！　業務の処理状況は書面でする必要はない。電子メールでもOKだ（肢(2)）。

媒介契約　　　　　　　　　　　　［平25-28］

宅地建物取引業者A社が、Bから自己所有の甲宅地の売却の媒介を依頼され、Bと媒介契約を締結した場合における次の記述のうち、宅地建物取引業法の規定によれば、正しいものはいくつあるか。

ア　A社が、Bとの間に専任媒介契約を締結し、甲宅地の売買契約を成立させたときは、A社は、遅滞なく、登録番号、取引価格、売買契約の成立した年月日、売主及び買主の氏名を指定流通機構に通知しなければならない。

イ　A社は、Bとの間に媒介契約を締結し、Bに対して甲宅地を売買すべき価額又はその評価額について意見を述べるときは、その根拠を明らかにしなければならない。

ウ　A社がBとの間に締結した専任媒介契約の有効期間は、Bからの申出により更新することができるが、更新の時から3月を超えることができない。

(1)　一つ
(2)　二つ
(3)　三つ
(4)　なし

通知事項は全部で3つ。

講義

ア　誤。Bの甲宅地がめでたく売れた暁には、A社は、「どれが・いくらで・いつ」（①登録番号、②取引価格、③売買契約成立年月日）を遅滞なく指定流通機構に通知しなければならない。しかし、売主と買主の氏名は通知する必要がないので、本肢は×だ。　　　　　335頁 よく出るポイント ③

イ　正。売買価額または評価額について、業者が意見を述べるときは、必ずその根拠を示さなければならない。　　　　　　　338頁 ポイント ①

ウ　正。専任媒介契約と専属専任媒介契約では、有効期間は **3カ月** が限度となっている。そして、依頼者からの申出があれば、契約を更新することができるが、更新後の有効期間も、同じく **3カ月** が限度だ。
　　　　　　　　　　　　　　　　　　　　　　　　333頁 ③ **2**、334頁 (3)

以上により、正しいものはイとウなので、正解は肢(2)となる。

正　解　(2)

Point!

契約が成立したときに、業者が遅滞なく指定流通機構に通知しなければならないこと（肢ア）

① 登録番号
② 取引価格
③ 売買契約成立年月日

注意！　売主と買主の氏名は通知事項ではない。

媒介契約　　　　　　　　　　　　[平30-33]

宅地建物取引業者Ａは、Ｂから、Ｂが所有し居住している甲住宅の売却について媒介の依頼を受けた。この場合における次の記述のうち、宅地建物取引業法（以下この問において「法」という。）の規定によれば、正しいものはどれか。

(1) Ａが甲住宅について、法第34条の２第１項第４号に規定する建物状況調査の制度概要を紹介し、Ｂが同調査を実施する者のあっせんを希望しなかった場合、Ａは、同項の規定に基づき交付すべき書面に同調査を実施する者のあっせんに関する事項を記載する必要はない。

(2) Ａは、Ｂとの間で専属専任媒介契約を締結した場合、当該媒介契約締結日から７日以内（休業日を含まない。）に、指定流通機構に甲住宅の所在等を登録しなければならない。

(3) Ａは、甲住宅の評価額についての根拠を明らかにするため周辺の取引事例の調査をした場合、当該調査の実施についてＢの承諾を得ていなくても、同調査に要した費用をＢに請求することができる。

(4) ＡとＢの間で専任媒介契約を締結した場合、Ａは、法第34条の２第１項の規定に基づき交付すべき書面に、ＢがＡ以外の宅地建物取引業者の媒介又は代理によって売買又は交換の契約を成立させたときの措置について記載しなければならない。

「違反したらどーなるか？」は記載事項。

講義

(1) **誤**。中古（既存）の建物であるときは、依頼者に対する建物状況調査を実施する者の**あっせん**に関する事項を媒介契約書面に記載しなければならない。もちろん、Bがあっせんを希望しなかった場合でも、記載は必要だ。この場合は、あっせん無し（あっせんを行わない）と記載することになる。　337頁 ① 注意!

(2) **誤**。業者は、専属専任媒介契約を締結した場合、媒介契約締結の日から**5日**（休業日数は算入しない）以内に、一定の事項（物件の所在等）を、指定流通機構に登録しなければならない。　333頁 ⑤ ③

(3) **誤**。依頼者から特別に頼まれてやった支出を要する特別の費用で、事前に依頼者の**承諾**があるものについては、請求できる。AはBの承諾を得ていないのだから、請求できない。　349頁(1)

(4) **正**。媒介契約**違反**の場合の措置は、媒介契約書の記載事項だ（専任媒介契約なのに、依頼者が他の業者に二股をかけ売買契約を成立させたら、違約金を支払わなければならない、などということを書く）。
　337頁 ② ④

正 解 (4)

Point!

　業者は、価額または評価額について意見を述べるときは、その**根拠**を明らかにしなければならない。

注意！　根拠を明らかにするために行った調査費用を請求することはできない（ただし、特別に頼まれてやった費用で、事前に承諾があるものなら請求することができる）（肢(3)）。

媒介契約 [平27-30]

宅地建物取引業者Aは、Bが所有する宅地の売却を依頼され、専任媒介契約を締結した。この場合における次の記述のうち、宅地建物取引業法の規定に違反するものはいくつあるか。

ア　Aは、Bが宅地建物取引業者であったので、宅地建物取引業法第34条の２第１項に規定する書面を作成しなかった。

イ　Aは、Bの要望により、指定流通機構に当該宅地を登録しない旨の特約をし、指定流通機構に登録しなかった。

ウ　Aは、短期間で売買契約を成立させることができると判断したので指定流通機構に登録せず、専任媒介契約締結の日の９日後に当該売買契約を成立させた。

エ　Aは、当該契約に係る業務の処理状況の報告日を毎週金曜日とする旨の特約をした。

(1)　一つ
(2)　二つ
(3)　三つ
(4)　四つ

　ダメなものはダメ。

講義

ア　**違反する。** 依頼者が業者の場合にも、媒介契約書を交付しなければならない（**業者間でも、省略できない**）。　　336頁 ポイント④

イ　**違反する。** 専任媒介契約の場合、契約締結の日から**7日**（休業日は算入しない）以内に**登録しなければならない**（依頼者から頼まれても、この登録義務を免れることはできない）。だから、登録をしなかったら、業法違反となる。　　333頁 ⑤ ❷

ウ　**違反する。** 専任媒介契約の場合、契約締結の日から**7日**（休業日は算入しない）以内に**登録しなければならない**（短期間で売買契約を成立させることができると判断した場合でも、この登録義務を免れることはできない）。だから、登録をしなかったら、業法違反となる。　　333頁 ⑤ ❷

エ　**違反しない。** 専任媒介契約の場合、**2週間**に1回以上、業務の処理状況を報告しなければならない。「毎週金曜日に報告する」ということは、「2週間に1回以上」報告することになるので、もちろんOKだ。　　333頁 ④ ❷

以上により、違反するものはアとイとウなので、正解は肢(3)となる。

正　解　(3)

指定流通機構への登録義務
　① 一般媒介契約 ➡ なし
　② 専任媒介契約 ➡ 契約締結の日から**7日**（休業日は算入しない）以内に登録しなければならない。注意！
　③ 専属専任媒介契約 ➡ 契約締結の日から**5日**（休業日は算入しない）以内に登録しなければならない。注意！
　注意！ 依頼者から頼まれても、この登録義務を免れることはできない（肢イ）。また、短期間で売買契約を成立させることができると判断した場合でも、この登録義務を免れることはできない（肢ウ）。

□□□□□

媒介契約　　　　　　　　　　　　　　[令1-31]

　宅地建物取引業者Aが、BからB所有の既存のマンションの売却に係る媒介を依頼され、Bと専任媒介契約（専属専任媒介契約ではないものとする。）を締結した。この場合における次の記述のうち、宅地建物取引業法の規定によれば、正しいものはいくつあるか。

ア　Aは、専任媒介契約の締結の日から7日以内に所定の事項を指定流通機構に登録しなければならないが、その期間の計算については、休業日数を算入しなければならない。

イ　AがBとの間で有効期間を6月とする専任媒介契約を締結した場合、その媒介契約は無効となる。

ウ　Bが宅地建物取引業者である場合、Aは、当該専任媒介契約に係る業務の処理状況の報告をする必要はない。

エ　AがBに対して建物状況調査を実施する者のあっせんを行う場合、建物状況調査を実施する者は建築士法第2条第1項に規定する建築士であって国土交通大臣が定める講習を修了した者でなければならない。

(1)　一つ
(2)　二つ
(3)　三つ
(4)　四つ

　専門家で講習を修了した者が実施する。

講 義

ア　誤。専任媒介契約の場合、業者は媒介契約締結の日から7日（休業日数は算入**しない**）以内に指定流通機構に登録しなければならない。期間の計算については、休業日数を算入**しない**ことになっている。本肢は「休業日数を算入しなければならない」となっているから×だ。

333頁 ⑤ ②

イ　誤。専任媒介契約の有効期間は3カ月を超えることができない。3カ月を超える期間を約定しても**3カ月**に**短縮**される。だから、期間を6カ月とする専任媒介契約を締結した場合、期間が3カ月の専任媒介契約となる。媒介契約自体は無効にならない。

333頁 ③ ②

ウ　誤。専任媒介契約の場合、業者は**2週間**に1回以上、業務の処理状況を報告しなければならない。依頼者が業者であっても、もちろん、この報告は必要だ。

333頁 ④ ②

エ　正。建物状況調査を実施する者は建築士であって、**国土交通大臣**が定める講習を修了した者でなければならない。

　以上により、正しいものはエだけなので、正解は肢(1)となる。

正　解　(1)

建物状況調査を実施する者は、
➡　① 建築士であって、かつ、② **国土交通大臣**が定める講習を修了した者でなければならない（肢エ）。

媒介契約 [平29-43]

　宅地建物取引業者Aが、BからB所有の中古マンションの売却の依頼を受け、Bと専任媒介契約（専属専任媒介契約ではない媒介契約）を締結した場合に関する次の記述のうち、宅地建物取引業法（以下この問において「法」という。）の規定によれば、正しいものはいくつあるか。

ア　Aは、2週間に1回以上当該専任媒介契約に係る業務の処理状況をBに報告しなければならないが、これに加え、当該中古マンションについて購入の申込みがあったときは、遅滞なく、その旨をBに報告しなければならない。

イ　当該専任媒介契約の有効期間は、3月を超えることができず、また、依頼者の更新しない旨の申出がなければ自動更新とする旨の特約も認められない。ただし、Bが宅地建物取引業者である場合は、AとBの合意により、自動更新とすることができる。

ウ　Aは、当該専任媒介契約の締結の日から7日（ただし、Aの休業日は含まない。）以内に所定の事項を指定流通機構に登録しなければならず、また、法第50条の6に規定する登録を証する書面を遅滞なくBに提示しなければならない。

エ　当該専任媒介契約に係る通常の広告費用はAの負担であるが、指定流通機構への情報登録及びBがAに特別に依頼した広告に係る費用については、成約したか否かにかかわらず、国土交通大臣の定める報酬の限度額を超えてその費用をBに請求することができる。

(1)　一つ
(2)　二つ
(3)　三つ
(4)　四つ

 引渡しが必要。

講義

ア　**正**。専任媒介契約の場合、業者は、**2週間**に1回以上、業務の処理状況を報告しなければならない。だから、前半部分は○。また、媒介契約を締結した業者は、その媒介契約の目的物である宅地建物の売買・交換の**申込み**があったときは、遅滞なく、その旨を依頼者に報告しなければならない。だから、後半部分も○。　　　　　　　　　　　　　　　　　　　　※ 333頁④**2**、335頁(6)

イ　**誤**。専任媒介契約と専属専任媒介契約では、長期間依頼者を束縛しては気の毒だということで、有効期間は3カ月が限度となっているが、契約を更新することもできる。ただし、更新には**依頼者からの申出が不可欠**だ。だから、自動更新とする特約は**無効**だ（業者間取引であっても、自動更新とする特約は無効）。
　　　　　　　　　　　　　　　　　　　　　　　　　　　　※ 334頁(3)

ウ　**誤**。専任媒介契約の場合、業者は、契約締結の日から**7日**（休業日数は算入しない）以内に登録しなければならない。だから、前半部分は○。また、業者が登録すると指定流通機構が登録を証する書面（法第50条の6に規定する登録を証する書面）を発行してくれる。業者は、この登録を証する書面を遅滞なく依頼者に**引き渡さなければならない**。「提示」ではダメなので、後半部分が×。　　　　　　　　　　　　　※ 333頁⑤**2**、334頁よく出るポイント②

エ　**誤**。依頼者から**頼まれて**やった広告の料金や依頼者から特別に頼まれてやった支出を要する特別の費用で、事前に依頼者の承諾があるもの（例現地調査等の費用）については、その実費を報酬とは別に請求できるが、指定流通機構への登録費用については請求できない。　　　　　　　　　　※ 349頁(1)

以上により、正しいものはアだけなので、正解は肢(1)となる。

　　　　　　　　　　　　　　　　　　　　　　　　　　　　[正　解]　(1)

👤 専任媒介契約と専属専任媒介契約

	専任媒介契約	専属専任媒介契約
有効期間	**3カ月**以内（肢イ）	**3カ月**以内
報告義務	**2週間**に1回以上（肢ア）	**1週間**に1回以上
登録義務	**7日**（休業日数は算入しない）以内（肢ウ）	**5日**（休業日数は算入しない）以内

媒介契約 [平26-32]

　宅地建物取引業者Aは、BからB所有の宅地の売却について媒介の依頼を受けた。この場合における次の記述のうち、宅地建物取引業法（以下この問において「法」という。）の規定によれば、誤っているものはいくつあるか。

ア　AがBとの間で専任媒介契約を締結し、Bから「売却を秘密にしておきたいので指定流通機構への登録をしないでほしい」旨の申出があった場合、Aは、そのことを理由に登録をしなかったとしても法に違反しない。

イ　AがBとの間で媒介契約を締結した場合、Aは、Bに対して遅滞なく法第34条の2第1項の規定に基づく書面を交付しなければならないが、Bが宅地建物取引業者であるときは、当該書面の交付を省略することができる。

ウ　AがBとの間で有効期間を3月とする専任媒介契約を締結した場合、期間満了前にBから当該契約の更新をしない旨の申出がない限り、当該期間は自動的に更新される。

エ　AがBとの間で一般媒介契約（専任媒介契約でない媒介契約）を締結し、当該媒介契約において、重ねて依頼する他の宅地建物取引業者を明示する義務がある場合、Aは、Bが明示していない他の宅地建物取引業者の媒介又は代理によって売買の契約を成立させたときの措置を法第34条の2第1項の規定に基づく書面に記載しなければならない。

(1)　一つ　(2)　二つ　(3)　三つ　(4)　四つ

　約束違反したら……。

講義

ア 誤。専任媒介契約の場合、業者は、指定流通機構に**登録する義務**がある。本肢のように、依頼者から「登録しないでほしい」と頼まれたとしても、登録を省略することはできない。　　　　　　　　333頁 表5 2

イ 誤。依頼者が業者の場合にも、媒介契約書を交付しなければならない（**業者間でも、省略できない**）。　　　　　　　　336頁 ポイント4

ウ 誤。専任媒介契約では、長期間依頼者のBを束縛しては気の毒だということで、有効期間は3カ月が限度となっているが、契約を更新することもできる。ただし、更新には、**依頼者Bからの申し出が不可欠**だ。だから、自動的に更新される、とある本肢は×だ。　　　　　　　　334頁 (3)

エ 正。一般媒介契約では、売主Bは、A以外の業者にも媒介を依頼できる。その場合、BがAに、「○にも依頼したよ」と明示しなければならないことにすることもできるし（**明示義務あり型**）、黙秘することもできる（明示義務なし型）。そして、明示義務あり型の場合、媒介契約書に、明示していない業者によって**契約を成立させたときの措置**を記載しなければならない。　　　　　　　　333頁 (1)、337頁 2 4

以上により、誤っているものはアとイとウなので、正解は肢(3)となる。

正　解　(3)

Point!

一般媒介契約には、
1. **明示義務あり型**と
2. 明示義務なし型がある。

➡ そして、1の明示義務あり型の媒介契約書には、明示していない業者によって**契約を成立させたときの措置**を記載しなければならない（「依頼者Bが、明示していない業者によって契約を成立させたときは、AはBに費用を請求できる」などということを書く）（肢エ）。

媒介契約　　　　　　　　　　　　　　　　　[平27-28]

　宅地建物取引業者Aが行う業務に関する次の記述のうち、宅地建物取引業法（以下この問において「法」という。）の規定によれば、正しいものはいくつあるか。

ア　Aは、Bが所有する甲宅地の売却に係る媒介の依頼を受け、Bと専任媒介契約を締結した。このとき、Aは、法第34条の2第1項に規定する書面に記名押印し、Bに交付のうえ、宅地建物取引士をしてその内容を説明させなければならない。

イ　Aは、Cが所有する乙アパートの売却に係る媒介の依頼を受け、Cと専任媒介契約を締結した。このとき、Aは、乙アパートの所在、規模、形質、売買すべき価額、依頼者の氏名、都市計画法その他の法令に基づく制限で主要なものを指定流通機構に登録しなければならない。

ウ　Aは、Dが所有する丙宅地の貸借に係る媒介の依頼を受け、Dと専任媒介契約を締結した。このとき、Aは、Dに法第34条の2第1項に規定する書面を交付しなければならない。

(1)　一つ
(2)　二つ
(3)　三つ
(4)　なし

　正しいものを見つけるのは難しい。

講義

ア **誤**。「売買・交換」の媒介契約が成立したら、業者は、媒介契約の内容を法第34条の2第1項に規定する書面（媒介契約書）にして遅滞なく依頼者に渡さなければならない。しかし、媒介契約の内容については、説明する必要がない（宅地建物取引士が説明しなければならないのは、**重要事項**の内容だ）。だから、本肢は誤りだ。　　　　　336頁 ポイント①

イ **誤**。①**所在・規模・形質**、②売買すべき**価額**、③**法令上の制限**で主要なもの、④専属専任媒介契約である場合は、その旨については、指定流通機構に登録しなければならない。しかし、依頼者の氏名については、登録する必要はない。　　　　　334頁 よく出るポイント①

ウ **誤**。**貸借**の媒介・代理の場合は、媒介契約書の交付は不要（貸借は金額も低いことだし、**口約束でOK**、ということ）。　　　　　336頁 ポイント①

以上により、正しいものはないので、正解は肢(4)となる。

正　解　(4)

Point!

指定流通機構の登録事項（肢イ）
① **所在・規模・形質**
② 売買すべき**価額**
③ **法令上の制限**で主要なもの
④ 専属専任媒介契約である場合は、その旨

注意！　依頼者の**氏名住所**は、登録事項ではない（➡ 宅地建物の情報は登録事項だが、依頼者の情報は登録事項ではない、と覚えておこう）。

媒介契約　　　　　　　　　　　　　　　　　[平15-43]

宅地建物取引業者Ａが、Ｂ所有の宅地の売却の媒介の依頼を受け、Ｂと専任媒介契約（以下この問において「媒介契約」という。）を締結した場合に関する次の記述のうち、宅地建物取引業法の規定によれば、正しいものはどれか。

(1) Ａは、媒介により、売買契約を成立させたが、Ｂから媒介報酬を受領するまでは、指定流通機構への当該契約成立の通知をしなくてもよい。

(2) Ｂから指定流通機構には登録しなくてもよい旨の承諾を得ていれば、Ａは当該宅地に関する所定の事項について、指定流通機構に登録しなくてもよい。

(3) Ａは契約の相手方を探索するため、当該宅地に関する所定の事項を媒介契約締結日から7日（休業日を含む。）以内に指定流通機構に登録する必要がある。

(4) 媒介契約の有効期間の満了に際して、ＢからＡに更新の申出があった場合（その後の更新についても同様）、3月を限度として更新することができる。

 長期間Ｂを束縛しては気の毒だ。

講義

(1) **誤**。登録した物件がめでたく売れた暁（あかつき）には、登録をはずしてもらうために、契約成立後**遅滞なく**指定流通機構に①登録**番号**、②取引**価格**、③売買契約成立**年月日**を通知しなければならない。

335頁 よく出るポイント③

(2) **誤**。専任媒介契約と専属専任媒介契約の場合、業者は、指定流通機構に**登録する義務がある**。本肢のように、お客さんが「登録しなくていいですよ」と言ったとしても、登録を省略することはできない。

333頁 表⑤

(3) **誤**。専任媒介契約の場合、業者は、媒介契約成立後7日（**休業日数は算入しない**）以内に指定流通機構に登録しなければならない。本肢は媒介契約成立後7日（休業日を含む）以内となっているから×だ。要するに、業者が休みの日は、その日数分はカウントしないということだ。

333頁 表⑤

(4) **正**。専任媒介契約と専属専任媒介契約の場合、長期間お客さんのBを束縛しては気の毒だということで、有効期間は**3カ月**が限度となっている。この契約はBの申出があれば更新することができるが、更新についても**3カ月**が限度だ。

334頁(3)

正 解 (4)

媒介契約の有効期間（更新の場合も同様）
① 一般媒介契約 ➡ 無制限
② 専任媒介契約 ➡ **3カ月**以内
③ 専属専任媒介契約 ➡ **3カ月**以内

媒介契約 [平20-35]

　宅地建物取引業者Aが、Bから自己所有の宅地の売却の媒介を依頼された場合における当該媒介に係る契約に関する次の記述のうち、宅地建物取引業法の規定によれば、正しいものはいくつあるか。

ア　Aが、Bとの間に一般媒介契約（専任媒介契約でない媒介契約）を締結したときは、当該宅地に関する所定の事項を必ずしも指定流通機構へ登録しなくてもよいため、当該媒介契約の内容を記載した書面に、指定流通機構への登録に関する事項を記載する必要はない。

イ　Aが、Bとの間に専任媒介契約を締結し、当該宅地に関する所定の事項を指定流通機構に登録したときは、Aは、遅滞なく、その旨を記載した書面を作成してBに交付しなければならない。

ウ　Aが、Bとの間に専任媒介契約を締結し、売買契約を成立させたときは、Aは、遅滞なく、当該宅地の所在、取引価格、売買契約の成立した年月日を指定流通機構に通知しなければならない。

(1)　一つ
(2)　二つ
(3)　三つ
(4)　なし

　個数問題は、全部×（又は全部○）、ということも十分ありえるぞ！

講義

ア 誤。一般媒介契約の場合、宅地に関する事項を指定流通機構に登録しなくてOKだが、媒介契約書には指定流通機構への登録に関する事項（登録する指定流通機構の名称等）を記載する**必要**がある。　337頁 **4**

イ 誤。業者Aが登録をすると、**指定流通機構**がその旨を記載した書面（登録済証）を発行してくれる。Aは、この登録済証を遅滞なくBに引き渡さなければならないことになっている。この登録済証を作成するのは、指定流通機構であって、業者ではないので、本肢は×だ。

334頁 よく出るポイント ②

ウ 誤。Bの宅地がめでたく売れた暁には、業者Aは「どれが・いくらで・いつ」（①登録**番号**、②取引**価格**、③売買契約成立**年月日**）を遅滞なく指定流通機構に通知しなければならないが、所在については通知する必要はない。　335頁 よく出るポイント ③

以上により、誤っているものはアとイとウなので（全部が誤っているので）、正解は肢(4)となる。

正　解　(4)

契約が成立したときに、業者が遅滞なく指定流通機構に通知しなければならないこと（肢ウ）。
① 登録**番号**
② 取引**価格**
③ 売買契約成立**年月日**

注意！　所在は通知事項ではない。

業務上の規制その他　　　　　　　　　　[平30-28]

次の記述のうち、宅地建物取引業法（以下この問において「法」という。）の規定によれば、正しいものはいくつあるか。

ア　宅地建物取引業者が、買主として、造成工事完了前の宅地の売買契約を締結しようとする場合、売主が当該造成工事に関し必要な都市計画法第29条第1項の許可を申請中であっても、当該売買契約を締結することができる。

イ　宅地建物取引業者が、買主として、宅地建物取引業者との間で宅地の売買契約を締結した場合、法第37条の規定により交付すべき書面を交付しなくてよい。

ウ　営業保証金を供託している宅地建物取引業者が、売主として、宅地建物取引業者との間で宅地の売買契約を締結しようとする場合、営業保証金を供託した供託所及びその所在地について、買主に対し説明をしなければならない。

エ　宅地建物取引業者が、宅地の売却の依頼者と媒介契約を締結した場合、当該宅地の購入の申込みがあったときは、売却の依頼者が宅地建物取引業者であっても、遅滞なく、その旨を当該依頼者に報告しなければならない。

(1)　一つ
(2)　二つ
(3)　三つ
(4)　なし

　媒介契約→依頼者が業者あっても同じルールが適用される。

講義

ア　誤。開発許可（都市計画法第29条第1項の許可）等を実際に得た後でないと、売買契約できない。だから、「開発許可**申請中**」と注記しても売買契約できない。このルールは、業者が買主として売買契約する場合も適用される。　　　331頁(3)

イ　誤。業者が買主となって売買契約を締結した場合、売主に対して、37条書面を交付しなければ**ならない**。　　　382頁1.

ウ　誤。業者は、取引の相手方に対して、契約が成立する前に、どこの供託所に営業保証金を供託しているか等を説明するようにしなければならない。ただし、相手方が**業者**である場合は、この説明をする必要はない。
381頁第2節

エ　正。媒介契約を締結した業者は、その媒介契約の目的物である宅地建物の売買・交換の申し込みがあったときは、遅滞なく、その旨を依頼者に**報告**しなければならない。媒介契約に関しては、依頼者が業者であっても同じルールが適用される。だから、依頼者が業者であっても、報告は必要だ。　　　335頁(6)

以上により、正しいものはエだけなので、正解は肢(1)となる。

正　解　(1)

1. そもそも、業者は、営業保証金から弁済を受けることもできないし、弁済業務保証金から弁済を受けることもできない。
2. だから、取引の相手方が**業者**の場合は、どこの供託所に営業保証金を供託しているか等を説明する必要は**ない**（どうせ、弁済を受けることができないのだから、説明を受けてもムダ）（肢ウ）。

報酬額の制限 [平15-44]

　宅地建物取引業者Aが、単独で又は宅地建物取引業者Bと共同して店舗用建物の賃貸借契約の代理又は媒介業務を行う際の報酬に関する次の記述のうち、宅地建物取引業法の規定によれば、正しいものはどれか。なお、消費税及び地方消費税に関しては考慮しないものとする。

(1) Aが、単独で貸主と借主双方から媒介を依頼され契約を成立させた場合、双方から受けることができる報酬額の合計は借賃の1カ月分以内である。

(2) Aが、単独で貸主と借主双方から媒介を依頼され1カ月当たり借賃50万円、権利金1,000万円（権利設定の対価として支払われる金銭であって返還されないもの）の契約を成立させた場合、双方から受けることのできる報酬額の合計は50万円以内である。

(3) Aが貸主から代理を依頼され、Bが借主から媒介を依頼され、共同して契約を成立させた場合、Aは貸主から、Bは借主からそれぞれ借賃の1カ月分の報酬額を受けることができる。

(4) Aが貸主から、Bが借主からそれぞれ媒介を依頼され、共同して契約を成立させた場合、Aは貸主から、Bは借主からそれぞれ借賃の1カ月分の報酬額を受けることができる。

複数の業者が関与した場合でも報酬の限度額は、1人の業者だけが関与した場合と同じ額だ！

講義

(1) **正**。賃貸借の媒介の場合、依頼者（貸主と借主）の双方から業者が受け取ることのできる報酬額の合計は、**1カ月分**の借賃額が限度だ。ちなみに、店舗用建物賃貸借の場合、合計が1カ月分の借賃額であれば、貸主側と借主側からどのような割合でもらってもOKだ。　　　　　　　　　　　　　345頁(1)

(2) **誤**。居住用建物以外の賃貸借で、権利金が支払われる場合には、**権利金の額を売買価額**とみなして、売買の計算の方法で報酬額を計算することができる。本肢の店舗用建物は、居住用建物ではないから、権利金の1,000万円を売買価額とみなして、売買の計算の方法で計算してOKだ。だから、1,000万円×3％＋6万円＝36万円を貸主・借主双方から受け取ることができる。したがって、Aが双方から受け取ることのできる報酬の限度額は36万円＋36万円＝72万円である。　　　　　　　　　　　　　　　　　　　　　　　　　346頁(3)

(3) **誤**。複数の業者が1つの取引に関与した場合、その複数の業者全員がもらえる報酬の合計の限度額は、1人の業者だけが関与した場合と同じ額だ。だから、複数の業者が関与している本肢の賃貸借契約の場合も業者AとBが受け取ることができる報酬額の合計は、**1カ月分**の借賃額が限度だ。　　　　349頁(6)

(4) **誤**。複数の業者が関与している本肢の賃貸借契約の場合も肢(3)と同様、業者AとBが受け取ることができる報酬額の合計は、**1カ月分**の借賃額が限度だ。
　　　　　　　　　　　　　　　　　　　　　　　　　　　　　349頁(6)

正解 (1)

Point! 賃貸借のまとめ

	媒　介	代　理
居住用建物	貸主・借主の双方から**半月分**づつ（承諾があれば変更）OK	貸主・借主の合わせて**1カ月分**（どのような内訳でもOK）
非居住用建物宅地	貸主・借主の合わせて**1カ月分**（どのような内訳でもOK）	貸主・借主の合わせて**1カ月分**（どのような内訳でもOK）

➡ 要するに居住用建物・媒介のときだけ、双方から半月分ずつという規制があるわけだ！

報酬額の制限

[平19-42]

　宅地建物取引業者A（消費税課税事業者）は、B所有の建物について、B及びCから媒介の依頼を受け、Bを貸主、Cを借主とする定期借家契約を成立させた。この場合における次の記述のうち、宅地建物取引業法の規定によれば、正しいものはどれか。なお、1か月分の借賃は13万円、保証金（Cの退去時にCに全額返還されるものとする。）は300万円とする。

(1) 建物が店舗用である場合、AがCから受け取ることができる報酬の限度額は、154,000円である。

(2) Aは、媒介報酬の限度額のほかに、Bの依頼によらない通常の広告の料金に相当する額を報酬に合算して、Bから受け取ることができる。

(3) 建物が居住用である場合、AがB及びCから受け取ることができる報酬の限度額は、B及びCの承諾を得ているときを除き、それぞれ71,500円である。

(4) 定期借家契約の契約期間が終了した直後に、AがBC間の定期借家契約の再契約を成立させた場合にAが受け取る報酬については、宅地建物取引業法の規定は適用されない。

居住用建物の場合だけは……。

講義

(1) **誤**。居住用建物以外（つまり、非居住用建物または宅地）の賃貸借で、権利金が支払われる場合には、権利金の額を売買価額とみなして、売買の計算方法で計算してよい。しかし、**保証金は「権利金」ではない**ので、売買の計算方法で計算することは許されない。だから、A が C から受け取ることのできる報酬の限度額は、1 か月分の借賃 13 万円に消費税分の 10％分を上乗せした 14 万 3,000 円だ。
  > 342 頁 ポイント②、345 頁(1)、346 頁(3)

(2) **誤**。業者は、依頼者から**頼まれて**やった広告については、その実費を報酬とは別に請求できる。しかし、通常の広告料金については受け取ることはできない。
  > 349 頁(1)

(3) **正**。賃貸借の媒介の場合、依頼者（貸主と借主）の双方から業者が受け取ることのできる報酬の合計は、1 か月分が限度だ。そして、貸借する物件が**居住用建物**の場合だけは、依頼者の承諾がない限り、双方から借賃の**半月分**ずつもらうことになっている。だから、A が B 及び C からそれぞれ受け取ることのできる報酬の限度額は、半月分の借賃 6 万 5,000 円に消費税分の 10％分を上乗せした 7 万 1,500 円だ。
  > 345 頁(1)、346 頁(3)

(4) **誤**。定期借家契約の再契約の媒介も、**賃貸借契約の媒介**の一種だ。だから、定期借家契約の再契約の媒介をした場合に受け取る報酬についても、宅地建物取引業法の規定が適用される。
  > 345 頁(1)

正 解 (3)

貸借の場合において、貸主と借主側から、いくらずつもらえるのか？
① **居住用建物の媒介** ➡ 依頼者の承諾がない限り、双方から借賃の半月分ずつ（肢(3)）。
② **居住用建物の代理** ➡ いくらずつもらえるかという内訳には制限はない。
③ **居住用建物以外の媒介** ➡ いくらずつもらえるかという内訳には制限はない（肢(1)）。
④ **居住用建物以外の代理** ➡ いくらずつもらえるかという内訳には制限はない。

報酬額の制限 　　　　　　　　　　　　　　　　[平23-40]

　宅地建物取引業者A社（消費税課税事業者）は貸主Bから建物の貸借の代理の依頼を受け、宅地建物取引業者C社（消費税課税事業者）は借主Dから媒介の依頼を受け、BとDの間で賃貸借契約を成立させた。この場合における次の記述のうち、宅地建物取引業法（以下この問において「法」という。）の規定によれば誤っているものはどれか。なお1か月分の借賃は10万円である。

(1)　建物を住居として貸借する場合、C社は、Dから承諾を得ているときを除き、55,000円を超える報酬をDから受領することはできない。

(2)　建物を店舗として貸借する場合、A社がBから110,000円の報酬を受領するときは、C社はDから報酬を受領することはできない。

(3)　建物を店舗として貸借する場合、本件賃貸借契約において300万円の権利金（返還されない金銭）の授受があるときは、A社及びC社が受領できる報酬の額の合計は、308,000円以内である。

(4)　C社は、Dから媒介報酬の限度額まで受領できるほかに、法第37条の規定に基づく契約の内容を記載した書面を作成した対価として、文書作成費を受領することができる。

　頼まれてやった広告の料金なら……。

講義

(1) 正。**居住用建物**だから、媒介の依頼を受けたC社が受け取ることのできる報酬の限度額は、借賃の**半月分**の5万円に消費税額を上乗せした5万5,000円だ(ただし、依頼を受けるにあたって、依頼者の承諾を得ていれば変更できる)。　345頁(1) 注意!

(2) 正。複数の業者全員がもらえる報酬の合計の限度額は、1人の業者だけが関与した場合と同じ額だ(本肢の場合は、**1カ月の借賃額**に消費税を上乗せした額)。だから、A社が11万円(**1カ月の借賃額**＋**消費税**)を受け取る場合は、C社は報酬を受け取ることができない。　349頁(6)

(3) 正。居住用建物**以外**(つまり、非居住用建物または宅地)の賃貸借で、権利金が支払われる場合は、**権利金の額を売買価額**とみなして、売買の計算方法で計算してOKだ。権利金で計算すると、300万円を売買価額とみなすから、300万円×4％＋2万円＝14万円。A社とC社が受領できる報酬の合計の限度額は14万円×2＝28万円に消費税分を上乗せした30万8,000円だ。　339頁②、346頁(3)

(4) 誤。業者が受け取ることができるのは、報酬と依頼者から**頼まれて**やった広告の料金や依頼者から特別に頼まれてやった支出を要する特別の費用で、事前に依頼者の承諾があるもの(例 現地調査等の費用)だ。だから、37条書面の文書作成費を受け取ることができない。　349頁(1)①

正解 (4)

業者が受け取ることができるのは、
① 報酬と、
② 依頼者から**頼まれて**やった広告の料金や依頼者から特別に頼まれてやった支出を要する特別の費用で、事前に依頼者の承諾があるもの(肢(4))。

報酬額の制限　　　　　　　　　　　　　　　　　　　[平29-26]

　宅地建物取引業者Ａ（消費税課税事業者）は貸主Ｂから建物の貸借の媒介の依頼を受け、宅地建物取引業者Ｃ（消費税課税事業者）は借主Ｄから建物の貸借の媒介の依頼を受け、ＢとＤの間での賃貸借契約を成立させた。この場合における次の記述のうち、宅地建物取引業法（以下この問において「法」という。）の規定によれば、正しいものはどれか。なお、1か月分の借賃は9万円（消費税等相当額を含まない。）である。

(1)　建物を店舗として貸借する場合、当該賃貸借契約において200万円の権利金（権利設定の対価として支払われる金銭であって返還されないものをいい、消費税等相当額を含まない。）の授受があるときは、Ａ及びＣが受領できる報酬の限度額の合計は220,000円である。

(2)　ＡがＢから49,500円の報酬を受領し、ＣがＤから49,500円の報酬を受領した場合、ＡはＢの依頼によって行った広告の料金に相当する額を別途受領することができない。

(3)　Ｃは、Ｄから報酬をその限度額まで受領できるほかに、法第35条の規定に基づく重要事項の説明を行った対価として、報酬を受領することができる。

(4)　建物を居住用として貸借する場合、当該賃貸借契約において100万円の保証金（Ｄの退去時にＤに全額返還されるものとする。）の授受があるときは、Ａ及びＣが受領できる報酬の限度額の合計は110,000円である。

　居住用建物以外の賃貸借だから……。

講義

(1) **正**。店舗だから居住用建物以外だ。居住用建物**以外**の賃貸借なので、**権利金の額を売買価額**とみなして、売買の計算方法で計算してよい。

　　200万円 × 5％ ＝ 10万円

　だから、A・Cがそれぞれ受け取ることができる限度額は、10万円× 1.1 ＝ 11万円だ（A・Cは課税業者なので、報酬には消費税分の10％を上乗せできる）。

　したがって、A・Cが受け取ることができる限度額の合計は11万円＋11万円で22万円となる。　　　　339頁①、342頁ポイント②、346頁(3)

(2) **誤**。依頼者から**頼まれて**やった**広告**の料金や、依頼者から特別に頼まれてやった支出を要する特別の費用で、事前に依頼者の承諾があるもの（例 現地調査等の費用）については、その実費を報酬とは別に受け取ることができる。　　　　349頁(1)①

(3) **誤**。依頼者から頼まれてやった広告の料金や、依頼者から特別に**頼まれて**やった支出を要する**特別の費用**で、事前に依頼者の承諾があるものについては、その実費を報酬とは別に受け取ることができる。しかし、重要事項説明の対価については、報酬とは別に受け取ることはできない。

　　　　349頁(1)①、②

(4) **誤**。A・Cが依頼者（貸主と借主）の双方から受け取ることができる報酬の限度額の合計は、**1カ月分の借賃額である**9万円に消費税分を上乗せした9万9,000円（9万円× 1.1 ＝ 9万9,000円）だ。ちなみに、本肢の建物が仮に居住用建物以外であったとしても、本肢は権利金ではなく保証金なので、売買の計算方法で計算することはできない。

　　　　345頁(1)、346頁(3)

正　解　(1)

Point!

居住用建物**以外**（つまり、非居住用建物または宅地）の賃貸借
→ **権利金の額を売買価額**とみなして、売買の計算方法で計算してよい（肢(1)）。
[注意！] 売買価額とみなして計算してよいのは、権利金（返還されないもの）の場合だ。保証金（返還されるもの）の場合は、売買の計算方法で計算することはできない。

報酬額の制限 [平30-30]

　宅地建物取引業者Ａ（消費税課税事業者）は、Ｂが所有する建物について、Ｂ及びＣから媒介の依頼を受け、Ｂを貸主、Ｃを借主とし、１か月分の借賃を10万円（消費税等相当額を含まない。）、ＣからＢに支払われる権利金（権利設定の対価として支払われる金銭であって返還されないものであり、消費税等相当額を含まない。）を150万円とする定期建物賃貸借契約を成立させた。この場合における次の記述のうち、宅地建物取引業法の規定によれば、正しいものはどれか。

(1) 建物が店舗用である場合、Ａは、Ｂ及びＣの承諾を得たときは、Ｂ及びＣの双方からそれぞれ11万円の報酬を受けることができる。

(2) 建物が居住用である場合、Ａが受け取ることができる報酬の額は、ＣからＢに支払われる権利金の額を売買に係る代金の額とみなして算出される16万5,000円が上限となる。

(3) 建物が店舗用である場合、Ａは、Ｂからの依頼に基づくことなく広告をした場合でも、その広告が賃貸借契約の成立に寄与したときは、報酬とは別に、その広告料金に相当する額をＢに請求することができる。

(4) 定期建物賃貸借契約の契約期間が終了した直後にＡが依頼を受けてＢＣ間の定期建物賃貸借契約の再契約を成立させた場合、Ａが受け取る報酬については、宅地建物取引業法の規定が適用される。

新規の賃貸借の媒介をしたときと同じ。

講義

(1) **誤**。賃貸借の媒介の場合、依頼者（貸主と借主）の双方から業者が受け取ることのできる報酬額の**合計**は、**1カ月分**の借賃額（＋消費税）が限度だ（本肢の場合、合計で11万円が限度）。また、本肢は店舗用の建物（居住用の建物**以外**）だから、**権利金の額を売買価額**とみなして、売買の計算方法で計算してもよい。この場合、Aは、BとCの双方からそれぞれ150万円×5％＝7万5,000円に消費税分の10％を上乗せした8万2,500円を受け取ることができる（結局、本肢の場合、これが限度額となる）。したがって、Aは、BとCの双方からそれぞれ11万円を受けることはできない。　　　　　　　　　　345頁(1)、346頁(3)

(2) **誤**。権利金の額を売買価額とみなして、売買の計算方法で計算してもよいのは、居住用の建物**以外**の場合だ。本肢は居住用の建物だから、売買の計算方法で計算してはダメ。　　　　　　　　　　　346頁(3)

(3) **誤**。依頼者から**頼まれて**やった広告については、その実費を報酬とは別に請求することができる。本肢の場合、頼まれていない（依頼者の依頼に基づいていない）ので、請求することはできない。　　　349頁(1)

(4) **正**。定期建物賃貸借の**再契約**に関して業者が受けることのできる報酬についても、業法の規定が適用される（つまり、定期建物賃貸借の再契約の媒介をした場合も、新規の貸借の媒介をしたときと同じように、報酬を受け取ることができるということ）。　　　　　　　345頁(1)

正 解　(4)

定期建物賃貸借の**再契約**
→ 受けることのできる報酬について、業法の規定が適用される（肢(4)）。

報酬額の制限　　　　　　　　　　　　［平28-33］

　宅地建物取引業者が売買等の媒介に関して受けることができる報酬についての次の記述のうち、宅地建物取引業法の規定によれば、誤っているものはいくつあるか。

ア　宅地建物取引業者が媒介する物件の売買について、売主があらかじめ受取額を定め、実際の売却額との差額を当該宅地建物取引業者が受け取る場合は、媒介に係る報酬の限度額の適用を受けない。

イ　宅地建物取引業者は、媒介に係る報酬の限度額の他に、依頼者の依頼によらない通常の広告の料金に相当する額を報酬に合算して、依頼者から受け取ることができる。

ウ　居住用の建物の貸借の媒介に係る報酬の額は、借賃の1月分の1.1倍に相当する額以内であるが、権利金の授受がある場合は、当該権利金の額を売買に係る代金の額とみなして算定することができる。

(1)　一つ
(2)　二つ
(3)　三つ
(4)　なし

　居住用建物以外。

講義

ア **誤**。本肢が許されるなら（限度額の適用を受けないのなら）、例えば、売主の受取額を3,000万円と定めて、実際の売却額が5,000万円だった場合、業者の取り分は2,000万円になる。もちろん、こんなことは許されないので、本肢は×だ。

イ **誤**。業者は、依頼者から**頼まれて**やった広告（依頼による広告）については、その実費を報酬とは別に受け取ることができる。しかし、本肢の場合は、依頼者から頼まれていないので、広告料金を受け取ることはできない。　　　　　　　　　　　　　　　　　　　　　　　349頁(1)

ウ **誤**。居住用建物**以外**（つまり、非居住用建物または宅地）の賃貸借で、権利金が支払われる場合には、権利金の額を売買価額とみなして、売買の計算方法で計算してもよい。本肢は居住用の建物だ。居住用建物の場合は、売買の計算方法で計算することはできない。　　　　　346頁(3)

以上により、誤っているものはアとイとウなので（全部が誤っているので）、正解は肢(3)となる。

正 解　(3)

Point!

権利金が支払われる場合には、権利金の額を売買価額とみなして、売買の計算方法で計算してもよいか？

1 **居住用建物**　　　　➡ ✕ （肢ウ）
2 非居住用建物・宅地 ➡ ◯

報酬額の制限 [平20-43]

　宅地建物取引業者A及び宅地建物取引業者B（共に消費税課税事業者）が受領する報酬に関する次の記述のうち、正しいものはどれか。なお、借賃には、消費税相当額を含まないものとする。

(1)　Aが単独で行う居住用建物の貸借の媒介に関して、Aが依頼者の一方から受けることができる報酬の上限額は、当該媒介の依頼者から報酬請求時までに承諾を得ている場合には、借賃の1.1か月分である。

(2)　Aが単独で行う事業用建物の貸借の媒介に関して、Aが依頼者の双方から受ける報酬の合計額が借賃の1.1か月分以内であれば、Aは依頼者の双方からどのような割合で報酬を受けてもよい。

(3)　Aが単独で貸主と借主の双方から店舗用建物の貸借の媒介の依頼を受け、1か月の借賃25万円（消費税額及び地方消費税額を含む。）、権利金330万円（権利設定の対価として支払われるもので、返還されない。消費税額及び地方消費税額を含む。）の契約を成立させた場合、Aは依頼者の双方から合計で31万円の報酬を受けることができる。

(4)　Aは売主から代理の依頼を、Bは買主から媒介の依頼を、それぞれ受けて、代金4,000万円の宅地の売買契約を成立させた場合、Aは売主から277万2,000円、Bは買主から138万6,000円の報酬をそれぞれ受けることができる。

Hint！ 「居住用建物以外」の賃貸借。

講義

(1) **誤**。依頼者（貸主側と借主側）の双方から業者が受け取ることのできる報酬額の合計は、1か月分が限度だ（そして、本問の業者のような消費税課税業者の場合は、消費税分を上乗せした1.1か月分が限度になる）。また、貸主側と借主側から、いくらずつもらえるかという内訳には、原則として制限はない（10：0でも、0：10でもOK）。ただし、例外として、居住用建物の場合だけは、業者は、双方から借賃の半月分ずつもらうことになっているが、この半月分ずつという内訳の比率も、**媒介の依頼を受けるにあたって**、依頼者から承諾を得ていれば変更できる。だから、内訳の比率を変更するには「報酬請求時」までに承諾を得ていればよい、とある本肢は×だ。　　　　　　　　　　　　　　　　　🌀 345頁(1)、348頁 上の①

(2) **正**。事業用建物なので（**居住用建物ではない**）、いくらもらえるかという内訳には制限はない（10：0でも、0：10でもOK）。

🌀 345頁 注意！、348頁 上の①

(3) **誤**。居住用建物**以外**（つまり、非居住用建物または宅地）の賃貸借なので、**権利金の額を売買価額**とみなして計算してOKだ。しかし、この方法で計算しても、Aが依頼者の一方から受け取ることができる報酬額の限度は、「300万円（330万円の消費税抜きの価格）× 4％＋2万円＝14万円」に消費税分を上乗せした15万4,000円だ。よって、Aが依頼者の双方から合せて受け取ることのできる限度額は「15万4,000円×2＝30万8,000円」となる。だから、Aは、31万円の報酬を受け取ることはできない。

🌀 339頁②、346頁(3)、348頁(5)

(4) **誤**。「4,000万円× 3％＋6万円＝126万円」に消費税分を上乗せした額は138万6,000円となる。だから、**AB合わせて**、この138万6,000円の倍額の277万2,000円まで報酬として受け取ることができる。本肢のAとBは、AB合わせて、415万8,000円の報酬を受け取っている。だから、本肢は×となる。　　　　　　　　　🌀 340頁2.、348頁(5)、348頁 上の①

正　解　(2)

257

報酬額の制限 　　　　　　　　　　　　[平18-43]

　宅地建物取引業者A（消費税課税事業者）が、宅地建物取引業に関して報酬を受領した場合に関する次の記述のうち、宅地建物取引業法の規定に違反しないものの組合せとして、正しいものはどれか。なお、この場合の取引の関係者は、A、B及びCのみとする。

ア　Aは、BからB所有の宅地の売却について代理の依頼を受け、Cを買主として代金3,000万円で売買契約を成立させた。その際、Bから報酬として、126万円を受領した。

イ　Aは、BからB所有の宅地の売却について媒介の依頼を受け、Cを買主として代金1,000万円で売買契約を成立させた。その際、Bから報酬30万円のほかに、Bの依頼による広告に要した実費10万円を受領した。

ウ　Aは、貸主B及び借主Cとの間で建物の貸借の媒介契約を締結し、その1か月後にBC間の建物の貸借契約を成立させたことの報酬として、B及びCそれぞれから建物の借賃の1月分ずつを受領した。

(1)　ア、イ
(2)　ア、ウ
(3)　イ、ウ
(4)　ア、イ、ウ

　頼まれたのなら話は別だ。

講義

ア　**違反しない。** 3,000万円の売買の**代理だから**

（3,000万円×3％＋6万円）**×2**＝192万円

Aは**課税業者**なので、これに消費税分の**10％分を上乗せ**した211万2,000円まで報酬を受け取ってOKだ。だから、Bから報酬として126万円を受け取ったAは業法の規定に違反しない。　340頁 2.、342頁 ポイント②

イ　**違反しない。** 1,000万円の売買の媒介だから

（1,000万円×3％＋6万円）＝36万円

Aは**課税業者**なので、これに消費税分の**10％分を上乗せ**した39万6,000円まで報酬を受け取ってOKだ。また、依頼者から**頼まれてやった**広告については、その実費を**報酬とは別に請求できる**。だから、Bから報酬としての30万円と広告に要した実費の10万円を受け取ったAは業法の規定に違反しない。　339頁 1.、342頁 ポイント②、349頁⑴

ウ　**違反する。** 賃貸借の媒介の場合、依頼者（貸主と借主）の双方から業者が受け取ることのできる報酬額の合計は、**1月分の借賃額**が限度だ（そして、Aは課税業者だから消費税分を上乗せした1.1か月分が限度となる）。AはBから1月分、Cから1月分の合計2月分の借賃額を報酬として受け取っているので業法の規定に違反する。　345頁⑴

以上により、違反しないものはアとイなので、正解は肢⑴となる。

正　解　⑴

賃貸借の媒介（肢ウ）

・賃貸借の媒介の場合、依頼者（貸主と借主）の双方から業者が受け取ることのできる報酬額の合計は、**1月分の借賃額**が限度だ。ちなみに貸主側と借主側から、いくらずつもらえるかという内訳には、原則として制限はない（10：0でも、0：10でもOK）。例外として、居住用の建物の場合だけは、双方から借賃の半月分ずつもらうことになっているが、この内訳の比率も、依頼を受けるにあたって、依頼者の承諾を得ている場合は変更できる。

報酬額の制限 [平27-33]

宅地建物取引業者A及びB（ともに消費税課税事業者）が受領した報酬に関する次の記述のうち、宅地建物取引業法の規定に違反するものの組合せはどれか。なお、この問において「消費税等相当額」とは、消費税額及び地方消費税額に相当する金額をいうものとする。

ア　土地付新築住宅（代金3,000万円。消費税等相当額を含まない。）の売買について、Aは売主から代理を、Bは買主から媒介を依頼され、Aは売主から211万2,000円を、Bは買主から105万6,000円を報酬として受領した。

イ　Aは、店舗用建物について、貸主と借主双方から媒介を依頼され、借賃1か月分20万円（消費税等相当額を含まない。）、権利金500万円（権利設定の対価として支払われる金銭であって返還されないもので、消費税等相当額を含まない。）の賃貸借契約を成立させ、貸主と借主からそれぞれ22万5,000円を報酬として受領した。

ウ　居住用建物（借賃1か月分10万円）について、Aは貸主から媒介を依頼され、Bは借主から媒介を依頼され、Aは貸主から8万円、Bは借主から5万5,000円を報酬として受領した。なお、Aは、媒介の依頼を受けるに当たって、報酬が借賃の0.55か月分を超えることについて貸主から承諾を得ていた。

(1)　ア、イ
(2)　イ、ウ
(3)　ア、ウ
(4)　ア、イ、ウ

店舗用建物 ＝ 非居住用建物。

講義

ア　違反する。

3,000 万円× 3％＋ 6 万円＝ 96 万円

96万円× 1.1 ＝ 105万 6,000円（AもBも課税業者なので、報酬には消費税分の 10％を上乗せできる）。この 105万 6,000円という金額が、媒介業者が依頼者の一方から受け取ることのできる限度額だ。

本肢の場合、次のようなルールとなる。

ルール1　Aは、**代理**業者なので、2 倍の 211万 2,000円（105万 6,000円× 2 ＝ 211万 2,000円）まで受け取って OK。

ルール2　Bは、媒介業者なので、105万 6,000円まで受け取って OK。

ルール3　AとBの**合計**で 211万 2,000円まで受け取って OK。

本肢は、ルール1 と ルール2 には違反しないが、ルール3 に違反するので、ダメだ。　　　📖 339 頁 1.、340 頁 2.、342 頁 ポイント②、344 頁 6.

イ　違反しない。 店舗（非居住用建物）だから、**権利金の額を売買価額**とみなして、売買の計算方法で計算して OK。

500万円× 3％＋ 6万円＝ 21万円

21万円× 1.1 ＝ 23万 1,000円（Aは課税業者なので、報酬には消費税分の 10％を上乗せできる）。この 23万 1,000円という金額が、媒介業者Aが依頼者の**一方**から受け取ることのできる限度額だ。

Aは、依頼者の一方である貸主から、22万 5,000円（＝限度額以内）受け取り、また、依頼者の一方である借主から、22万 5,000円（＝限度額以内）受け取っている。だから、本肢は、違反しない。

　　　📖 339 頁 1.、342 頁 ポイント②、346 頁⑶

ウ　違反する。 賃貸借の場合、依頼者（貸主と借主）の双方から業者が受け取ることのできる報酬額の**合計**は、**1 カ月分の借賃額**だ。だから、本肢の場合、AとBの**合計**で 11万円（1 カ月分の借賃 10 万円×消費税分 1.1 ＝ 11万円）まで受け取ることができる。AとBは合計で 13万 5,000円（8万円＋ 5万 5,000円＝ 13万 5,000円）受け取っているので、違反だ。

　　　📖 342 頁 ポイント②、345 頁⑴

以上により、違反するのはアとウなので、正解は肢⑶となる。

正　解　⑶

261

報酬額の制限　　　　　　　　　　　　　　　　　　[令1-32]

　宅地建物取引業者A（消費税課税事業者）が受け取ることのできる報酬額に関する次の記述のうち、宅地建物取引業法の規定によれば、誤っているものはどれか。なお、この問において報酬額に含まれる消費税等相当額は税率10％で計算するものとする。

(1) 宅地（代金200万円。消費税等相当額を含まない。）の売買の代理について、通常の売買の代理と比較して現地調査等の費用が8万円（消費税等相当額を含まない。）多く要した場合、売主Bと合意していた場合には、AはBから308,000円を上限として報酬を受領することができる。

(2) 事務所（1か月の借賃110万円。消費税等相当額を含む。）の貸借の媒介について、Aは依頼者の双方から合計で110万円を上限として報酬を受領することができる。

(3) 既存住宅の売買の媒介について、Aが売主Cに対して建物状況調査を実施する者をあっせんした場合、AはCから報酬とは別にあっせんに係る料金を受領することはできない。

(4) 宅地（代金200万円。消費税等相当額を含まない。）の売買の媒介について、通常の売買の媒介と比較して現地調査等の費用を多く要しない場合でも、売主Dと合意していた場合には、AはDから198,000円を報酬として受領することができる。

 費用を要するのであれば、受け取ってOK。

講義

(1) 正。200万円×5％＝10万円。代理だから、この**2倍**の20万円をBから受け取ることができる。そして、本肢は**400万円**以下の物件だ。だから、空家等の特例が適用され、本来の報酬の他に現地調査等の費用も受け取ってOKだ。20万円＋8万円（現地調査等の費用）＝28万円。この28万円に消費税分の10％を上乗せした30万8,000円が、AがBから受け取ることができる限度額だ。　　341頁(2)

(2) 正。賃貸借の媒介だから、依頼者（貸主と借主）の双方から業者が受け取ることのできる報酬額の合計は、**1カ月分**の借賃額が限度だ。事務所の1カ月分の借賃は、消費税抜きの価額にすると100万円だ。この100万円に消費税分の10％を上乗せした110万円が、Aが依頼者（貸主と借主）の双方から合計で受け取ることができる限度額だ。　　345頁(1)、348頁(5)

(3) 正。①依頼者から頼まれてやった**広告**の料金や②依頼者から特別に頼まれてやった支出を要する**特別の費用**で、事前に依頼者の承諾があるものについては、報酬とは別に受け取ることができる。しかし、建物状況調査を実施する者のあっせんに係る料金を報酬と別に受け取ることはできない。　　349頁(1)

(4) 誤。本肢は**400万円**以下の物件だ。だから、通常の売買と比較して、現地調査等の費用を要するのであれば、本来の報酬の他に現地調査等の費用も受け取ってOKだ。しかし、本肢の場合は「費用を多く要しない」のであるから、受け取ることはできない。200万円×5％＝10万円。この10万円に消費税分の10％を上乗せした11万円が、AがDから受け取ることができる限度額だ。
　　339頁①、340頁(1)、342頁ポイント②

正解　(4)

報酬とは別に受け取ることができるもの
① 依頼者から**頼まれて**やった**広告**の料金。
② 依頼者から特別に**頼まれて**やった支出を要する**特別の費用**で、事前に依頼者の承諾があるもの。
注意！　建物状況調査を実施する者のあっせんに係る料金を報酬と別に受け取ることはできない（肢(3)）。

報酬額の制限   [平26-37]

　宅地建物取引業者A及び宅地建物取引業者B（共に消費税課税事業者）が受け取る報酬に関する次の記述のうち、正しいものはいくつあるか。

ア　Aが居住用建物の貸借の媒介をするに当たり、依頼者からの依頼に基づくことなく広告をした場合でも、その広告が貸借の契約の成立に寄与したとき、Aは、報酬とは別に、その広告料金に相当する額を請求できる。

イ　Aは売主から代理の依頼を受け、Bは買主から媒介の依頼を受けて、代金4,000万円の宅地の売買契約を成立させた場合、Aは売主から277万2,000円、Bは買主から138万6,000円の報酬をそれぞれ受けることができる。

ウ　Aは貸主から、Bは借主から、それぞれ媒介の依頼を受けて、共同して居住用建物の賃貸借契約を成立させた場合、貸主及び借主の承諾を得ていれば、Aは貸主から、Bは借主からそれぞれ借賃の1.1か月分の報酬を受けることができる。

(1) 一つ　(2) 二つ　(3) 三つ　(4) なし

　正しい肢は、雲の上かも知れないぞ。

講義

ア　誤。依頼者から**頼まれて**やった広告については、その実費を報酬とは別に請求できる。本肢の場合は、依頼者から頼まれていないので、Aは、報酬とは別に、広告料金を請求できない。　　　　　　　　349頁(1)

イ　誤。報酬額は、消費税**抜き**の価額を元に計算する（そして、消費税は、「**土地**」の売買・交換には、**課税されない**ので4,000万円のまま計算する）。

4,000万円×3％＋6万円＝126万円

126万円×1.1＝138万6,000円（AもBも課税業者なので、報酬には消費税分の10％を上乗せできる）。この138万6,000円という金額が、媒介業者が受け取ることのできる限度額だ。

ルール1　Aは**代理**業者なので**2倍**の277万2,000円（138万6,000円×2＝277万2,000円）まで受け取ってOK。

ルール2　Bは媒介業者なので138万6,000円まで受け取ってOK。

ルール3　AとBの合計で277万2,000円まで受け取ってOK（AとBがもらえる報酬の合計額は、媒介業者が受け取ることのできる限度額の**2倍**だ）。

本肢は、ルール1とルール2には違反しないが、ルール3に違反するのでダメだ。　　　　　　　　339頁1.、340頁2.、342頁ポイント①②、344頁6.

ウ　誤。賃貸借の媒介の場合、依頼者（貸主と借主）の双方から業者が受け取ることのできる報酬額の合計は、**1カ月分の借賃額**（消費税込みで1.1カ月分の借賃額）が限度だ。本肢の場合は、合計で2カ月分の借賃額（消費税込みで2.2カ月分の借賃額）を受け取っているので、ダメだ。
　　　　　　　　345頁(1)

以上により、正しいものはないので、正解は肢(4)となる。

正　解　(4)

報酬以外に請求できるもの
1. 依頼者から**頼まれて**やった**広告**の料金（肢ア）
2. 依頼者から特別に**頼まれて**やった支出を要する**特別の費用**で、事前に依頼者の承諾があるもの

報酬額の制限　　　　　　　　　　　　[平25-37]

宅地建物取引業者Ａ社（消費税課税事業者）は売主Ｂから土地付建物の売却の代理の依頼を受け、宅地建物取引業者Ｃ社（消費税課税事業者）は買主Ｄから戸建住宅の購入の媒介の依頼を受け、ＢとＤの間で売買契約を成立させた。この場合における次の記述のうち、宅地建物取引業法の規定に違反しないものはいくつあるか。なお、土地付建物の代金は5,500万円（うち、土地代金は2,200万円）で、消費税額及び地方消費税額を含むものとする。

ア　Ａ社はＢから3,570,000円の報酬を受領し、Ｃ社はＤから1,790,000円の報酬を受領した。

イ　Ａ社はＢから2,500,000円の報酬を受領し、Ｃ社はＡ社及びＤの了承を得た上でＤから1,065,000円の報酬を受領した。

ウ　Ａ社はＢから1,780,000円の報酬を受領し、Ｃ社はＤから1,782,000円を報酬として受領したほか、Ｄの特別の依頼に基づき行った遠隔地への現地調査に要した特別の費用について、Ｄが事前に負担を承諾していたので、50,000円を受領した。

(1)　一つ
(2)　二つ
(3)　三つ
(4)　なし

合わせて2倍以内。

講義

　報酬額は、消費税**抜き**の価額を元に計算する（そして、消費税は「**土地**」の売買には課税されないが、「建物」の売買には課税される）。

　本問においても、まず、消費税**抜き**の価額である「土地 2,200 万円＋建物 3,000 万円＝ 5,200 万円」に直してから、3％＋ 6 万円の計算に入ることになる（　注意！　土地にはもともと消費税は課税されていない。だから、土地については 10％分引いてはダメ。2,200 万円のまま計算すること）。

　5,200 万円× 3％＋ 6 万円＝ 162 万円。

　この 162 万円に消費税分の **10%** を上乗せすると、178 万 2,000 円となる（課税業者の場合は、消費税分を上乗せして依頼者に請求して OK だ。そして、A 社も C 社も課税業者だ）。

　結局、本問の結論としては、次の　ルール1　～　ルール3　のようになる。

　ルール1　　**A 社は代理**業者なので、**178 万 2,000 円× 2 ＝ 356 万 4,000 円**まで受け取って OK（356 万 4,000 円超えたらダメ）。

　ルール2　　**C 社は媒介**業者なので、**178 万 2,000 円**まで受け取って OK（178 万 2,000 円超えたらダメ）。

　ルール3　　A 社と C 社**合わせて、356 万 4,000 円**まで受け取って OK（356 万 4,000 円超えたらダメ）。

（　ルール1　～　ルール3　のどれか 1 つにでも違反したらアウトだ）。

ア　**違反する**。　ルール1　と　ルール2　と　ルール3　に違反するので、アウト。

イ　**違反する**。　ルール1　と　ルール2　には違反しないが、　ルール3　に違反するのでアウト。

ウ　**違反しない**。　ルール1　にも　ルール2　にも　ルール3　にも違反しない。また、依頼者から**特別に頼まれて**やった特別の費用については、その実費を報酬とは別に請求できるので、C 社が D から報酬の他に 50,000 円受領したこともセーフ。

　以上全体につき、⬛ 339 頁 ③ 、340 頁 2 、342 頁 5 、ポイント①②、344 頁 6 、349 頁 (1)

　以上により、違反しないものはウだけなので、正解は肢(1)となる。

（　正　解　）(1)

267

第3編　業務上の規制と媒介契約／報酬額の制限

報酬額の制限　　　　　　　　　　　　　　　　　　[平30-31]

　宅地建物取引業者A（消費税課税事業者）が受け取ることのできる報酬の上限額に関する次の記述のうち、宅地建物取引業法の規定によれば、正しいものはどれか。

(1)　土地付中古住宅（代金500万円。消費税等相当額を含まない。）の売買について、Aが売主Bから媒介を依頼され、現地調査等の費用が通常の売買の媒介に比べ5万円（消費税等相当額を含まない。）多く要する場合、その旨をBに対し説明した上で、AがBから受け取ることができる報酬の上限額は286,000円である。

(2)　土地付中古住宅（代金300万円。消費税等相当額を含まない。）の売買について、Aが買主Cから媒介を依頼され、現地調査等の費用が通常の売買の媒介に比べ4万円（消費税等相当額を含まない。）多く要する場合、その旨をCに対し説明した上で、AがCから受け取ることができる報酬の上限額は198,000円である。

(3)　土地（代金350万円。消費税等相当額を含まない。）の売買について、Aが売主Dから媒介を依頼され、現地調査等の費用が通常の売買の媒介に比べ2万円（消費税等相当額を含まない。）多く要する場合、その旨をDに対し説明した上で、AがDから受け取ることができる報酬の上限額は198,000円である。

(4)　中古住宅（1か月分の借賃15万円。消費税等相当額を含まない。）の貸借について、Aが貸主Eから媒介を依頼され、現地調査等の費用が通常の貸借の媒介に比べ3万円（消費税等相当額を含まない。）多く要する場合、その旨をEに対し説明した上で、AがEから受け取ることができる報酬の上限額は198,000円である。

18万円＋消費税分が限度額だ。

講義

空家等の特例について

物件の値段が安いと、当然、媒介の報酬も安くなる。苦労して契約までこぎつけても、儲けはスズメの涙だ。それではあんまりだ。そこで、**400万円**以下の物件（宅地・建物）の場合、業者は、売主から、**現地調査等の費用**を含めて**18万円**（消費税分の10％を上乗せすると19万8,000円）まで受け取ることができることになっている。

(1) 誤。空家等の特例を適用できるのは、**400万円**以下の物件の場合だ。本肢は500万円なので、適用できない（本来の報酬の他に現地調査等の費用を受け取ることはできない）。

   500万×3％＋6万＝21万円。

   この21万円に、消費税分の10％を上乗せした23万1,000円（21万円×1.1）が、AがBから受け取ることができる限度額だ。

(2) 誤。現地調査等の費用は**売主**から受け取ることができる（買主から受け取ってはダメ）。Cは買主なので、Cから現地調査等の費用を受け取ることはできない。

   300万円×4％＋2万円＝14万円

   この14万円に、消費税分の10％を上乗せした15万4,000円（14万円×1.1）が、AがCから受け取ることができる限度額だ。

(3) 正。**400万円**以下だから、特例を適用できる（現地調査等の費用を含めて消費税抜きで18万円まで受け取ることができる）。

   350万円×4％＋2万円＝16万円

   16万円＋2万円（現地調査等の費用）＝18万円

   この18万円に、消費税分の10％を上乗せした19万8,000円（18万円×1.1）が、AがDから受け取ることができる限度額だ。

(4) 誤。貸借の場合は、特例を適用できない（現地調査等の費用を受け取ることはできない）。だから、AがEから受け取ることができる限度額は、**1カ月分**の借賃額である15万円に消費税分の10％を上乗せした16万5,000円（15万円×1.1）だ。なお、住宅（居住用）なので、Eの承諾がない場合は8万2,500円が限度額となる。

以上全体につき、図 340頁 3.

正 解 (3)

Point!

空家等の売買の媒介の特例
1 **400万円**以下の宅地・建物が対象だ（肢(1)）。
2 合計で**18万円**が限度額となる（肢(3)）。注意！
3 あらかじめ説明し、合意する必要がある。
4 現地調査等の費用は**売主**から受け取る（買主から受け取ってはダメ）（肢(2)）。

注意！ 消費税分の10％を上乗せすると19万8,000円になる。

第3編　弱点表

項　目	番　号	難　度	正　解	自己採点
業務上の規制	平 21-43	普通	(3)	
業務上の規制その他	令 1-27	カンターン	(1)	
業務上の規制	平 23-41	カンターン	(4)	
業務上の規制	平 28-41	普通	(3)	
業務上の規制	平 24-41	難しい	(3)	
業務上の規制	平 29-28	普通	(4)	
業務上の規制	平 26-41	難しい	(1)	
業務上の規制	平 20-38	普通	(1)	
業務上の規制	平 29-34	普通	(3)	
業務上の規制	平 21-40	カンターン	(4)	
業務上の規制	平 28-29	カンターン	(3)	
業務上の規制	平 30-40	カンターン	(2)	
業務上の規制	平 27-41	普通	(1)	
業務上の規制その他	令 1-35	カンターン	(4)	
広　告	平 20-32	カンターン	(4)	
広　告	平 23-36	カンターン	(1)	
広　告	平 26-30	カンターン	(2)	
広　告	平 22-32	カンターン	(1)	
広告その他	平 29-42	普通	(4)	
広告その他	平 19-38	普通	(2)	
広　告	平 30-26	カンターン	(2)	
広　告	平 24-28	難しい	(1)	

広告その他	平 25-32	カンタン	(2)	
広告その他	平 27-37	カンタン	(3)	
広告その他	令 1-30	カンタン	(4)	
媒介契約	平 22-33	カンタン	(4)	
媒介契約	平 23-31	カンタン	(3)	
媒介契約	平 21-32	普通	(2)	
媒介契約	平 19-39	カンタン	(4)	
媒介契約	平 28-27	カンタン	(3)	
媒介契約	平 24-29	カンタン	(2)	
媒介契約	平 25-28	普通	(2)	
媒介契約	平 30-33	カンタン	(4)	
媒介契約	平 27-30	カンタン	(3)	
媒介契約	令 1-31	普通	(1)	
媒介契約	平 29-43	難しい	(1)	
媒介契約	平 26-32	普通	(3)	
媒介契約	平 27-28	難しい	(4)	
媒介契約	平 15-43	普通	(4)	
媒介契約	平 20-35	難しい	(4)	
業務上の規制その他	平 30-28	難しい	(1)	
報酬額の制限	平 15-44	普通	(1)	
報酬額の制限	平 19-42	普通	(3)	
報酬額の制限	平 23-40	普通	(4)	
報酬額の制限	平 29-26	普通	(1)	
報酬額の制限	平 30-30	普通	(4)	

第3編 業務上の規制と媒介契約／報酬額の制限

報酬額の制限	平 28-33	難しい	(3)	
報酬額の制限	平 20-43	カンターン	(2)	
報酬額の制限	平 18-43	カンターン	(1)	
報酬額の制限	平 27-33	普通	(3)	
報酬額の制限	令 1-32	普通	(4)	
報酬額の制限	平 26-37	普通	(4)	
報酬額の制限	平 25-37	難しい	(1)	
報酬額の制限	平 30-31	難しい	(3)	

4
第4編

「自ら売主」の「8つの制限」

クーリング・オフ [平22-38]

　宅地建物取引業者Aが、自ら売主となり、宅地建物取引業者でない買主Bとの間で締結した宅地の売買契約について、Bが宅地建物取引業法第37条の2の規定に基づき、いわゆるクーリング・オフによる契約の解除をする場合における次の記述のうち、正しいものはどれか。

(1) Bが、自ら指定したホテルのロビーで買受けの申込みをし、その際にAからクーリング・オフについて何も告げられず、その3日後、Aのモデルルームで契約を締結した場合、Bは売買契約を解除することができる。

(2) Bは、テント張りの案内所で買受けの申込みをし、その際にAからクーリング・オフについて書面で告げられ、契約を締結した。その5日後、代金の全部を支払い、翌日に宅地の引渡しを受けた。この場合、Bは売買契約を解除することができる。

(3) Bは、喫茶店で買受けの申込みをし、その際にAからクーリング・オフについて書面で告げられ、翌日、喫茶店で契約を締結した。その5日後、契約解除の書面をAに発送し、その3日後に到達した。この場合、Bは売買契約を解除することができない。

(4) Bは、自ら指定した知人の宅地建物取引業者C（CはAから当該宅地の売却について代理又は媒介の依頼を受けていない。）の事務所で買受けの申込みをし、その際にAからクーリング・オフについて何も告げられず、翌日、Cの事務所で契約を締結した場合、Bは売買契約を解除することができない。

 買主が自ら申し出た場合の「自宅・勤務先」なら……。

講義

(1) **正**。買主が自ら申し出た場合の**自宅・勤務先**で買受けの申込みをした場合は、クーリング・オフができなくなる。買主Bが買受けの申込みをした場所は、自ら申し出た「ホテルのロビー」なので、クーリング・オフをすることができる。 352頁 ⑤ 注意!

(2) **誤**。買主が①宅地建物の**引渡し**を受け、かつ、②代金**全額**を支払うと、クーリング・オフができなくなる。だから、Bは売買契約を解除することはできない。 355頁 ①、②

(3) **誤**。クーリング・オフの効力は、買主が書面を**発した時**に生じる(発信主義)。Bが書面を発信した時は、業者Aから「書面」で告げられた日から「8日間」を経過していないので、Bはクーリング・オフをすることができる。 355頁 4.

(4) **誤**。売主である業者Aが、業者Cに売買の媒介・代理を**依頼した**場合は、BがCの事務所で買受けの申込みをしたら、Bはクーリング・オフできなくなる。しかし、本肢のAはCに売買の媒介・代理を「依頼していない」ので、Bは売買契約を解除することができる。 352頁 ④

正解 (1)

第4編 「自ら売主」の「8つの制限」

買主が自ら申し出た場合の**自宅・勤務先**で買受けの申込みをした場合
➡ クーリング・オフができなくなる。
注意! 買主が自ら申し出た場合のホテルのロビー ➡ クーリング・オフできる(肢(1))。

クーリング・オフ　　　　　　　　　　　　　[平25-34]

　宅地建物取引業者A社が、自ら売主として宅地建物取引業者でない買主Bとの間で締結した宅地の売買契約について、Bが宅地建物取引業法第37条の2の規定に基づき、いわゆるクーリング・オフによる契約の解除をする場合における次の記述のうち、正しいものはどれか。

(1) Bは、自ら指定した喫茶店において買受けの申込みをし、契約を締結した。Bが翌日に売買契約の解除を申し出た場合、A社は、既に支払われている手付金及び中間金の全額の返還を拒むことができる。

(2) Bは、月曜日にホテルのロビーにおいて買受けの申込みをし、その際にクーリング・オフについて書面で告げられ、契約を締結した。Bは、翌週の火曜日までであれば、契約の解除をすることができる。

(3) Bは、宅地の売買契約締結後に速やかに建物請負契約を締結したいと考え、自ら指定した宅地建物取引業者であるハウスメーカー（A社より当該宅地の売却について代理又は媒介の依頼は受けていない。）の事務所において買受けの申込みをし、A社と売買契約を締結した。その際、クーリング・オフについてBは書面で告げられた。その6日後、Bが契約の解除の書面をA社に発送した場合、Bは売買契約を解除することができる。

(4) Bは、10区画の宅地を販売するテント張りの案内所において、買受けの申込みをし、2日後、A社の事務所で契約を締結した上で代金全額を支払った。その5日後、Bが、宅地の引渡しを受ける前に契約の解除の書面を送付した場合、A社は代金全額が支払われていることを理由に契約の解除を拒むことができる。

　代理・媒介の依頼を受けていないのだから……。

講義

(1) **誤**。Bが自ら申し出た場合の**自宅・勤務先**で、Bが買受けの申込みをした場合は、Bはクーリング・オフできない。しかし、本肢のBが買受けの申込みをした場所は、Bが自ら指定した「喫茶店」なので、Bはクーリング・オフでき、A社は手付金及び中間金の返還を拒むことはできない。

📖 352頁 ⑤ 注意!、356頁 5.

(2) **誤**。クーリング・オフができることを、業者から「書面」で**告げられた日**から「**8日間**」経過すると、クーリング・オフできなくなる。だから、本肢のBがクーリング・オフできるのは、翌週の「月曜日」までだ。

📖 354頁 3.

(3) **正**。A社がハウスメーカーに売買の媒介・代理を**依頼していた**のなら、Bはクーリング・オフできない。しかし、本肢のA社はハウスメーカーに売買の媒介・代理を依頼していないので、Bはクーリング・オフできる。

📖 352頁 ④

(4) **誤**。Bが ① 宅地建物の**引渡し**を受け、**かつ**、② 代金の**全額**を支払ったなら、Bはクーリング・オフできない。しかし、本肢のBは宅地の引渡しを受けていないので、クーリング・オフできる。だから、A社は契約の解除を拒むことはできない。

📖 355頁

正 解 (3)

👓 **肢(2)について**

　業者から「書面」で**告げられた日**から「8日間」経過すると、クーリング・オフできなくなる。

注意! **告げられた日**から数え始める（翌日から数え始めるのではない）ので、肢(2)のBがクーリング・オフできるのは、翌週の「月曜日」までになる。

第4編 「自ら売主」の「8つの制限」

クーリング・オフ　　　　　　　　　　[平23-35]

　宅地建物取引業者A社が、自ら売主として宅地建物取引業者でない買主Bとの間で締結した投資用マンションの売買契約について、Bが宅地建物取引業法第37条の2の規定に基づき、いわゆるクーリング・オフによる契約の解除をする場合における次の記述のうち、誤っているものの組合せはどれか。

ア　A社は、契約解除に伴う違約金の定めがある場合、クーリング・オフによる契約の解除が行われたときであっても、違約金の支払を請求することができる。

イ　A社は、クーリング・オフによる契約の解除が行われた場合、買受けの申込み又は売買契約の締結に際し受領した手付金その他の金銭の倍額をBに現実に提供しなければならない。

ウ　Bは、投資用マンションに関する説明を受ける旨を申し出た上で、喫茶店で買受けの申込みをした場合、その5日後、A社の事務所で売買契約を締結したときであっても、クーリング・オフによる契約の解除をすることができる。

(1)　ア、イ
(2)　ア、ウ
(3)　イ、ウ
(4)　ア、イ、ウ

買主側の意思表示で判断する。

講義

ア　**誤**。クーリング・オフの結果、たとえ業者が損害を受けたとしても、業者は、損害賠償や**違約金**の支払いを請求できない。　　📖 356頁 5.

イ　**誤**。クーリング・オフの結果、契約はなかったことになるのだから、業者は、手付金等の金銭を受け取っていた場合は、**すみやかに返還**しなければならない。受け取っていた手付金を返還すればOKであり、倍額を支払う必要はないので、本肢は×だ。　　📖 356頁 5.

ウ　**正**。買主の申込みの場所と売主の承諾の場所（契約の場所）が異なる場合に、クーリング・オフができるかどうかは、**買主の申込みの場所**で決まる。本肢の買主のBは喫茶店で申込みをしているからクーリング・オフができる。　　📖 353頁 2.

以上により、誤っているものはアとイなので、肢(1)が正解となる。

正　解　(1)

後始末
1. クーリング・オフの結果、契約はなかったことになるのだから、業者は、手付金等の金銭を受け取っていた場合は、**すみやかに返還**しなければならない（肢イ）。
2. クーリング・オフの結果、たとえ業者が損害を受けたとしても、業者は、損害賠償や**違約金**の支払いを請求できない（肢ア）。

クーリング・オフ　　　　　　　　　　[平15-39]

　宅地建物取引業者Aが、自ら売主となり、宅地建物取引業者でない買主との間で締結した宅地の売買契約について、買主が宅地建物取引業法第37条の2の規定に基づき売買契約の解除（以下この問において「クーリング・オフ」という。）をする場合に関する次の記述のうち、正しいものはどれか。

(1) 買主Bは、20区画の宅地を販売するテント張りの案内所において、買受けを申し込み、契約を締結して、手付金を支払った。Bは、Aからクーリング・オフについて書面で告げられていなくても、その翌日に契約の解除をすることができる。

(2) 買主Cは、喫茶店で買受けの申込みをした際に、Aからクーリング・オフについて書面で告げられ、その4日後にAの事務所で契約を締結した場合、契約締結日から起算して8日が経過するまでは契約の解除をすることができる。

(3) 買主Dは、ホテルのロビーで買受けの申込みをし、翌日、Aの事務所で契約を締結した際に手付金を支払った。その3日後、Dから、クーリング・オフの書面が送付されてきた場合、Aは、契約の解除に伴う損害額と手付金を相殺することができる。

(4) 買主Eは、自ら指定したレストランで買受けの申込みをし、翌日、Aの事務所で契約を締結した際に代金の全部を支払った。その6日後、Eは、宅地の引渡しを受ける前にクーリング・オフの書面を送付したが、Aは、代金の全部が支払われていることを理由に契約の解除を拒むことができる。

 買主が冷静に判断できる場所か否かがポイント！

講義

(1) **正**。テント張りの案内所は、**土地に定着していない**から、Bは、クーリング・オフができる。クーリング・オフができないのは、土地に定着している案内所だ。また、Bは、Aからクーリング・オフができることを、業者のAから書面で告げられた日から「8日間」は、クーリング・オフできるのだから、書面で告げられていない段階（＝書面で告げられた日から8日間経過していない）でもクーリング・オフができる。

352頁 ③ 注意！

(2) **誤**。Cは、喫茶店で申込みをしたのだから、Aからクーリング・オフができることを、**書面で告げられてから8日間**は、クーリング・オフができる。契約締結日から8日間ではない。契約締結日から8日間を経過していたとしても、クーリング・オフができることを、書面で告げられてから8日間を経過していなければ、Cは、クーリング・オフしてOKだ。

354頁 3.

(3) **誤**。クーリング・オフの結果、たとえ業者が損害を受けたとしても、業者は、損害賠償の支払いを請求することはできない。そして、業者は、もともと**損害賠償を請求できない**のだから、損害金と手付金を相殺することもできない。

356頁 5.

(4) **誤**。クーリング・オフができなくなるのは、買主が宅地建物の**引渡し**を受け、かつ、代金の**全額**を支払った場合だ。買主Eは、代金の全額を支払ってはいるが、宅地の引渡しをまだ受けていないから、クーリング・オフをすることができる。

355頁 ①、②

正解 (1)

第4編 「自ら売主」の「8つの制限」

Point!

- 土地に定着している案内所 ➡ クーリング・オフできない。
- 土地に定着していない案内所 ➡ クーリング・オフできる（肢(1)）。

281

クーリング・オフ

[令1-38]

宅地建物取引業者Aが、自ら売主として、宅地建物取引業者ではないBとの間で宅地の売買契約を締結した場合における、宅地建物取引業法第37条の2の規定に基づくいわゆるクーリング・オフに関する次の記述のうち、誤っているものはいくつあるか。

ア Bがクーリング・オフにより売買契約を解除した場合、当該契約の解除に伴う違約金について定めがあるときは、Aは、Bに対して違約金の支払を請求することができる。

イ Aは、Bの指定した喫茶店で買受けの申込みを受けたが、その際クーリング・オフについて何も告げず、その3日後に、クーリング・オフについて書面で告げたうえで売買契約を締結した。この契約において、クーリング・オフにより契約を解除できる期間について買受けの申込みをした日から起算して10日間とする旨の特約を定めた場合、当該特約は無効となる。

ウ Aが媒介を依頼した宅地建物取引業者Cの事務所でBが買受けの申込みをし、売買契約を締結した場合、Aからクーリング・オフについて何も告げられていなければ、当該契約を締結した日から起算して8日経過していてもクーリング・オフにより契約を解除することができる。

(1) 一つ
(2) 二つ
(3) 三つ
(4) なし

書面で告げられた日から「8日間」より短かったら買主に不利。

講義

ア　**誤**。クーリング・オフの結果、たとえ業者が損害を受けたとしても、業者は、損害賠償や**違約金**の支払いを請求**できない**。そして、「Aは、Bに対して違約金の支払いを請求できる」という定め（特約）があっても、その定めはBにとって不利だから無効だ。だから、Aは違約金の支払いを請求できない。　　　　　　　　　　　　　　　　　　　　　　※ 356頁5.

イ　**正**。例えば、Bが申込みをしたのが4月1日だとする。その3日後（つまり4月4日）にクーリング・オフについて書面で告げられている。**書面**で告げられた日（4月4日）から**8日間**クーリング・オフができるのだから、Bは4月11日までクーリング・オフできる。ところが特約は、申込みの日（4月1日）から10日間（4月10日まで）となっている。つまり、特約はクーリング・オフができる期間が1日少ないわけだ。だから、Bにとって不利だから、無効となる。　　　　　　　　　　※ 354頁3.

ウ　**誤**。業者が自ら売主となり、他の業者に売買の媒介・代理を依頼した場合の、**他の業者**の**事務所**はクーリング・オフができなくなる場所だ。Bは、Aが媒介を依頼した業者Cの事務所で買受けの申込みをし、売買契約を締結したので、クーリング・オフができない。　　　　　　　　　　　※ 352頁④

以上により、誤っているものはアとウなので、正解は肢(2)となる。

正 解　(2)

肢イの特約について

買主Bが申込みをした日を4月1日とする。
① 申込日は　➡　4月1日
② **書面**で告げられた日　➡　4月4日（書面で告げられたのでカウント開始）
③ 4月4日から**8日間**　➡　4月11日（11日までクーリング・オフできる。これが原則だ）
④ 特約は申込日（4月1日）から10日間　➡　4月10日（10日までクーリング・オフできる）

結論　特約は原則より1日短いので買主Bに不利だ。だから、無効。

第4編　「自ら売主」の「8つの制限」

クーリング・オフ　　　　　　　　　　　[平26-38]

　宅地建物取引業者Aが、自ら売主として宅地建物取引業者でない買主Bとの間で締結した宅地の売買契約について、Bが宅地建物取引業法第37条の2の規定に基づき、いわゆるクーリング・オフによる契約の解除をする場合における次の記述のうち、正しいものはどれか。

(1) Aは、喫茶店でBから買受けの申込みを受け、その際にクーリング・オフについて書面で告げた上で契約を締結した。その7日後にBから契約の解除の書面を受けた場合、Aは、代金全部の支払を受け、当該宅地をBに引き渡していても契約の解除を拒むことができない。

(2) Aは、Bが指定した喫茶店でBから買受けの申込みを受け、Bにクーリング・オフについて何も告げずに契約を締結し、7日が経過した。この場合、Bが指定した場所で契約を締結しているので、Aは、契約の解除を拒むことができる。

(3) Bは、Aの仮設テント張りの案内所で買受けの申込みをし、その3日後にAの事務所でクーリング・オフについて書面で告げられた上で契約を締結した。この場合、Aの事務所で契約を締結しているので、Bは、契約の解除をすることができない。

(4) Bは、Aの仮設テント張りの案内所で買受けの申込みをし、Aの事務所でクーリング・オフについて書面で告げられた上で契約を締結した。この書面の中で、クーリング・オフによる契約の解除ができる期間を14日間としていた場合、Bは、契約の締結の日から10日後であっても契約の解除をすることができる。

 買主にとって有利ならOK。

講義

(1) 誤。買主が①宅地建物の**引渡し**を受け、かつ、②代金**全額**を支払うと、クーリング・オフができなくなる。だから、Aは契約の解除を拒むことができる。　　　　　　　　　　　　　　　　　　　　　355頁 ①、②

(2) 誤。申込みをした場所が、買主が指定した（**自ら申し出た**）**自宅・勤務先**ならクーリング・オフはできなくなる。しかし、Bが申込みをした場所は、Bが指定した喫茶店だ。だから、Bはクーリング・オフできる。したがって、Aは契約の解除を拒むことができない。　　　　352頁 ⑤

(3) 誤。買主の申込みの場所と売主の承諾の場所（契約の場所）が異なる場合に、クーリング・オフができるかどうかは、**買主の申込みの場所**で決まる。Bが申込みをした場所は、仮設テント張りの案内所なので、クーリング・オフできる。　　　　　　　　　　352頁 ③ 注意!、353頁 2.

(4) 正。契約の解除ができる期間を14日間とする特約は、買主にとって有利な特約だから**有効**だ。だから、Bは契約の締結の日から10日後であっても契約の解除をすることができる。　　　　　　　　　　354頁 3.

（正　解）　(4)

クーリング・オフができることを、業者から「**書面**」で告げられた日から「**8日間**」経過すると ➡ クーリング・オフができなくなる。
注意! この「8日間」という期間を**延長**することは、買主にとって有利な特約だから**有効**だ（肢(4)）。

クーリング・オフ　　　　　　　　　　　[平28-44]

　宅地建物取引業者Ａが、自ら売主として、宅地建物取引業者でないＢと宅地の売買契約を締結した場合、宅地建物取引業法第37条の2の規定に基づくいわゆるクーリング・オフについてＡがＢに告げるときに交付すべき書面の内容に関する次の記述のうち、誤っているものはどれか。

(1) Ａについては、その商号又は名称及び住所並びに免許証番号、Ｂについては、その氏名（法人の場合、その商号又は名称）及び住所が記載されていなければならない。

(2) Ｂは、クーリング・オフについて告げられた日から起算して8日を経過するまでの間は、代金の全部を支払った場合を除き、書面によりクーリング・オフによる契約の解除を行うことができることが記載されていなければならない。

(3) クーリング・オフによる契約の解除は、Ｂが当該契約の解除を行う旨を記載した書面を発した時にその効力を生ずることが記載されていなければならない。

(4) Ｂがクーリング・オフによる契約の解除を行った場合、Ａは、それに伴う損害賠償又は違約金の支払をＢに請求することができないこと、また、売買契約の締結に際し、手付金その他の金銭が支払われているときは、遅滞なくその全額をＢに返還することが記載されていなければならない。

 引渡しは？

講義

(1) 正。書面には、①売主である業者Aの商号または名称・住所・免許証番号、②買主Bの氏名（法人の場合は、その商号または名称）・住所が記載されていなければならない。

(2) 誤。書面には、告げられた日から起算して8日を経過する日までの間は、宅地の引渡しを受け、かつ、代金の全部を支払った場合を除き、書面により契約の解除を行うことができることが記載されていなければならない。本肢は「代金の全部を支払った場合を除き」となっている（「宅地の引渡しを受け、かつ、」の部分が抜けている）ので、×だ。

355頁 上の枠

(3) 正。書面には、契約の解除は、Bが当該契約の解除を行う旨を記載した書面を発した時にその効力を生ずることが記載されていなければならない。

355頁 4.

(4) 正。書面には、Bが契約の解除を行った場合、Aは、それに伴う損害賠償または違約金の支払をBに請求することができないこと、また、売買契約の締結に際し、手付金その他の金銭が支払われているときは、遅滞なくその全額をBに返還することが記載されていなければならない。

356頁 5.

正 解 (2)

Point!

買主が ①宅地建物の引渡しを受け、かつ、
②代金全額を支払うと
➡ クーリング・オフができなくなる（肢(2)）。

クーリング・オフ [平30-37]

　宅地建物取引業者である売主Aが、宅地建物取引業者Bの媒介により宅地建物取引業者ではない買主Cと新築マンションの売買契約を締結した場合において、宅地建物取引業法第37条の2の規定に基づくいわゆるクーリング・オフに関する次の記述のうち、正しいものはいくつあるか。

ア　AとCの間で、クーリング・オフによる契約の解除に関し、Cは契約の解除の書面をクーリング・オフの告知の日から起算して8日以内にAに到達させなければ契約を解除することができない旨の特約を定めた場合、当該特約は無効である。

イ　Cは、Bの事務所で買受けの申込みを行い、その3日後に、Cの自宅近くの喫茶店で売買契約を締結した場合、クーリング・オフによる契約の解除はできない。

ウ　Cは、Bからの提案によりCの自宅で買受けの申込みを行ったが、クーリング・オフについては告げられず、その10日後に、Aの事務所で売買契約を締結した場合、クーリング・オフによる契約の解除はできない。

エ　クーリング・オフについて告げる書面には、Bの商号又は名称及び住所並びに免許証番号を記載しなければならない。

(1)　一つ
(2)　二つ
(3)　三つ
(4)　なし

媒介業者の情報ではなく、売主に関する情報を記載する。

講義

ア **正**。クーリング・オフの効力は、買主が解除の書面を<u>発した時</u>に生じる（発信主義）。だから、Cは解除の書面を告知の日から起算して8日以内に発信すれば契約を解除できる。したがって、本肢の「8日以内に到達させなければ解除できない」旨の特約は、Cにとって不利だから無効となる。

📖 355頁 4.

イ **正**。申込みの場所と契約の場所（承諾の場所）が異なる場合に、クーリング・オフができるかどうかは、<u>申込み</u>の場所で決まる。CはBの事務所で申込みをしているから、クーリング・オフできない。

📖 352頁 ④、353頁 2.

ウ **誤**。申込みの場所が、Cが<u>自ら申し出た</u>場合の自宅なら、クーリング・オフできない。しかし、本肢の場合、提案したのはBであり、Cが申し出たのではない。また、クーリング・オフができることを、<u>書面</u>で告げられてから8日間経過すると、クーリング・オフができなくなるが、Cは告げられてはいない。したがって、Cはクーリング・オフできる。

📖 352頁 ⑤ 注意！、354頁 3.

エ **誤**。クーリング・オフについて告げる書面には、<u>売主</u>（つまりA）の①商号または名称②住所③免許証番号を記載しなければならない。媒介業者Bのものではなく、売主Aのものを記載しなければならないので、本肢は×だ。

以上により、正しいものはアとイなので、正解は肢(2)となる。

正 解 (2)

Point!

クーリング・オフについて告げる書面には、次の事項を記載しなければならない（肢エ）。

1 売主の　① 商号または名称
　　　　　② 住所
　　　　　③ 免許証番号
2 買主の　① 氏名（法人の場合は、商号または名称）
　　　　　② 住所

第4編 「自ら売主」の「8つの制限」

他人の物件の売買 [平17-35]

　宅地建物取引業者Aが自ら売主となって宅地建物の売買契約を締結した場合に関する次の記述のうち、宅地建物取引業法の規定に違反するものはどれか。

　なお、この問において、AとC以外の者は宅地建物取引業者でないものとする。

(1) Bの所有する宅地について、BとCが売買契約を締結し、所有権の移転登記がなされる前に、CはAに転売し、Aは更にDに転売した。

(2) Aの所有する土地付建物について、Eが賃借していたが、Aは当該土地付建物を停止条件付でFに売却した。

(3) Gの所有する宅地について、AはGと売買契約の予約をし、Aは当該宅地をHに転売した。

(4) Iの所有する宅地について、AはIと停止条件付で取得する売買契約を締結し、その条件が成就する前に当該物件についてJと売買契約を締結した。

 Aが他人の物件を手に入れることが確実なら、シロートに売却してOKだ！

講義

(1) **違反しない**。BとCで売買契約を締結しているので、宅地（便宜上この宅地を甲地と呼ぶ）の所有権はCに移転している。業者は他人の物件を確実に取得できる場合には、シロートの買主に売ってOKなのだ。業者Aは、甲地の所有者であるCと甲地を取得する「**契約**」を締結しているから、他人の物件を確実に取得できる場合だ。だから、業者Aは甲地をシロートの買主であるDに売ってOKだ。ちなみに、登記をしてなくても、所有権は移転することになる。念のため。　　　　　　　　　357頁 ①

(2) **違反しない**。Aは自分が所有している土地付建物を売却しているだけであり、そもそも**他人の物件の売買にはならない**ので、トーゼン宅建業法には違反しない。自己の所有物件に賃借人がいても何の問題もない。
　　　　　　　　　356頁 1.

(3) **違反しない**。業者が他人の物件を取得する「**予約**」を締結している場合は、他人の物件を確実に取得できる場合だからシロートの買主に売ってOKだ。他人の物件をシロートであるHに転売しても宅建業法には違反しない。　　　　　　　　　357頁 ②

(4) **違反する**。業者が他人の物件を取得する「**条件付契約**」を締結している場合は、他人の物件を確実に取得できる場合ではないので、シロートの買主に売ることはできない。宅建業法に違反している。　357頁 ③

　　　　　　　　　　　　　　　　　　　　正　解　(4)

第4編　「自ら売主」の「8つの制限」

他人の物件の売買
　業者がその物件を取得する　　　　　シロートの買主に売ってよいか？
① 「**契約**」を締結している場合　　➡　○　（肢(1)）
② 「**予約**」を締結している場合　　➡　○　（肢(3)）
③ 「**条件付契約**」を締結している場合 ➡ ×　（肢(4)）
注意 ➡「条件付契約」であっても、条件が成就した後は、シロート買主に売ってOKとなる。

手付金等保全措置 [令1-37]

宅地建物取引業者Aが、自ら売主として、宅地建物取引業者ではないBとの間で締結する建築工事完了前のマンション（代金3,000万円）の売買契約に関する次の記述のうち、宅地建物取引業法（以下この問において「法」という。）の規定によれば、正しいものはどれか。

(1) Aが手付金として200万円を受領しようとする場合、Aは、Bに対して書面で法第41条に定める手付金等の保全措置を講じないことを告げれば、当該手付金について保全措置を講じる必要はない。

(2) Aが手付金を受領している場合、Bが契約の履行に着手する前であっても、Aは、契約を解除することについて正当な理由がなければ、手付金の倍額を現実に提供して契約を解除することができない。

(3) Aが150万円を手付金として受領し、さらに建築工事完了前に中間金として50万円を受領しようとする場合、Aは、手付金と中間金の合計額200万円について法第41条に定める手付金等の保全措置を講じれば、当該中間金を受領することができる。

(4) Aが150万円を手付金として受領し、さらに建築工事完了前に中間金として500万円を受領しようとする場合、Aは、手付金と中間金の合計額650万円について法第41条に定める手付金等の保全措置を講じたとしても、当該中間金を受領することができない。

 限度額を超える部分だけに講じてもダメ。

講義

(1) **誤**。未完成物件で、代金の**5％**（150万円）を超える200万円を受領しようとするのだから、保全措置を講じる必要がある。「書面で保全措置を講じないことを告げれば、保全措置を講じる必要はない」というのは、全くのデタラメだ。　　363頁(2)①

(2) **誤**。Bが履行に着手する<u>前</u>であれば、Aは手付金の倍額を現実に提供して、契約を解除できる。この手付金の倍返しによる解除は、正当な理由がなくてもできる。　　174頁(1)、175頁(2)、176頁(3)

(3) **正**。手付金の150万円＋中間金の50万円＝200万円となり、代金の**5％**（150万円）を超えるから、中間金を受領するためには保全措置が必要だ。そして、保全措置は、限度額を超える部分である50万円だけに講じるのではなく200万円**全額**に講じる必要がある。だから、Aは200万円について保全措置を講じれば、中間金を受領できる。

363頁(2)①、364頁 よく出るポイント②

(4) **誤**。手付金の150万円＋中間金の500万円＝650万円となり、代金の**5％**（150万円）を超えるから、中間金を受領するためには保全措置が必要だ。そして、保全措置は、限度額を超える部分である500万円だけに講じるのではなく650万円**全額**に講じる必要がある。だから、Aは650万円について保全措置を講じれば、中間金を受領できる。なお、売主業者、買主シロートの場合、受け取れる手付の額は、代金の20％が限度だが、中間金は手付金ではないので、代金の20％に制限されない。

363頁(2)①、364頁 よく出るポイント②

正 解　(3)

全額に講じる
　手付金等保全措置は、限度額を超える部分だけに講じるのではなく、**全額**に講じなければならない（肢(3)(4)）。

手付金等保全措置　　　　　　　　　　　　　　［平22-41］

　宅地建物取引業者Aが、自ら売主として宅地建物取引業者でない買主Bとの間で、建築工事完了前のマンションの売買契約を締結するに当たり、宅地建物取引業法第41条の規定に基づく手付金等の保全措置（以下この問において「保全措置」という。）が必要な場合における次の記述のうち、同法の規定によれば、誤っているものはいくつあるか。

ア　売買契約において、当該マンションの代金の額の10％に相当する額の中間金を支払う旨の定めをしたが、Aが保全措置を講じないことを理由に、Bが当該中間金を支払わないときは、Aは、Bの当該行為が債務不履行に当たるとして契約を解除することができる。

イ　Aが受領した手付金の返還債務を連帯して保証することを委託する契約をAとAの代表取締役との間であらかじめ締結したときは、Aは、当該マンションの代金の額の20％に相当する額を手付金として受領することができる。

ウ　Aが受領した手付金の返還債務のうち、保全措置を講じる必要があるとされた額を超えた部分についてのみ保証することを内容とする保証委託契約をAと銀行との間であらかじめ締結したときは、Aは、この額を超える額の手付金を受領することができる。

エ　手付金の受領後遅滞なく保全措置を講じる予定である旨を、Aがあらかじめ Bに対して説明したときは、Aは、保全措置を講じることなく当該マンションの代金の額の10％に相当する額を手付金として受領することができる。

(1)　一つ
(2)　二つ
(3)　三つ
(4)　四つ

　個数問題は、全部×（全部○）ということもありうる。

講義

ア **誤**。買主は、業者が手付金等保全措置をとらない限り、手付金等を**支払わなくてOK**だ（支払わなくても債務不履行にはならない）。そして、債務不履行にならないのだから、業者Aは、契約を解除することはできない。

362頁(3)

イ **誤**。本肢のような方法で手付金等保全措置を講じる場合は、**銀行**等の金融機関か、保険事業者と保証委託契約を締結しなければならない。民間人であるAの代表取締役と保証委託契約を締結してもダメだ。

361頁(1)

ウ **誤**。手付金等保全措置は、限度額を超える部分にだけ講じるのではなく、**全額**に講じなければならない。　　　　364頁 よく出るポイント②

エ **誤**。業者は、手付金等を**受領する前**に手付金等保全措置を講じなければならない。受領後遅滞なく講じるのでは、ダメだ。　　362頁(3)

以上により、誤っているものはアとイとウとエなので（全部が誤っているので）、正解は肢(4)となる。

正 解 (4)

Q1　業者は、いつまでに手付金等保全措置を講じなければならないか？
A1　手付金等を**受領する前**だ（肢エ）。
Q2　業者が、手付金等保全措置を講じない場合、買主はどーする？
A2　手付金等を**支払わなくてOK**（支払わなくても債務不履行にはならない）（肢ア）。

手付金等保全措置その他　　　　　　　　　　[平24-34]

　宅地建物取引業者A社は、自ら売主として宅地建物取引業者でない買主Bとの間で、中古マンション（代金2,000万円）の売買契約（以下「本件売買契約」という。）を締結し、その際、代金に充当される解約手付金200万円（以下「本件手付金」という。）を受領した。この場合におけるA社の行為に関する次の記述のうち、宅地建物取引業法（以下この問において「法」という。）の規定に違反するものはいくつあるか。

ア　引渡前に、A社は、代金に充当される中間金として100万円をBから受領し、その後、本件手付金と当該中間金について法第41条の2に定める保全措置を講じた。

イ　本件売買契約締結前に、A社は、Bから申込証拠金として10万円を受領した。本件売買契約締結時に、当該申込証拠金を代金の一部とした上で、A社は、法第41条の2に定める保全措置を講じた後、Bから本件手付金を受領した。

ウ　A社は、本件手付金の一部について、Bに貸付けを行い、本件売買契約の締結を誘引した。

(1)　一つ
(2)　二つ
(3)　三つ
(4)　なし

　中間金は手付金等に含まれる。

講義

ア **違反する**。A社は、100万円の中間金（＝手付金等）を**受領する前**に手付金等保全措置を講じなければならない。A社は、中間金を「受領した後」に保全措置を講じているので業法の規定に違反する。

362頁(3)、364頁 よく出るポイント③

イ **違反しない**。申込証拠金（代金の一部とする）10万円＋手付金200万円＝210万円となり、代金の **10%** を超えるので、保全措置が必要となる。そして、A社は、手付金を**受領する前**に手付金等保全措置を講じているので、何の問題もない。

363頁(2)、364頁 注意！

ウ **違反する**。業者は、**手付金**をお客さんに貸し付けて、契約の**勧誘をしてはならない**。

326頁 5.

以上により、違反するものはアとウなので、正解は肢(2)となる。

正 解 (2)

第4編 「自ら売主」の「8つの制限」

手付金等保全措置の「等」とは、
➡ 手付金という名称でなくとも、「契約の締結以後、物件の引渡し前に支払われ、**代金に充当**されるお金」であれば、すべて含む、という意味。よく出るのは、**中間金**だ（肢ア）。

手付金等保全措置　　　　　　　　　　　　　　［平26-33］

　宅地建物取引業者Aが、自ら売主として買主との間で建築工事完了前の建物を5,000万円で売買する契約をした場合において、宅地建物取引業法第41条第1項に規定する手付金等の保全措置（以下この問において「保全措置」という。）に関する次の記述のうち、同法に違反するものはどれか。

(1)　Aは、宅地建物取引業者であるBと契約を締結し、保全措置を講じずに、Bから手付金として1,000万円を受領した。

(2)　Aは、宅地建物取引業者でないCと契約を締結し、保全措置を講じた上でCから1,000万円の手付金を受領した。

(3)　Aは、宅地建物取引業者でないDと契約を締結し、保全措置を講じることなくDから手付金100万円を受領した後、500万円の保全措置を講じた上で中間金500万円を受領した。

(4)　Aは、宅地建物取引業者でないEと契約を締結し、Eから手付金100万円と中間金500万円を受領したが、既に当該建物についてAからEへの所有権移転の登記を完了していたため、保全措置を講じなかった。

　「一部」か「全部」か。

講義

(1) **違反しない。** 買主が業者の場合（**業者間取引**の場合）は、保全措置を講じる必要はない。だから、Aは、保全措置を講じずに、1,000万円の手付金を受け取ってOK。　参351頁②

(2) **違反しない。** Aは、**保全措置**を講じた上で手付金を受け取っているのだから、宅建業法に違反しない。　参362頁(3)

(3) **違反する。** 保全措置は、**全額**について講じなければならない。本肢の場合、Aは、600万円**全額**（手付金の100万円＋中間金の500万円）講じなければならない。中間金の500万円についてだけ講じてもダメなので、本肢は宅建業法に違反する。　参364頁 よく出るポイント②

(4) **違反しない。** 買主Eが登記さえ得れば、その後Aがたとえ二重譲渡したとしても、Eは安泰だ。だから、Eが**登記を得た**場合には、保全措置は不要となる。　参363頁(1)

正　解　(3)

第4編 「自ら売主」の「8つの制限」

Point!

手付金等保全措置は、**全額**に講じなければならない。

例 5,000万円の未完成物件について、手付金の100万円と中間金の500万円を受け取る場合、
　➡ 手付金等保全措置は、600万円**全額**に講じなければならない（肢(3)）。

299

手付金等保全措置 [平23-38]

　宅地建物取引業者Ａ社が、自ら売主として宅地建物取引業者でない買主Ｂと建築工事完了前のマンション（代金3,000万円）の売買契約を締結し、Ｂから手付金200万円を受領した。この場合において、宅地建物取引業法第41条第1項の規定による手付金等の保全措置（以下この問において「保全措置」という。）に関する次の記述のうち、誤っているものはどれか。

(1)　Ａ社が銀行との間で保証委託契約を締結することにより保全措置を講じている場合、当該措置内容は、少なくともＡ社が受領した手付金の返還債務の全部を保証するものでなければならない。

(2)　Ａ社が保険事業者との間で保証保険契約を締結することにより保全措置を講じている場合、当該措置内容は、少なくとも当該保証保険契約が成立したときから建築工事の完了までの期間を保険期間とするものでなければならない。

(3)　Ｂが売買契約締結前に申込証拠金5万円を支払っている場合で、当該契約締結後、当該申込証拠金が代金に充当されるときは、Ａ社は、その申込証拠金に相当する額についても保全措置を講ずる必要がある。

(4)　Ａ社は、売買契約締結後の建築工事中に、さらに200万円を中間金としてＢから受領する場合、当該中間金についても保全措置を講ずる必要がある。

　引渡しまでの面倒を見ろ！

講義

(1) 正。保証委託契約の場合、業者が受領した手付金等の返還債務の**全部**を保証するものでなければならない。全部が保証されなければ、シロートの買主を保護したことにならないからだ。　　　361頁(1)

(2) 誤。保険期間は、少なくとも保証保険契約が成立したときから宅地または建物の**引渡し**までの期間であることが必要だ。「工事完了までの期間」ではダメだ。

(3) 正。申込証拠金が**代金に充当**される場合は、その申込み証拠金に相当する額についても保全措置を講じなければならない。
364頁 よく出るポイント③、注意!

(4) 正。中間金は、「契約の締結の日以後、物件の引渡し前に支払われ、**代金に充当**されるお金」だから、保全措置を講じる必要がある。
364頁 よく出るポイント③

正　解　(2)

保証保険契約の内容
① 保険金額が、業者が受領しようとする手付金等の額（既に受領した手付金等があるときは、その額を加えた額）に相当する金額であること。
　➡ 要するに、シロートの買主には、買主が支払ったお金の全額が返ってくる、ということ。
② 保険期間が、少なくとも保証保険契約が成立したときから宅地または建物の**引渡し**までの期間であること（肢(2)）。

手付金等保全措置　　　　　　　　　　　[平30-38]

　宅地建物取引業者である売主は、宅地建物取引業者ではない買主との間で、戸建住宅の売買契約（所有権の登記は当該住宅の引渡し時に行うものとする。）を締結した。この場合における宅地建物取引業法第41条又は第41条の2の規定に基づく手付金等の保全措置（以下この問において「保全措置」という。）に関する次の記述のうち、正しいものはどれか。

(1)　当該住宅が建築工事の完了後で、売買代金が3,000万円であった場合、売主は、買主から手付金200万円を受領した後、当該住宅を引き渡す前に中間金300万円を受領するためには、手付金200万円と合わせて保全措置を講じた後でなければ、その中間金を受領することができない。

(2)　当該住宅が建築工事の完了前で、売買代金が2,500万円であった場合、売主は、当該住宅を引き渡す前に買主から保全措置を講じないで手付金150万円を受領することができる。

(3)　当該住宅が建築工事の完了前で、売主が買主から保全措置が必要となる額の手付金を受領する場合、売主は、事前に、国土交通大臣が指定する指定保管機関と手付金等寄託契約を締結し、かつ、当該契約を証する書面を買主に交付した後でなければ、買主からその手付金を受領することができない。

(4)　当該住宅が建築工事の完了前で、売主が買主から保全措置が必要となる額の手付金等を受領する場合において売主が銀行との間で締結する保証委託契約に基づく保証契約は、建築工事の完了までの間を保証期間とするものでなければならない。

 超える部分だけではダメ。

講義

(1) **正**。3,000万円の完成物件だから、手付金等の額が300万円以下（代金の **10%** 以下）の場合は、保全措置は不要だ。だから、手付金（200万円）については、保全措置を講じないで受け取ってOKだ。ただし、中間金（300万円）を受け取るためには、手付金200万円＋中間金300万円＝500万円となり、300万円を超えるので保全措置が必要だ。そして、手付金等保全措置は、限度額を超える部分だけに講じるのではなく、全額に講じなければならない。　　　　　363頁(2)②、364頁 よく出るポイント②

(2) **誤**。2,500万円の未完成物件だから、手付金等の額が125万円以下（代金の **5％** 以下）の場合は、保全措置は不要だ。本肢の手付金の150万円は、125万円を超えるので保全措置が必要だ。　　　　　363頁(2)①

(3) **誤**。未完成物件の場合は、指定保管機関には手付金等保全措置を依頼できない。指定保管機関が面倒を見てくれるのは、完成物件だけだ。
362頁 注意！

(4) **誤**。保証委託契約に基づく保証契約とは、銀行等に面倒を見てもらう方法のことだ。この保証委託契約に基づく保証契約は、「引渡し」までの間を保証期間とするものでなければならない。「工事完了」までの間ではないので、本肢は×だ。

正　解　(1)

Point!

全額に講じる
手付金等保全措置は、限度額を超える部分だけに講じるのではなく、**全額**に講じなければならない（肢(1)）。

手付金等保全措置　　　　　　　　　　　　　[平28-43]

　宅地建物取引業者Aが、自ら売主として、宅地建物取引業者でないBと建築工事完了前のマンション（代金3,000万円）の売買契約を締結した場合、宅地建物取引業法第41条の規定に基づく手付金等の保全措置（以下この問において「保全措置」という。）に関する次の記述のうち、正しいものはいくつあるか。

ア　Aが、Bから手付金600万円を受領する場合において、その手付金の保全措置を講じていないときは、Bは、この手付金の支払を拒否することができる。

イ　Aが、保全措置を講じて、Bから手付金300万円を受領した場合、Bから媒介を依頼されていた宅地建物取引業者Cは、Bから媒介報酬を受領するに当たり、Aと同様、あらかじめ保全措置を講じなければ媒介報酬を受領することができない。

ウ　Aは、Bから手付金150万円を保全措置を講じないで受領し、その後引渡し前に、中間金350万円を受領する場合は、すでに受領した手付金と中間金の合計額500万円について保全措置を講じなければならない。

エ　Aは、保全措置を講じないで、Bから手付金150万円を受領した場合、その後、建築工事が完了しBに引き渡す前に中間金150万円を受領するときは、建物についてBへの所有権移転の登記がなされるまで、保全措置を講じる必要がない。

(1)　一つ
(2)　二つ
(3)　三つ
(4)　四つ

　未完成物件か完成物件かは、契約時で判断する。

講義

ア　正。業者が手付金等保全措置を講ずる必要があるのに、講じない場合、買主は、業者が手付金等保全措置を講じない限り、手付金等を**支払わなくていい**。

362頁(3)

イ　誤。手付金等保全措置を講じる義務があるのは、**売主**である業者Aだ。媒介業者Cは保全措置を講じる義務はない。また、保全措置の対象となる手付金等に媒介報酬は含まれない。本肢は、全くのデタラメだ。

364頁 よく出るポイント③、365頁(1)

ウ　正。手付金等保全措置は、限度額を超える部分だけに講じるのではなく、**全額**に講じなければならない。だから、Aは、全額（手付金＋中間金＝500万円）について、保全措置を講じなければならない。

364頁 よく出るポイント②

エ　誤。未完成物件か否かは、**契約**時において判断することになる。本肢のように、建築工事完了後に中間金の支払いをする場合でも、契約時に未完成物件であるなら、未完成物件のルールが適用される（つまり、代金の**5%**を超えるか、または、1,000万円を超えたら保全措置を講じる必要がある）。300万円（手付金150万円＋中間金150万円＝300万円）という金額は、代金の5%を超えているから、Aは、保全措置を講じる必要がある。

363頁(2)①、注意!

以上により、正しいものはアとウなので、正解は肢(2)となる。

正　解　(2)

「**契約**時は、未完成物件」で、「中間金の支払時は、完成物件」の場合
➡ 未完成物件のルールが適用される（代金の5%を超えるか、または、1,000万円を超えたら保全措置を講じる必要がある）（肢エ）。

手付金等保全措置 [平20-41]

宅地建物取引業者Ａが自ら売主として、買主Ｂとの間で締結した売買契約に関して行う次に記述する行為のうち、宅地建物取引業法（以下この問において「法」という。）の規定に違反するものはどれか。

(1) Ａは、宅地建物取引業者でないＢとの間で建築工事完了前の建物を5,000万円で販売する契約を締結し、法第41条に規定する手付金等の保全措置を講じずに、200万円を手付金として受領した。

(2) Ａは、宅地建物取引業者でないＢとの間で建築工事が完了した建物を5,000万円で販売する契約を締結し、法第41条の2に規定する手付金等の保全措置を講じずに、当該建物の引渡し前に700万円を手付金として受領した。

(3) Ａは、宅地建物取引業者でないＢとの間で建築工事完了前の建物を1億円で販売する契約を締結し、法第41条に規定する手付金等の保全措置を講じた上で、1,500万円を手付金として受領した。

(4) Ａは、宅地建物取引業者であるＢとの間で建築工事が完了した建物を1億円で販売する契約を締結し、法第41条の2に規定する手付金等の保全措置を講じずに、当該建物の引渡し前に2,500万円を手付金として受領した。

 楽勝ゴロ合せを思い出せ！

講義

(1) **違反しない**。未完成物件の場合、手付金等の額が代金の **5%** 以下、かつ、**1,000万円** 以下の場合には、業者は、保全措置をとらずに手付金等を受け取ることができる。Aが受け取った手付金は200万円なので、その額は、代金の5%以下、かつ、1,000万円以下だから、保全措置をとらなくてOKだ。

363頁(2)①

(2) **違反する**。完成物件の場合、手付金等の額が代金の **10%** 以下、かつ、**1,000万円** 以下の場合には、業者は、保全措置をとらずに手付金等を受け取ることができる。Aが受け取った手付金は700万円なので、その額が代金の10%を超えることになるから、保全措置が必要だ。

363頁(2)②

(3) **違反しない**。Aは、手付金を**受け取る前**に保全措置をとったのだから、何の問題もない。トーゼン宅建業法の規定に違反しない。　362頁(3)

(4) **違反しない**。**業者間取引**だから、Aは、保全措置をとらないで手付金等を受け取ってOKだ。また、**業者間取引**だから、Aは、代金の20%を超える手付金を受け取ってOKだ。だから、宅建業法の規定に違反しない。

351頁②

正 解　(2)

金額が小さいので保全措置が不要な場合
①**未完成物件** ➡ 代金の **5%** 以下、かつ、**1,000万円** 以下（肢(1)）
②**完 成 物 件** ➡ 代金の **10%** 以下、かつ、**1,000万円** 以下（肢(2)）

　ミカン　5　つで　カン　ジュース　1000
　　　　　未完成物件　5%以下　　完成物件　10%以下　1,000万円以下

手付金等保全措置その他　　　　　　　　　　　[平27-40]

　宅地建物取引業者Ａが、自ら売主として宅地建物取引業者でない買主Ｂとの間で締結した売買契約に関する次の記述のうち、宅地建物取引業法の規定によれば、正しいものはいくつあるか。

ア　Ａは、Ｂとの間で建築工事完了後の建物に係る売買契約（代金3,000万円）において、「Ａが契約の履行に着手するまでは、Ｂは、売買代金の１割を支払うことで契約の解除ができる」とする特約を定め、Ｂから手付金10万円を受領した。この場合、この特約は有効である。

イ　Ａは、Ｂとの間で建築工事完了前の建物に係る売買契約（代金3,000万円）を締結するに当たり、保険事業者との間において、手付金等について保証保険契約を締結して、手付金300万円を受領し、後日保険証券をＢに交付した。

ウ　Ａは、Ｂとの間で建築工事完了前のマンションに係る売買契約（代金3,000万円）を締結し、その際に手付金150万円を、建築工事完了後、引渡し及び所有権の登記までの間に、中間金150万円を受領したが、合計額が代金の10分の１以下であるので保全措置を講じなかった。

(1)　一つ
(2)　二つ
(3)　三つ
(4)　なし

　保険は、いつかけるのか？

講義

ア　誤。業者が売主となり、シロートの買主から手付を受け取る場合、買主に不利な特約は**無効**になる。本肢の特約は、買主Bに不利なので**無効**になる（Bは、「10万円」放棄すれば解除できるハズなのに、特約だと、Bは、解除するのに「代金の1割（要するに300万円）」払う必要がある。だから、本肢の特約は、Bに不利だ）。　　　　　　　　　　366頁 第4節

イ　誤。手付金等保全措置は、手付金等を**受領する前**に講じなければならない。だから、Aは、300万円を**受領する前**に、保険証券をBに**交付**しなければならない。　　　　　　　　　　　　　　　　　362頁(3)

ウ　誤。「未完成物件なのか、それとも、完成物件なのか？」の判断は**契約**時を基準に判断する（契約時に未完成物件ならば、その後、完成しても未完成物件）。だから、本肢のマンションは、未完成物件として扱うことになる。**未完成物件**の場合は、手付金等が、代金の**5%を超える**か、または1,000万円を超えるなら、保全措置を講じる必要がある。本肢の場合、手付金150万円＋中間金150万円＝300万円となり、代金の5%である150万円を超えることになる。だから、保全措置を講じる必要がある。
　　　　　　　　　　　　　　　　　　　　363頁(2)①、注意！

以上により、正しいものはないので、正解は肢(4)となる。

正　解　(4)

Point!

手付金等保全措置は、
➡ 手付金等を**受領する前**に講じなければならない。
➡ だから、手付金等を**受領する前**に、保険証券をシロートの買主に**交付**しなければならない（肢イ）。

コメント　保険証券を交付しなければ、保全措置を講じたことにならない、ということ。

手付金等保全措置　　　　　　　　　　　　［平25-40］

宅地建物取引業者Aが、自ら売主として買主との間で締結する売買契約に関する次の記述のうち、宅地建物取引業法（以下この問において「法」という。）の規定によれば、正しいものはどれか。なお、この問において「保全措置」とは、法第41条に規定する手付金等の保全措置をいうものとする。

(1) Aは、宅地建物取引業者でない買主Bとの間で建築工事完了前の建物を4,000万円で売却する契約を締結し300万円の手付金を受領する場合、銀行等による連帯保証、保険事業者による保証保険又は指定保管機関による保管により保全措置を講じなければならない。

(2) Aは、宅地建物取引業者Cに販売代理の依頼をし、宅地建物取引業者でない買主Dと建築工事完了前のマンションを3,500万円で売却する契約を締結した。この場合、A又はCのいずれかが保全措置を講ずることにより、Aは、代金の額の5％を超える手付金を受領することができる。

(3) Aは、宅地建物取引業者である買主Eとの間で建築工事完了前の建物を5,000万円で売却する契約を締結した場合、保全措置を講じずに、当該建物の引渡前に500万円を手付金として受領することができる。

(4) Aは、宅地建物取引業者でない買主Fと建築工事完了前のマンションを4,000万円で売却する契約を締結する際、100万円の手付金を受領し、さらに200万円の中間金を受領する場合であっても、手付金が代金の5％以内であれば保全措置を講ずる必要はない。

プロを保護する必要なし。

講義

(1) **誤**。未完成物件の売買の場合には、**指定保管機関**には手付金等保全措置を依頼**できない**（指定保管機関が面倒を見てくれるのは、完成物件だけだ）。　　362 頁 注意!

(2) **誤**。手付金等保全措置を講じなければならないのは、**売主**の業者Aだ。Cが講じてもダメ。　　365 頁 (1)

(3) **正**。買主が**業者**の場合（業者間取引の場合）は、手付金等保全措置を講じる必要はない。だから、Aは、保全措置を講じずに、500万円の手付金を受け取ってOK。　　351 頁 [1]、[2]

(4) **誤**。手付金等の「等」には**中間金**が含まれる。だから、中間金も手付金等保全措置の対象となる。そして、本肢の場合、その額は手付金100万円＋中間金200万円＝300万円となり、4,000万円（未完成のマンションの代金）の**5%**である200万円を超えることになる。だから、Aは、保全措置を講じる必要がある。

363 頁(2) [1]、364 頁 よく出るポイント③

正解 (3)

第4編 「自ら売主」の「8つの制限」

　8つの制限が適用されるのは（手付金等保全措置は8つの制限のうちの1つだ）、
① 業者が「**自ら売主**」で、かつ
② 買主がシロートの場合に限られる（**業者間**の取引に適用なし）（肢(3)）。

311

手付金等保全措置その他　　　　　　　　[平19-34]

　宅地建物取引業者Aが、自ら売主となって宅地建物取引業者でない買主Bに建築工事完了前のマンションを1億円で販売する場合において、AがBから受領する手付金等に関する次の記述のうち、宅地建物取引業法の規定によれば、誤っているものはどれか。なお、この問において「保全措置」とは、同法第41条第1項の規定による手付金等の保全措置をいう。

(1) Aが当該マンションの売買契約締結時に、手付金として500万円をBから受領している場合において、Bが契約の履行に着手していないときは、Aは、Bに500万円を現実に提供すれば、当該売買契約を解除することができる。

(2) AがBから手付金として1,500万円を受領するに当たって保全措置を講ずる場合、Aは、当該マンションの売買契約を締結するまでの間に、Bに対して、当該保全措置の概要を説明しなければならない。

(3) AがBから手付金として1,500万円を受領しようとする場合において、当該マンションについてBへの所有権移転の登記がされたときは、Aは、保全措置を講じなくてもよい。

(4) Aが1,000万円の手付金について銀行との間に保全措置を講じている場合において、Aが資金調達に困り工事請負代金を支払うことができず、当該マンションの引渡しが不可能となったときは、Bは、手付金の全額の返還を当該銀行に請求することができる。

 羊（お客さん）を守れ！

講義

(1) **誤**。業者が自ら売主となり、シロートの買主から手付を受け取る場合には、その手付は解約手付とみなされる。そして、買主が解約手付を交付した場合、売主は、手付の倍額を返還すれば契約を解除することができる。だから、Aが契約を解除するには、手付の倍額である1,000万円をBに返還する必要がある。　　174頁 条文①、366頁 第4節

(2) **正**。手付金等保全措置の概要は、重要事項説明書の記載事項だ。だから、Aは、当該マンションの売買契約を締結するまでの間（＝売買契約成立前）に、Bに対して、重要事項の説明として、手付金等保全措置の概要を説明しなければならない。　　373頁(5)、376頁⑧

(3) **正**。買主が登記さえ得れば、その後売主がたとえ二重譲渡したとしても、買主は安泰だ。だから、買主が登記を得た場合には、手付金等保全措置は不要となる。　　363頁(1)

(4) **正**。手付金等保全措置とは、業者が手付金を返せない場合に、「別の人（銀行等の金融機関など）」が業者の代わりに、手付金を買主に返す、という制度だ。本肢の場合は、Aと銀行との間で保全措置が講じられているので、Bは、手付金の全額の返還を当該銀行に請求することができる。　　361頁(1)①

正　解　(1)

第4編 「自ら売主」の「8つの制限」

手付の制限
　業者が自ら売主となり、シロートの買主から手付を受け取る場合には、その**手付は解約手付**とみなされる。
　そして、買主が解約手付を交付した場合、
① 買主は ➡ 手付を**放棄**（これは**意思表示**だけでOK）すれば契約を解除できる。
② 売主は ➡ 手付の**倍額を返還**（**これは現実の提供が必要**）すれば契約を解除できる（肢(1)）。

8つの制限

[平18-39]

　宅地建物取引業者Ａが自ら売主として、宅地建物取引業者でないＢとの間で土地付建物の売買契約を締結した場合、次の記述のうち、宅地建物取引業法（以下この問において「法」という。）の規定によれば、誤っているものはどれか。

(1) Ｂは、Ａが設置したテント張りの案内所で買受けの申込みをし、翌日Ａの事務所で契約を締結した場合には、それ以降は一切法第37条の2による当該契約の解除を行うことはできない。

(2) 当該契約において、当事者の債務の不履行を理由とする契約の解除に伴う損害賠償の額を予定し、又は違約金を定めるときは、これらを合算した額が代金の額の10分の2を超える定めをしてはならない。

(3) 当該契約に「当事者の一方が契約の履行に着手するまでは、Ａは受領した手付を返還して、契約を解除することができる」旨の特約を定めた場合、その特約は無効である。

(4) Ａは、当該建物が未完成であった場合でも、Ｂへの所有権移転の登記をすれば、Ｂから受け取った手付金等について、その金額を問わず法第41条に定める手付金等の保全措置を講じる必要はない。

買主側の意思表示が大事だ！

講義

(1) **誤**。申込みの場所と契約を締結した場所が異なる場合、買主側の意思表示である<u>申込み</u>が、事務所等の冷静な場所で行われたかどうかで決まる。そして、Bは<u>テント張り</u>の案内所（＝土地に定着していないからクーリング・オフができる場所）で買受けの申込みをしているので、クーリング・オフをすることができる。 352頁 ③ 注意！、353頁 2.

(2) **正**。業者が自ら売主となり、シロートの買主との間で、債務不履行による契約解除について ① 損害賠償の予定、② 違約金の約定をする場合、① ②の<u>合計</u>額は、代金の<u>20%</u>が限度だ。 367頁 第5節

(3) **正**。業者が自ら売主となり、シロートの買主から手付を受け取る場合には、その手付は解約手付とみなされ、買主に不利な特約は<u>無効</u>となる。「売主は、買主から受け取った<u>手付の倍額を返還</u>すれば解除できる」というのが基本のルールであるが、本肢の「売主Aは、買主Bから受け取った<u>手付を返還</u>すれば解除できる」との特約は基本のルールと比べると、買主Bに不利な特約なので無効となる。 174頁①②、366頁 第4節

(4) **正**。買主が登記さえ得れば、その後売主が二重譲渡したとしても、買主は安泰だ。だから、契約を解除して手付金等を取り返す、という話は出てこない。したがって、買主が<u>登記</u>を得た場合には、完成物件でも<u>未完成物件でも</u>、手付金等保全措置は不要となる。 363頁(1)

正 解 (1)

第4編 「自ら売主」の「8つの制限」

申込みの場所と契約の場所が異なる場合

「申込み」の場所	「契約」の場所 （承諾の場所のこと）	クーリング・オフはできるか？
① 事務所	事務所	×
② 事務所	テント張りの案内所	×
③ テント張りの案内所	事務所	○（肢(1)）
④ テント張りの案内所	テント張りの案内所	○

8つの制限

[平26-31]

宅地建物取引業者Aが、自ら売主として宅地建物取引業者ではない買主Bとの間で宅地の売買契約を締結する場合における次の記述のうち、宅地建物取引業法の規定によれば、誤っているものはいくつあるか。

ア　Aが種類又は品質に関して契約の内容に適合しない場合におけるその不適合を担保すべき責任を負う期間を売買契約に係る宅地の引渡しの日から3年間とする特約は、無効である。

イ　Aは、Bに売却予定の宅地の一部に甲市所有の旧道路敷が含まれていることが判明したため、甲市に払下げを申請中である。この場合、Aは、重要事項説明書に払下申請書の写しを添付し、その旨をBに説明すれば、売買契約を締結することができる。

ウ　「手付放棄による契約の解除は、契約締結後30日以内に限る」旨の特約を定めた場合、契約締結後30日を経過したときは、Aが契約の履行に着手していなかったとしても、Bは、手付を放棄して契約の解除をすることができない。

(1)　一つ
(2)　二つ
(3)　三つ
(4)　なし

他人の物件を探せ。

講義

ア **誤。** 業者が自ら売主となって、シロートの買主と契約する場合には、原則として、民法の規定より買主に不利な特約をしても無効となる。しかし、例外として、契約不適合担保責任の追及期間を「**引渡しの日から2年以上の期間内**」とする特約だけは、民法の規定より買主に不利だが、有効となる。

369頁 例外

イ **誤。** 業者Aが甲市所有の旧道路敷（要するに、**他人の物件**だ）を取得する①「**契約**」を締結しているか②「**予約**」を締結していれば、Aは、シロートの買主Bに甲市所有の旧道路敷を売ってもよい。しかし、Aは、甲市所有の旧道路敷を取得する①「契約」も②「予約」も締結していない。だから、Aは、Bに甲市所有の旧道路敷を売ってはダメだ。　357頁 ①、②

ウ **誤。** 業者が自ら売主となり、シロートの買主から手付を受け取る場合、買主に**不利**な特約は**無効**となる。本肢の「手付放棄による契約の解除は、契約締結後30日以内に限る」という特約は、買主に不利な特約なので無効となる。だから、Bは、この特約をムシして、契約を解除することができる。

366頁 第4節

以上により、誤っているものはアとイとウなので（全部が誤っているので）、正解は肢(3)となる。

正　解　(3)

業者が自ら売主となり、シロートの買主から手付を受け取る場合には、
➡ その手付は解約手付とみなされ、買主に**不利**な特約は**無効**となる。

例1 「手付放棄による契約の解除は、できない」という特約は、買主に不利なので無効。

例2 「手付放棄による契約の解除は、○○日以内に限る」という特約は、買主に不利なので無効（肢ウ）。

8つの制限

[平23-37]

宅地建物取引業者A社が、自ら売主として宅地建物取引業者でない買主Bとの間で締結する建築工事完了後の建物の売買契約に関する次の記述のうち、民法及び宅地建物取引業法の規定並びに判例によれば、誤っているものはどれか。

(1) 当該契約の締結に際し、BがA社に手付金を支払い、さらに中間金を支払った場合、Bは、A社が契約の履行に着手しないときであっても、支払った手付金を放棄して契約の解除をすることができない。

(2) 当該契約の締結に際し、A社がBから代金の額の10分の2の手付金を受領する場合には、当該手付金を受領するまでに、宅地建物取引業法第41条の2の規定に基づく保全措置を講じなければならない。

(3) 当該契約において、当事者の債務の不履行を理由とする契約の解除に伴う損害賠償の額を予定し、違約金を定める場合、これらを合算した額について代金の額の10分の1とする旨の特約を定めることができる。

(4) 当該契約において、Bが契約不適合担保責任に基づく請求をすることができる期間として、Bがその不適合を知った時から2年間とする旨の特約を定めることができる。

 自分が履行に着手していてもOK。

講義

(1) 誤。売主も買主も、**相手方**が履行に着手する前ならば、手付による解除をすることができる。相手方のA社が履行に着手する前なので、Bは支払った手付金を放棄して契約の解除をすることができる。

📖 174頁 ②

(2) 正。完成物件の場合は、代金の**10%**または1,000万円を超える手付金等を受領するときは、保全措置を講じなければならない。A社は、代金の $\frac{2}{10}$（20%）の手付金を受領するのだから、保全措置を講じなければならない。

📖 363頁 ⑵ ②

(3) 正。業者が自ら売主となり、シロートの買主との間で、債務不履行による契約解除について、①損害賠償額の予定②違約金の約定をする場合、①②の合計額は、代金の**20%**が限度だ。20%までOKなのだから、本肢の場合のように $\frac{1}{10}$（10%）とする旨の特約は、モチロンOKだ。

📖 367頁 第5節

(4) 正。業者が自ら売主となり、シロートの買主と契約する場合には、民法の契約不適合担保責任の規定より買主に**不利な特約**をしても**無効**だ。本肢の特約は、民法の規定より買主に有利な特約なので有効だ。

📖 368頁 ②、369頁 原則

（正解）(1)

　売主も買主も ➡ **相手方**が履行に着手した後は、手付による解除をすることができなくなる（自分の側だけが履行に着手しているなら解除できる）（肢(1)）。

8つの制限　　　　　　　　　　　　　　　[平29-31]

宅地建物取引業者Aが、自ら売主として、宅地建物取引業者でないBとの間でマンション（代金3,000万円）の売買契約を締結しようとする場合における次の記述のうち、宅地建物取引業法（以下この問において「法」という。）の規定によれば、正しいものはいくつあるか。

ア　Bは自ら指定した自宅においてマンションの買受けの申込みをした場合においても、法第37条の2の規定に基づき、書面により買受けの申込みの撤回を行うことができる。

イ　BがAに対し、法第37条の2の規定に基づき、書面により買受けの申込みの撤回を行った場合、その効力は、当該書面をAが受け取った時に生じることとなる。

ウ　Aは、Bとの間で、当事者の債務不履行を理由とする契約解除に伴う違約金について300万円とする特約を定めた場合、加えて、損害賠償の予定額を600万円とする特約を定めることができる。

(1)　一つ
(2)　二つ
(3)　三つ
(4)　なし

　冷静に判断できる場所だ。

講義

ア **誤**。買主が**自ら申し出た**場合の**自宅**・勤務先で、買受けの申込みをしたときは、クーリング・オフできない（買主が自ら申し出た場合の自宅・勤務先はクーリング・オフできなくなる場所だ）。　　　　　352頁 5

イ **誤**。クーリング・オフの効力は、買主が書面を「**発した時**」に生じる。業者が書面を受け取った時ではない。　　　　　355頁 4.

ウ **誤**。業者が自ら売主となり、シロートの買主との間で、債務不履行による契約解除について、①損害賠償の予定、②違約金の約定をする場合、①②の合計額は、代金の **20%** が限度だ。本肢の場合、①②の合計額は900万円で、代金3000万円の30％となる（代金の20％を超える）のでダメだ。　　　　　367頁 第5節

以上により、正しいものはないので、正解は肢(4)となる。

正　解 (4)

1. 買主が**自ら申し出た**場合の自宅・勤務先 ➡ クーリング・オフできない（肢ア）。
2. 買主が自ら申し出た場合の「自宅・勤務先」以外の場所 ➡ クーリング・オフできる。
3. 業者が申し出た場合の買主の自宅・勤務先 ➡ クーリング・オフできる。

8つの制限　　　　　　　　　　　　　　　　　　　[平20-40]

　宅地建物取引業者Aが、自ら売主として、宅地建物取引業者でないBと建物の売買契約を締結する場合に関する次の記述のうち、宅地建物取引業法（以下この問において「法」という。）及び民法の規定によれば、正しいものはどれか。

⑴　Bが契約の履行に着手するまでにAが売買契約の解除をするには、手付の3倍に当たる額をBに現実に提供しなければならないとの特約を定めることができる。

⑵　Aの違約によりBが受け取る違約金を売買代金の額の10分の3とするとの特約を定めることができる。

⑶　Bから法第37条の2の規定に基づくいわゆるクーリング・オフによる売買契約の解除があった場合でも、Aが契約の履行に着手していれば、AはBに対して、それに伴う損害賠償を請求することができる。

⑷　Aは、契約不適合担保責任を負うべき期間として、引渡しの日から2年で、かつ、Bがその不適合を知った時から30日以内とする特約を定めることができる。

 シロートの買主を守るための制度だから……。

講義

(1) **正**。買主は手付を放棄すれば契約を解除することができ、売主は手付の倍額を返せば契約を解除できるのが解約手付の原則だ。そして、売主が業者で買主がシロートの場合、この原則より、買主にとって、**有利な特約は有効に**なる（買主に不利な特約は無効になる）。Aが契約を解除するには、手付の3倍をBに返さなければならないという特約は、シロートの買主Bにとって、有利な特約だから、有効になる。　　📖 366頁 第4節

(2) **誤**。売主が業者で買主がシロートの場合、違約金の約定をするときは、代金の **20%** が限度だ。違約金を30%（$\frac{3}{10}$）とする特約を定めることはできない。　　📖 367頁 第5節

(3) **誤**。クーリング・オフの結果、たとえ業者が損害を受けていたとしても、業者は、**損害賠償**や違約金の支払いを請求できない。　　📖 356頁 5.

(4) **誤**。売主が業者で買主がシロートの場合、契約不適合担保責任について、民法の規定より**買主に不利な特約**をしたときは、原則として、その特約は**無効**になる。契約不適合担保責任の追及期間が、「B（買主）がその不適合を知った時から 30日以内」という部分は、「買主がその不適合を知った時から1年以内」という民法の規定より、シロートの買主Bに不利な特約だから、無効になる。　　📖 369頁 原則

（**正　解**）(1)

👤 **契約不適合担保責任の特約**

業者が自ら売主となって、シロートの買主と契約する場合には、

原 則　民法の規定より買主に不利な特約をしても**無効**だ（肢(4)）。

例 外　契約不適合担保責任の追及期間を「**引渡しの日から2年以上の期間内**」とする特約だけは、民法の規定より買主に不利だが、有効だ。

☐☐☐☐☐

8つの制限　　　　　　　　　　　　　[平25-38]

　宅地建物取引業者A社が、自ら売主として宅地建物取引業者でない買主Bとの間で締結した売買契約に関する次の記述のうち、宅地建物取引業法の規定によれば、誤っているものはいくつあるか。

ア　A社は、Bとの間で締結した中古住宅の売買契約において、引渡後2年以内に発見された雨漏り、シロアリの害、建物の構造耐力上主要な部分の契約不適合についてのみ責任を負うとする特約を定めることができる。

イ　A社は、Bとの間における新築分譲マンションの売買契約（代金3,500万円）の締結に際して、当事者の債務の不履行を理由とする契約の解除に伴う損害賠償の予定額と違約金の合計額を700万円とする特約を定めることができる。

ウ　A社は、Bとの間における土地付建物の売買契約の締結に当たり、手付金100万円及び中間金200万円を受領する旨の約定を設けた際、当事者の一方が契約の履行に着手するまでは、売主は買主に受領済みの手付金及び中間金の倍額を支払い、また、買主は売主に支払済みの手付金及び中間金を放棄して、契約を解除できる旨の特約を定めた。この特約は有効である。

(1)　一つ
(2)　二つ
(3)　三つ
(4)　なし

 買主に不利な特約はダメ。

講義

ア **誤**。業者が自ら売主となって、シロートの買主と契約する場合、契約不適合担保責任については、原則として、民法の規定より**買主に不利**な特約をしても**無効**だ。本肢の「①雨漏り、②シロアリの害、③建物の構造耐力上主要な部分の契約不適合について**のみ**責任を負う」という特約は、買主に不利なので無効だ。 369頁 原則

イ **正**。業者が自ら売主となり、シロートの買主との間で、債務不履行による契約解除について、①損害賠償の予定、②違約金の約定をする場合、①②の合計額は、代金の **20%** が限度だ。本肢の特約は①②の合計で700万円（代金3,500万円の20％）なので有効だ。 367頁 第5節

ウ **誤**。業者が自ら売主となり、シロートの買主から手付を受け取る場合には、買主に不利な特約は**無効**になる。「買主は手付金及び中間金を放棄して契約を解除できる」旨の特約は、買主にとって不利なので無効だ。 366頁 第4節

以上により、誤っているものはアとウなので、正解は肢(2)となる。

正解 (2)

第4編 「自ら売主」の「8つの制限」

どうして、買主に不利なのか？

肢アのＡ社は、「引渡後2年以内に発見された雨漏り、シロアリの害、建物の構造耐力上主要な部分の契約不適合について**のみ**責任を負う」という特約

➡ 本来なら、Ａ社は、①雨漏り、②シロアリの害、③建物の構造耐力上主要な部分**以外の契約不適合についても、責任を負わなければならないのに**、肢アは、Ａ社は、①②③の場合**だけ**責任を負えばOK、という特約なので買主に不利なのだ。

肢ウの買主は「支払済みの手付金及び中間金を放棄して、契約を解除できる」旨の特約

➡ 本来なら、買主は**手付金だけ**放棄すれば契約を解除できるのに、肢ウの特約は、買主が契約を解除するには、手付金＋**中間金**を放棄する必要がある、という特約なので買主に不利なのだ。

8つの制限

[平21-39]

宅地建物取引業者Aは、自ら売主として、宅地建物取引業者でないBとの間で、建築工事完了前の建物に係る売買契約（代金5,000万円）を締結した。当該建物についてBが所有権の登記をしていない場合における次の記述のうち、宅地建物取引業法（以下この問において「法」という。）の規定に違反しないものはどれか。

(1) Aは、法第41条に定める手付金等の保全措置を講じた上で、Bから500万円を手付金として受領した。後日、両者が契約の履行に着手していない段階で、Bから手付放棄による契約解除の申出を受けたが、Aは理由なくこれを拒んだ。

(2) Aは、法第41条に定める手付金等の保全措置を講じずに、Bから500万円を手付金として受領したが、当該措置を講じないことについては、あらかじめBからの書面による承諾を得ていた。

(3) Aは、法第41条に定める手付金等の保全措置を講じた上で、Bから500万円を手付金として受領し、その後中間金として250万円を受領した。

(4) Aは、法第41条に定める手付金等の保全措置を講じた上で、Bから2,000万円を手付金として受領した。

 20％が限度！

講義

(1) **違反する**。業者が自ら売主となり、シロートの買主から手付を受け取る場合は、その手付は**解約手付**とみなされる。だから、Bは、Aが履行に着手するまでは、手付を放棄して契約を解除することができる。

366頁 第4節

(2) **違反する**。未完成物件の場合は、代金の**5%**または1,000万円を超える手付金等を受け取る場合には、手付金等保全措置を講じなければならない（本肢の場合は250万円）。たとえ、Bから「手付金等保全措置を講じなくてOKですよ」と書面で承諾を得ていたとしても、Aは、手付金等保全措置を講じなければならない。

363頁(2)

(3) **違反しない**。業者Aがシロートの買主Bから受け取れる手付の額は、代金の**20%**（本肢の場合は1,000万円）が限度だ。Aは、手付金として500万円しか受け取っていないので、宅建業法に違反しない。また、Aは、保全措置を講じた上で、手付金と中間金を受け取っているので、この点についても宅建業法に違反しない。

362頁(3)、366頁 第4節

(4) **違反する**。業者Aがシロートの買主Bから受け取れる手付の額は、代金の**20%**（本肢の場合は1,000万円）が限度だ。Aは、手付として2,000万円を受け取っているので、宅建業法に違反する。

366頁 第4節

正 解 (3)

第4編 「自ら売主」の「8つの制限」

業者Aがシロートの買主Bから受け取れる手付の額は、
  ➡ 代金の**20%**が限度だ（肢(3)）。

注意! たとえ、保全措置を講じたとしても、代金の20%を超える手付を受け取ったら、宅建業法違反となる（肢(4)）。

8つの制限 [平27-36]

宅地建物取引業者Aが、自ら売主として、宅地建物取引業者でないBとの間で建物（代金2,400万円）の売買契約を締結する場合における次の記述のうち、宅地建物取引業法の規定によれば、正しいものはいくつあるか。

ア　Aは、Bとの間における建物の売買契約において、当事者の債務の不履行を理由とする契約の解除に伴う損害賠償の予定額を480万円とし、かつ、違約金の額を240万円とする特約を定めた。この場合、当該特約は全体として無効となる。

イ　Aは、Bとの間における建物の売買契約の締結の際、原則として480万円を超える手付金を受領することができない。ただし、あらかじめBの承諾を得た場合に限り、720万円を限度として、480万円を超える手付金を受領することができる。

ウ　AがBとの間で締結する売買契約の目的物たる建物が未完成であり、AからBに所有権の移転登記がなされていない場合において、手付金の額が120万円以下であるときは、Aは手付金の保全措置を講じることなく手付金を受領することができる。

(1)　一つ
(2)　二つ
(3)　三つ
(4)　なし

 　ミカン　5　つで　カン　ジュース　1000

講義

ア　**誤**。業者が自ら売主となり、シロートの買主との間で、債務不履行による契約解除について、①損害賠償の予定 ②違約金の約定をする場合、①②の合計額は、代金の **20％が限度** だ。しかし、20％を超えても、特約そのものが無効になるのではなく、**20％を超える部分について無効** になる。だから、本肢は×だ。　　　　　　　　　　　　367頁 第5節

イ　**誤**。業者がシロートの買主から受け取れる手付の額は、代金の**20％**（本肢の場合は、480万円だ）**が限度** だ。たとえ、買主の承諾があっても、代金の20％を超える手付を受け取ることはできない。　　　　366頁 第4節

ウ　**正**。**未完成物件** の場合、代金の **5％** 以下、かつ、**1,000万円** 以下の手付金については保全措置が不要だ。本肢の手付金は、120万円なので、保全措置をとらなくてOKだ。　　　　　　　　　　　　363頁(2)

以上により、正しいものはウだけなので、正解は肢(1)となる。

正　解　(1)

業者が自ら売主となり、シロートの買主との間で、債務不履行による契約解除について、
① 損害賠償の予定
② 違約金の約定　　をする場合、①②の合計額は、
➡ 代金の **20％が限度** だ。

注意！　上記に違反する特約をしても、特約そのものが無効になるのではなく、**20％を超える部分について無効** になる（肢ア）。

8つの制限 [平28-28]

　宅地建物取引業者Aが、自ら売主として、宅地建物取引業者でないBとの間でマンション（代金4,000万円）の売買契約を締結した場合に関する次の記述のうち、宅地建物取引業法（以下この問において「法」という。）の規定に違反するものの組合せはどれか。

ア　Aは、建築工事完了前のマンションの売買契約を締結する際に、Bから手付金200万円を受領し、さらに建築工事中に200万円を中間金として受領した後、当該手付金と中間金について法第41条に定める保全措置を講じた。

イ　Aは、建築工事完了後のマンションの売買契約を締結する際に、法第41条の2に定める保全措置を講じることなくBから手付金400万円を受領した。

ウ　Aは、建築工事完了前のマンションの売買契約を締結する際に、Bから手付金500万円を受領したが、Bに当該手付金500万円を現実に提供して、契約を一方的に解除した。

エ　Aは、建築工事完了後のマンションの売買契約を締結する際に、当事者の債務の不履行を理由とする契約の解除に伴う損害賠償の予定額を1,000万円とする特約を定めた。

(1)　ア、ウ
(2)　イ、ウ
(3)　ア、イ、エ
(4)　ア、ウ、エ

後では遅い。

講義

ア **違反する。** Aは、中間金（＝手付金等）を受領する前に保全措置を講じなければならない。Aは、中間金を「受領した後」に保全措置を講じているので、違反だ。　　　　　　　　　　　　　　　362頁(3)

イ **違反しない。** 建築完了後のマンションだから、完成物件だ。完成物件の場合は、代金の **10%** 以下で、かつ、**1,000万円** 以下のときは、保全措置は不要だ。400万円という金額は、代金（4,000万円）の10%以下で、かつ、1,000万円以下だから、保全措置は不要だ。　　　363頁(2)②

ウ **違反する。** Aは、手付の倍額である **1,000万円** をBに現実に提供すれば契約を一方的に解除できる（Aが契約を解除するためには、1,000万円を現実に提供する必要がある）。しかし、Aは、500万円しか現実に提供していないので、違反だ。　　　　　　　　　　　　　　　174頁①②

エ **違反する。** 業者が自ら売主となり、シロートの買主との間で、債務不履行による契約解除について、①損害賠償額の予定②違約金の約定をする場合、①②の合計額は、代金の **20%** が限度だ。マンションの代金は4,000万円だから、その20%の **800万円** が限度だ。だから、損害賠償額の予定を1,000万円（代金の25%）とする特約を定めた本肢は違反だ。
　　　　　　　　　　　　　　　　　　　　　　　367頁 第5節

以上により、違反するものはアとウとエなので、正解は肢(4)となる。

正　解 (4)

いつまでに手付金等保全措置を講じなければならないか？
　業者は、手付金等を **受領する前** に保全措置を講じなければならない（肢ア）。
　注意！　ちなみに、買主は、業者が手付金等保全措置を講じない限り、手付金等を支払わなくていい。

8つの制限   [平24-38]

　宅地建物取引業者A社が、自ら売主として締結する建築工事完了後の新築分譲マンション（代金3,000万円）の売買契約に関する次の記述のうち、宅地建物取引業法の規定によれば、誤っているものはいくつあるか。

ア　A社は、宅地建物取引業者である買主Bとの当該売買契約の締結に際して、当事者の債務不履行を理由とする契約解除に伴う損害賠償の予定額を1,000万円とする特約を定めることができない。

イ　A社は、宅地建物取引業者でない買主Cとの当該売買契約の締結に際して、当事者の債務不履行を理由とする契約解除に伴う損害賠償の予定額300万円に加え、違約金を600万円とする特約を定めたが、違約金についてはすべて無効である。

ウ　A社は、宅地建物取引業者でない買主Dとの当該売買契約の締結に際して、宅地建物取引業法第41条の2の規定による手付金等の保全措置を講じた後でなければ、Dから300万円の手付金を受領することができない。

(1)　一つ
(2)　二つ
(3)　三つ
(4)　なし

業者間の取引には適用なし。

講義

ア　誤。**業者間取引**だから、8つの制限は適用されない。だから、A社は、B社と損害賠償の予定額を 1,000 万円とする特約（＝代金の 20％を超える特約）を定めても OK だ。　　　　　　　　　　　　　351頁 ②

イ　誤。損害賠償の予定額と違約金の合計額が代金の 20％を超えても、すべてが無効になるのではない。**20％を超える部分について無効**になるだけだ。　　　　　　　　　　　　　　　　　　　　　　367頁 第5節

ウ　誤。完成物件の場合、手付金等の額が代金の **10％**以下、かつ、**1,000万円**以下のときは、業者は、手付金等保全措置をとらずに手付金等を受け取ることができる。だから、A社は、保全措置をとらずにDから 300 万円（＝代金の 10％）の手付金を受け取ることができる。　　　363頁 ②

以上により、誤っているものはアとイとウなので（全部が誤っているので）、正解は肢(3)となる。

正　解 (3)

第4編　「自ら売主」の「8つの制限」

8つの制限が適用されるのは、
① 業者が「**自ら売主**」で、かつ
② **買主がシロート**の場合に限られる（**業者間の取引に適用なし**）（肢ア）。

333

8つの制限

　宅地建物取引業者Ａが、自ら売主として、宅地建物取引業者でないＢと建物の売買契約を締結しようとし、又は締結した場合に関する次の記述のうち、宅地建物取引業法（以下この問において「法」という。）の規定によれば、正しいものはどれか。

(1) Ａは、自己の所有に属しない建物を売買する場合、Ａが当該建物を取得する契約を締結している場合であっても、その契約が停止条件付きであるときは、当該建物の売買契約を締結してはならない。

(2) 売買契約の締結に際し、当事者の債務の不履行を理由とする契約の解除に伴う損害賠償の額を予定し、又は違約金を定める場合において、これらを合算した額が売買代金の2割を超える特約をしたときは、その特約はすべて無効となる。

(3) 「建物に契約不適合があった場合、その不適合がＡの責に帰すことのできるものでないときは、Ａは契約不適合担保責任を負わない」とする特約は有効である。

(4) Ｂがホテルのロビーで買受けの申込みをし、3日後にＢの自宅で売買契約を締結した場合、Ｂは、当該建物の引渡しを受け、かつ、その代金の全部を支払っているときでも、当該売買契約の解除をすることができる。

不確実な場合はダメ！

講義

(1) 正。業者 A が当該建物を取得する「条件付契約」を締結していても、A がその建物を取得できるかどうかは不確実だ。だから、A は、シロートの買主 B に当該建物を売ることはできない。 357 頁 例外

(2) 誤。売主が業者で買主がシロートの場合、債務不履行による契約解除について、①損害賠償の予定、②違約金の約定をする場合、①②の合計額は、代金の 20％が限度だ。そして、この規定に違反して 20％を超える特約をした場合、**20％を超える部分について無効**となる。特約のすべてが無効になるのではない。 367 頁 第 5 節

(3) 誤。売主が業者で買主がシロートの場合、契約不適合担保責任について、民法の規定より**買主に不利な特約をしても無効**になる。民法の規定だと「売主に責任がなくても、売主は契約不適合担保責任を負わなければならない」ことになっている。だから、「不適合が A の責に帰すことのできるものでないときは、A は契約不適合担保責任を負わない」とする特約は、民法の規定より買主に不利な特約なので無効になる。

369 頁 原則

(4) 誤。買主が ①宅地建物の**引渡し**を受け、かつ、②代金の**全額**を支払うと、クーリング・オフができなくなる。 355 頁 ①、②

正　解 (1)

業者はシロートの買主に売ってよいか？

業者がその物件を取得する
① 「**契約**」を締結している場合 ➡ ○
② 「**予約**」を締結している場合 ➡ ○
③ 「**条件付契約**」を締結している場合 ➡ ✕ （肢(1)）

8つの制限　　　　　　　　　　　　　[平27-34]

　宅地建物取引業者Aが、自ら売主として、宅地建物取引業者でないBとの間で建物の売買契約を締結する場合における次の記述のうち、民法及び宅地建物取引業法の規定によれば、正しいものはどれか。

(1) Cが建物の所有権を有している場合、AはBとの間で当該建物の売買契約を締結してはならない。ただし、AがCとの間で、すでに当該建物を取得する契約（当該建物を取得する契約の効力の発生に一定の条件が付されている。）を締結している場合は、この限りではない。

(2) Aは、Bとの間における建物の売買契約において、「AがBに対して建物が種類又は品質に関して契約の内容に適合しない場合における不適合担保責任を負う期間は、建物の引渡しの日から1年間とする」旨の特約を付した。この場合、当該特約は無効となり、BがAに対して不適合担保責任を追及することができる期間は、当該建物の引渡しの日から2年間となる。

(3) Aは、Bから喫茶店で建物の買受けの申込みを受け、翌日、同じ喫茶店で当該建物の売買契約を締結した際に、その場で契約代金の2割を受領するとともに、残代金は5日後に決済することとした。契約を締結した日の翌日、AはBに当該建物を引き渡したが、引渡日から3日後にBから宅地建物取引業法第37条の2の規定に基づくクーリング・オフによる契約の解除が書面によって通知された。この場合、Aは、契約の解除を拒むことができない。

(4) AB間の建物の売買契約における「宅地建物取引業法第37条の2の規定に基づくクーリング・オフによる契約の解除の際に、AからBに対して損害賠償を請求することができる」旨の特約は有効である。

Hint! 羊（B）を守れ！

講義

⑴　**誤**。ＡＣ間で**契約・予約**が締結されているのであれば、Ａがこの建物を取得できることは**確実**と言える。しかし、ＡＣ間の売買契約が**条件付**である場合には、Ａがこの建物をＣから確実に取得できるとは**言えない**。だから、Ｃは、シロートの買主に売ることはできない。　　　　📖357頁 ③

⑵　**誤**。売主業者買主シロートの場合には、契約不適合担保責任について、民法の規定より買主に不利な特約をしても無効だ。例外として、契約不適合担保責任の追及期間を、引渡しの日から２年以上とすることだけは有効だが、本肢では、引渡しの日から１年と特約しているから、やはり無効となる。そして、特約が無効となった場合には、民法の規定通りとなる。だから、買主は不適合を知ってから１年間責任を追及できる。

📖369頁 例外、369頁 下から１行目

⑶　**正**。次の1と2の場合はクーリング・オフができなくなる。

　　1　クーリング・オフができることを、業者から「**書面**」で告げられてから「**8日間**」経過した場合。

　　2　買主が①宅地建物の**引渡し**を受け、かつ、②代金の**全額**を支払った場合。

　　Ｂは、そもそも、クーリング・オフができることを、Ａから**告げられていない**。また、Ｂは建物の引渡しは受けているが、代金は**2割**しか支払っていない（代金の**全額**を支払ってはいない）。だから、上記の1にも2にも該当しないので、Ｂはクーリング・オフできる。　　📖354頁 3.

⑷　**誤**。クーリング・オフの結果、たとえ業者が損害を受けたとしても、業者は、**損害賠償**や違約金の支払いを請求できない。だから、「損害賠償を請求できる」という特約をしても無効だ。　　　　　　　📖356頁 5.

正　解　⑶

肢⑶の時系列

1日目　喫茶店で申込み。
2日目　喫茶店において、契約成立。代金の２割支払い。
3日目　建物の引渡し。
6日目　**クーリング・オフ。**
7日目　残代金の決済日（残代金の支払い予定日）
なお、Ａは、Ｂに対して、クーリング・オフができることを告げてはいない。

第4編　「自ら売主」の「8つの制限」

337

8つの制限

[平22-40]

　宅地建物取引業者Aが、自ら売主として宅地建物取引業者でないBとの間で宅地（代金2,000万円）の売買契約を締結する場合における次の記述のうち、宅地建物取引業法の規定によれば、正しいものはどれか。

(1)　Aは、当該宅地の契約不適合についてAが担保の責任を負うべき期間を当該宅地の引渡しの日から3年とする特約をすることができる。

(2)　Aは、当事者の債務不履行を理由とする契約の解除に伴う損害賠償の予定額を300万円とし、かつ、違約金を300万円とする特約をすることができる。

(3)　Aは、Bの承諾がある場合においても、「Aが契約の履行に着手した後であっても、Bは手付を放棄して、当該売買契約を解除することができる」旨の特約をすることができない。

(4)　当該宅地が、Aの所有に属しない場合、Aは、当該宅地を取得する契約を締結し、その効力が発生している場合においても、当該宅地の引渡しを受けるまでは、Bとの間で売買契約を締結することができない。

買主に不利な特約でも有効となるものがある。

講義

(1) 正。宅地の契約不適合担保責任の追及期間を「**引渡しの日から2年以上の期間内**」とする特約は、民法の規定より買主に不利だが、有効だ。だから、Aが契約不適合担保責任を負うべき期間を引渡しの日から3年とする特約をすることができる。　　　　　　　　　　　　　　　　　369頁 例外

(2) 誤。①損害賠償額の予定と②違約金の約定をする場合、①②の**合計額**は、代金の**20%**が限度だ。売買代金は2,000万円なので、①②の合計で400万円が限度だ。　　　　　　　　　　　　　　　367頁 ①、②

(3) 誤。業者が自ら売主となり、シロートの買主から手付を受け取る場合には、買主に**不利な特約は無効**となる。「売主Aが契約の履行に着手した後であっても、買主Bは手付を放棄して、当該売買契約を解除することができる」との特約は、シロートの買主Bにとって**有利**な特約だ。だから、この特約をしてもOKだ。　　　　　　　　　　　366頁 第4節

(4) 誤。業者が他人の物件を取得する、①「契約」を締結している場合と②「予約」を締結している場合は、シロートの買主に売ってOKだ。
　　　　　　　　　　　　　　　　　　　　　　　　357頁 ①、②

正解 (1)

第4編　「自ら売主」の「8つの制限」

契約不適合担保責任の特約

業者が自ら売主となって、シロートの買主と契約する場合には、

原則 民法の規定より買主に不利な特約をしても無効だ。

例外 ただし、契約不適合担保責任の追及期間を「**引渡しの日から2年以上の期間内**」とする特約だけは、民法の規定より買主に不利だが、有効だ（肢(1)）。

8つの制限　　　　　　　　　　　　　　　　　　　[平27-39]

宅地建物取引業者Ａが自ら売主となる売買契約に関する次の記述のうち、宅地建物取引業法（以下この問において「法」という。）の規定によれば、正しいものはどれか。

(1) 宅地建物取引業者でない買主Ｂが、法第37条の2の規定に基づくクーリング・オフについてＡより書面で告げられた日から7日目にクーリング・オフによる契約の解除の書面を発送し、9日目にＡに到達した場合は、クーリング・オフによる契約の解除をすることができない。

(2) 宅地建物取引業者でない買主Ｃとの間で土地付建物の売買契約を締結するに当たって、Ｃが建物を短期間使用後取り壊す予定である場合には、建物についての契約不適合担保責任を負わない旨の特約を定めることができる。

(3) 宅地建物取引業者Ｄとの間で締結した建築工事完了前の建物の売買契約において、当事者の債務の不履行を理由とする契約の解除に伴う損害賠償の予定額を代金の額の30％と定めることができる。

(4) 宅地建物取引業者でない買主Ｅとの間で締結した宅地の売買契約において、当該宅地の引渡しを当該売買契約締結の日の1月後とし、当該宅地の契約不適合を担保すべき責任を負う期間について、当該売買契約を締結した日から2年間とする特約を定めることができる。

 プロ同士だから……。

講義

(1) 誤。Bは、Aから「書面」で告げられた日から「8日間」経過するとクーリング・オフができなくなる。また、クーリング・オフの効力は、Bがクーリング・オフの書面を「発した時」に生ずる。Bは、Aから「書面」で告げられた日から「7日目」にクーリング・オフの書面を発しているからクーリング・オフができる。 354頁3.、355頁4.

(2) 誤。売主が業者で、買主がシロートの場合、契約不適合担保責任を**免除**する特約は、**無効**だ。 369頁 原則

(3) 正。業者が自ら売主となり、シロートの買主との間で、債務不履行による契約解除について、①損害賠償の予定、②違約金の約定をする場合、①②の合計額は、代金の20%が限度だ。しかし、Dは業者なので（業者間取引なので）、20%を超えてもOKだ。 351頁①、②、367頁第5節

(4) 誤。売主が業者で、買主がシロートの場合でも、契約不適合担保責任の追及期間を「引渡しの日から2年以上の期間内」とする特約は有効だ。しかし、本肢の特約は「契約を締結した日から2年間」だ。引渡しが、契約の1カ月後なので、引渡しの日からは1年と11カ月となり、2年以上にならないので、無効だ。 369頁 例外

（正 解） (3)

第4編 「自ら売主」の「8つの制限」

Point!

売主が業者で、買主がシロートの場合の契約不適合担保責任の追及期間の特約が、有効となるのは、
➡「**引渡しの日から2年以上の期間内**」とする特約だ。
例1 引渡しの日から1年11カ月 ➡ 無効（肢(4)）
例2 契約を締結した日から2年 ➡ 無効（肢(4)）

8つの制限　　　　　　　　　　　　[平30-29]

　Aは、Bとの間で、Aが所有する建物を代金2,000万円で売却する売買契約（以下この問において「本件契約」という。）を締結した。この場合における次の記述のうち、宅地建物取引業法（以下この問において「法」という。）の規定に違反しないものはどれか。

(1) A及びBがともに宅地建物取引業者である場合において、Aは、本件契約の成立後、法第37条の規定により交付すべき書面を作成し、記名押印は宅地建物取引士ではない者が行い、これをBに交付した。

(2) A及びBがともに宅地建物取引業者である場合において、当事者の債務の不履行を理由とする契約の解除があったときの損害賠償の額を600万円とする特約を定めた。

(3) Aは宅地建物取引業者であるが、Bは宅地建物取引業者ではない場合において、Aは、本件契約の締結に際して、500万円の手付を受領した。

(4) Aは宅地建物取引業者であるが、Bは宅地建物取引業者ではない場合において、本件契約の目的物である建物が種類又は品質に関して契約の内容に適合しない場合におけるその不適合を担保すべき責任に関し、契約の解除又は損害賠償の請求は目的物の引渡しの日から1年以内にしなければならないものとする旨の特約を定めた。

業者間取引なら、8つの制限は適用されない。

講義

(1) **違反する**。①重要事項の説明と、②重要事項説明書への記名押印と、③ **37条書面**への**記名押印**は、取引士でなければできない。

304頁③、382頁③

(2) **違反しない**。業者が自ら売主となり、**シロートの買主**との間で、債務不履行による契約解除について、①損害賠償額の予定、②違約金の約定をする場合、①②の合計額は、代金の **20％**（本肢の場合は、2,000万円×20％＝400万円）が限度だ。しかし、本肢の買主のBは**業者**なので、20％を超えてもOKだ。

351頁①、②、367頁 第5節

(3) **違反する**。業者がシロートの買主から受けとれる手付の額は、代金の20％（本肢の場合は、400万円）が限度だ。

366頁 第4節

(4) **違反する**。業者が自ら売主となって、シロートの買主と契約する場合、原則として、民法の規定より買主に不利な特約を定めることはできない（無効になる）。ただし、例外として、契約不適合担保責任の追及期間を「引渡しの日から **2年**以上の期間内」とする特約だけは、民法の規定より買主に不利だが、定めることができる。本旨の特約は、「引渡しの日から **1年**以内」という特約だから、定めることはできない。

369頁 **例外**

正 解 (2)

第4編 「自ら売主」の「8つの制限」

手付の制限
業者が自ら売主となり、**シロートの買主**から手付を受け取る場合、
① その手付は**解約手付**とみなされ、買主に不利な特約は**無効**となる。
② 受け取れる手付の額は代金の **20％**が限度（肢(2)）。

契約不適合担保責任の特約の制限　　[平24-39]　

　宅地建物取引業者Ａ社が、自ら売主として建物の売買契約を締結する際の特約に関する次の記述のうち、宅地建物取引業法の規定に違反するものはどれか。

(1)　当該建物が新築戸建住宅である場合、宅地建物取引業者でない買主Ｂの売買を代理する宅地建物取引業者Ｃ社との間で当該契約締結を行うに際して、Ａ社が当該住宅の契約不適合担保責任を負う期間についての特約を定めないこと。

(2)　当該建物が中古建物である場合、宅地建物取引業者である買主Ｄとの間で、「中古建物であるため、Ａ社は、契約不適合担保責任を負わない」旨の特約を定めること。

(3)　当該建物が中古建物である場合、宅地建物取引業者でない買主Ｅとの間で、「Ａ社が契約不適合担保責任を負う期間は、売買契約締結の日にかかわらず引渡しの日から２年間とする」旨の特約を定めること。

(4)　当該建物が新築戸建住宅である場合、宅地建物取引業者でない買主Ｆとの間で、「Ｆは、Ａ社が契約不適合担保責任を負う期間内であれば、損害賠償の請求をすることはできるが、契約の解除をすることはできない」旨の特約を定めること。

　民法の規定だと解除できる。

講義

(1) **違反しない**。契約不適合担保責任を負う期間について、特約を定めなくても何の問題もない（違反とならない）。ちなみに、特約を定めなかった場合は、**民法の規定どおり**となる（「不適合を知った時から 1 年」となる）。　368頁 ②

(2) **違反しない**。**業者間取引**だから、8 つの制限は適用されない。だから、A 社と D 間で「A 社は、契約不適合担保責任を負わない」という特約を定めても OK だ。　351頁 ①、②

(3) **違反しない**。業者が自ら売主となって、シロートの買主と契約する場合には、原則として、民法の規定より買主に不利な特約をしても無効だ。しかし、例外として、契約不適合担保責任の追及期間を「**引渡しの日から 2 年以上の期間内**」とする特約だけは、民法の規定より買主に不利だが、有効だ。　369頁 例外

(4) **違反する**。「契約を解除することができない」という特約は、民法の規定よりシロートの**買主に不利な特約**だから無効だ（「契約を解除することができない」という特約を定めることは違反となる）。

　369頁 下から 1 行目

正解 (4)

民法の規定 ➡ 買主は、
① 追完請求
② 代金減額請求
③ 損害賠償請求
④ 契約解除
ができる

肢(4)について
「シロートの買主 F は、③ 損害賠償請求はできるが、④ 解除はできない」という肢(4)の特約は、「買主 F は、③ も ④ もできる」という民法の規定より**買主 F に不利な特約**なので無効だ。

契約不適合担保責任の特約の制限　　　[平29-27]

　宅地建物取引業者Ａが、自ら売主として宅地建物取引業者でない買主Ｂとの間で締結した宅地の売買契約に関する次の記述のうち、宅地建物取引業法及び民法の規定によれば、正しいものはいくつあるか。

ア　売買契約において、契約不適合担保責任を負う期間を引渡しの日から２年間とする特約を定めた場合、その特約は無効となる。

イ　売買契約において、売主の責めに帰すべき事由による不適合についてのみ引渡しの日から１年間担保責任を負うという特約を定めた場合、その特約は無効となる。

ウ　Ａが契約不適合担保責任を負う期間内においては、損害賠償の請求をすることはできるが、契約を解除することはできないとする特約を定めた場合、その特約は有効である。

(1)　一つ
(2)　二つ
(3)　三つ
(4)　なし

落度がなくても責任を負う。

講義

ア **誤**。業者が自ら売主となって、シロートの買主と契約する場合には、原則として、民法の規定より買主に不利な特約をしても無効だ。しかし、例外として、契約不適合担保責任の追及期間を「**引渡しの日から2年以上の期間内**」とする特約だけは、民法の規定より買主に不利だが、有効だ。

369頁 例外

イ **正**。「売主に落ち度が**なくても**（売主の責めに帰すべき事由によらない不適合であっても）、担保責任を負う」というのが民法の規定だ。だから、「売主に落ち度がある場合だけ（売主の責めに帰すべき事由による不適合についてのみ）、担保責任を負う」という本肢の特約は、民法の規定より**買主に不利**だ。したがって、無効だ。

369頁 原則

ウ **誤**。「損害賠償請求と**解除ができる**」というのが民法の規定だ。だから、「損害賠償請求はできるが解除はできない」という本肢の特約は、民法の規定より**買主に不利**だ。したがって、無効だ。

368頁 ②

以上により、正しいものはイだけなので、正解は肢(1)となる。

正 解 (1)

業者が自ら売主となって、シロートの買主と契約する場合には、
- **原則** 民法の規定より買主に不利な特約をしても無効だ（肢イウ）。
- **例外** 契約不適合担保責任の追及期間を「**引渡しの日から2年以上の期間内**」とする特約だけは、民法の規定より買主に不利だが、有効だ（肢ア）。

8つの制限その他　　　　　　　　　　[平21-38]

　宅地建物取引業者Aが、自ら売主として、宅地建物取引業者でない買主Bとの間で締結した売買契約に関する次の記述のうち、宅地建物取引業法（以下この問において「法」という。）及び民法の規定によれば、誤っているものの組合せはどれか。

ア　AがBとの間で締結した中古住宅の売買契約において、当該住宅を現状有姿で引き渡すとする特約と、Aが契約不適合担保責任を負わないこととする特約とを定めた場合、その特約はいずれも有効である。

イ　Aは、Bとの間で建物の売買契約を締結する前に、法第35条の規定に基づく重要事項として、当該建物が種類又は品質に関して契約の内容に適合しない場合におけるその不適合を担保すべき責任の履行に関し保証保険契約等の措置を講ずるかどうか、また、講ずる場合はその措置の概要を説明しなければならない。

ウ　AがBとの間で締結した建物の売買契約において、Aは契約不適合担保責任を一切負わないとする特約を定めた場合、この特約は無効となり、Aが契約不適合担保責任を負う期間は当該建物の引渡しの日から2年間となる。

(1)　ア、イ
(2)　ア、ウ
(3)　イ、ウ
(4)　ア、イ、ウ

「お金がないから担保責任は履行できません」だと困る。

講義

ア **誤**。民法の世界では、契約不適合担保責任を免除する特約も有効だった。しかし、業者が自ら売主となり、シロートの買主と契約をする場合には、契約不適合担保責任を免除する特約は**無効**になる。ちなみに、当該住宅を現状有姿で引き渡すとする特約は有効だ。　369頁 原則

イ **正**。契約**不適合**担保責任の履行に関し保証保険契約等の措置を講ずるかどうかと、講ずる場合は措置の概要を説明しなければならない。ちなみに、貸借の場合は説明不要だ。　377頁 ⑬

ウ **誤**。業者が自ら売主となり、シロートの買主と契約をする場合には、契約不適合担保責任を免除する特約は**無効**になる。そして、無効となった場合は、**民法の規定通り**となるので、Aが契約不適合担保責任を負う期間は「Bが不適合を**知った時**から1年」となる。　369頁

以上により、誤っているものは、アとウなので、正解は肢(2)となる。

正 解 (2)

重要事項の説明
契約**不適合**担保責任の履行措置
➡ ①この措置を講ずるかどうかと
②この措置を講ずる場合は、措置の概要を説明しなければならない
（肢イ）

8つの制限　　　　　　　　　　　　　　　　[平21-37]

　自らが売主である宅地建物取引業者Aと、宅地建物取引業者でないBとの間での売買契約に関する次の記述のうち、宅地建物取引業法（以下この問において「法」という。）の規定によれば、正しいものはどれか。

(1)　Aは、Bとの間における建物の売買契約（代金2,000万円）の締結に当たり、手付金として100万円の受領を予定していた。この場合において、損害賠償の予定額を定めるときは、300万円を超えてはならない。

(2)　AとBが締結した建物の売買契約において、Bが手付金の放棄による契約の解除ができる期限について、金融機関からBの住宅ローンの承認が得られるまでとする旨の定めをした。この場合において、Aは、自らが契約の履行に着手する前であれば、当該承認が得られた後は、Bの手付金の放棄による契約の解除を拒むことができる。

(3)　Aは、喫茶店でBから宅地の買受けの申込みを受けたことから、翌日、前日と同じ喫茶店で当該宅地の売買契約を締結し、代金の全部の支払を受けた。その4日後に、Bから法第37条の2の規定に基づくいわゆるクーリング・オフによる当該契約を解除する旨の書面による通知を受けた場合、Aは、当該宅地をBに引き渡していないときは、代金の全部が支払われたことを理由に当該解除を拒むことはできない。

(4)　Aは、Bとの間で宅地の割賦販売の契約（代金3,000万円）を締結し、当該宅地を引き渡した。この場合において、Aは、Bから1,500万円の賦払金の支払を受けるまでに、当該宅地に係る所有権の移転登記をしなければならない。

　引渡しを受け、「かつ」、代金の全額を支払うと……。

講義

(1) 誤。業者が自ら売主となり、シロートの買主との間で、①損害賠償額の予定や②違約金の約定をする場合、①と②を合わせて、代金の **20%** が限度だ（手付は関係ない。念のため）。本肢の場合、②の違約金の約定が0なので（違約金の約定はしていないので）、代金の20％である400万円まで、損害賠償額の予定をしてOKだ。　367頁第5節

(2) 誤。業者が自ら売主となり、シロートの買主から手付を受け取る場合、買主に不利な特約は**無効**になる。本肢の特約は、Bにとって不利な特約なので無効だ。だから、Aは、Bの手付放棄による契約の解除を拒むことはできない。　366頁第4節

(3) 正。クーリング・オフができなくなるのは、買主が①宅地建物の**引渡し**を受け、かつ、②代金の**全額**を支払った場合だ。Bは、建物の引渡しを受けていないので、クーリング・オフができる。　355頁

(4) 誤。業者が自ら売主となり、シロートに割賦販売を行う場合には、代金の **30%**（本肢の場合は900万円）の支払いを受けるまでは所有権を留保してもよいが、その後はダメだ。　371頁第8節

正解 (3)

肢(2)の詳しい話

① 「Aが履行に**着手する前**なら、Bは、手付放棄によって契約を**解除できる**」というのが基本のルール。

　　↓

この①のルールより、Bに不利な特約は無効になる。

　　↓

肢(2)は、「Aが履行に**着手する前であるのに**、Bが手付を放棄しても契約を**解除できない**」という特約であり、Bにとって不利な特約なので無効となる。

8つの制限その他　　　　　　　　　　[平22-39]

　宅地建物取引業者Ａが、自ら売主として宅地建物取引業者でない買主Ｂとの間で宅地の売買契約を締結した場合における次の記述のうち、民法及び宅地建物取引業法の規定並びに判例によれば、正しいものはどれか。

(1)　当事者の債務不履行を理由とする契約の解除に伴う損害賠償の予定額を定めていない場合、損害賠償の請求額は売買代金の額を超えてはならない。

(2)　当事者の債務不履行を理由とする契約の解除に伴う損害賠償の予定額を売買代金の２割とし、違約金の額を売買代金の１割とする定めは、これらを合算した額が売買代金の３割を超えていないことから有効である。

(3)　Ａが、当該売買契約の解除を行う場合は、Ｂに対して「手付の倍額を現実に提供して、契約を解除する。」という意思表示を書面で行うことのみをもって、契約を解除することができる。

(4)　Ａは、当該売買契約の締結日にＢから手付金を受領し、翌日、Ｂから内金を受領した。その２日後、ＡがＢに対して、手付の倍額を現実に提供することにより契約解除の申出を行った場合、Ｂは、契約の履行に着手しているとしてこれを拒むことができる。

　相手方が履行に着手したらダメ。

講義

(1) **誤**。損害賠償予定額を定めなかった場合は、債務不履行があったら、**実害額全額**の損害賠償請求ができる。だから、実害額が売買代金を超えていた場合は、売買代金を超える損害賠償を請求することができる。

367頁 第5節

(2) **誤**。①損害賠償額の予定と②違約金の約定をする場合、①②の**合計額**は、代金の**20％**が限度だ。30％が限度なのではない。 367頁 ①、②

(3) **誤**。売主が手付の倍額を返還して契約を解除する場合は、**現実の提供**（ゲンナマを目の前に差し出すこと）をしなければ解除の効果は生じない。「倍返しします」との意思表示を行うだけではダメだ。 175頁 キーポイント

(4) **正**。**相手方**が契約の履行に着手した後は、手付による解除はできなくなる。Bは履行に着手（内金の支払い）しているので、Aは手付の倍返しによる解除をすることはできない。だから、Bは、Aの申出を拒むことができる。 175頁(2)

正 解 (4)

第4編「自ら売主」の「8つの制限」

手付とはどういうものか？
① 売買契約で、買主が手付を交付した場合、
　　① 買主は ➡ 手付を**放棄**（これは**意思表示**だけで**OK**）すれば契約を解除できる。
　　② 売主は ➡ 手付の**倍額を返還**（これは**現実の提供**が必要）すれば契約を解除できる（肢(3)）。
② 買主も売主も ➡ **相手方**が契約の履行に着手した後は、手付による解除はできなくなる（自分の側だけが履行に着手しているなら解除できる）（肢(4)）。

8つの制限その他　　　　　　　　　　[平19-43]

次の記述のうち、宅地建物取引業法の規定によれば、正しいものはどれか。

(1) 宅地建物取引業者Aは、都市計画法第29条第1項の許可を必要とする宅地の造成工事着手前において、当該許可を受けていない場合であっても、当該許可を受けることを停止条件とする特約を付ければ、当該宅地の売買契約を締結することができる。

(2) 宅地建物取引業者Bが自ら売主となって、宅地建物取引業者でないCと1億円のマンションの売買契約（手付金1,500万円、中間金1,500万円、残代金7,000万円）を建築工事完了前に締結し、その引渡し及び登記の移転を残代金の支払と同時に行う場合、Bは、手付金の受領前及び中間金の受領前それぞれについて、保全措置を講じなければならない。

(3) 宅地建物取引業者Dは、取引態様の明示がある広告を見た宅地建物取引業者Eから建物の売買の注文を受けた場合、Eから取引態様の問い合わせがなければ、Eに対して、取引態様を明示する必要はない。

(4) 宅地建物取引業者Fが自ら売主となって、宅地建物取引業者でないGと宅地の売買契約を締結するに際して手付金を受領する場合において、その手付金が解約手付である旨の定めがないときは、Fが契約の履行に着手していなくても、Gは手付金を放棄して契約の解除をすることができない。

「ミカン5つ」

講義

(1) **誤**。業者は、**開発許可を受けた後**でなければ、その未完成の宅地の売買契約を締結することはできない。開発許可を受けることを停止条件とする特約をつけてもダメであり、売買契約を締結することはできない。

330頁 8.

(2) **正**。売主が業者で買主がシロートの場合において、未完成物件の取引をする場合、代金の **5%** または **1,000万円** を超える額の手付金等を受領するときは、手付金等保全措置を講じなければならない。だから、Bは、手付金の受領前及び中間金の受領前のそれぞれについて、保全措置を講じなければならない。

363頁(2)

(3) **誤**。業者は、取引態様を広告時だけではなく**注文時**にも明示しなければならない。そして、この取引態様を明示しなければならないという規制は**業者間にも適用される**ので、お客さんが宅建業者の場合にも、注文に際して、遅滞なく取引態様を明示しなければならない。だから、Dは、Eから問い合わせがなくても、Eに対して、取引態様を明示しなければならない。

329頁 2、5

(4) **誤**。売主が業者で買主がシロートの場合において、業者が買主から手付を受け取る場合には、その手付は**解約手付**とみなされる。だから、FがGから受け取った手付は、解約手付である旨の定めがないときでも**解約手付**とみなされることになる。したがって、Fが契約の履行に着手する前であれば、Gは手付金を放棄して契約の解除をすることができる。

174頁②、366頁 第4節

正 解 (2)

手付金等保全措置をとらなくていい金額は？

① **未完成物件** ➡ 代金の **5%以下**、かつ、**1,000万円以下**（肢(2)）
② **完 成 物 件** ➡ 代金の **10%以下**、かつ、**1,000万円以下**

楽勝ゴロ合せ	ミカン	5	つで	カン	ジュース	1000
	未完成物件	5%以下		完成物件	10%以下	1,000万円以下

8つの制限その他　　　　　　　　　　[平23-39]

宅地建物取引業者A社が、自ら売主として行う宅地（代金3,000万円）の売買に関する次の記述のうち、宅地建物取引業法の規定に違反するものはどれか。

(1) A社は、宅地建物取引業者である買主B社との間で売買契約を締結したが、B社は支払期日までに代金を支払うことができなかった。A社は、B社の債務不履行を理由とする契約解除を行い、契約書の違約金の定めに基づき、B社から1,000万円の違約金を受け取った。

(2) A社は、宅地建物取引業者でない買主Cとの間で、割賦販売の契約を締結したが、Cが賦払金の支払を遅延した。A社は20日の期間を定めて書面にて支払を催告したが、Cがその期間内に賦払金を支払わなかったため、契約を解除した。

(3) A社は、宅地建物取引業者でない買主Dとの間で、割賦販売の契約を締結し、引渡しを終えたが、Dは300万円しか支払わなかったため、宅地の所有権の登記をA社名義のままにしておいた。

(4) A社は、宅地建物取引業者である買主E社との間で、売買契約を締結したが、契約不適合担保責任について、「契約不適合による契約の解除又は損害賠償の請求は、契約対象物件である宅地の引渡しの日から1年を経過したときはできない」とする旨の特約を定めていた。

期間に注目。

講義

(1) **違反しない。買主**のB社は**業者**だ。だから、AB間で代金の20％を超える違約金の約定をしてもOKだ（①損害賠償額の予定、②違約金の約定をする場合、①②の合計額は代金の**20％**が限度であるのは、売主が業者で、買主がシロートの場合だ）。　　351頁①、②、367頁第5節

(2) **違反する**。売主である業者は、買主であるシロートに対して、①**30日**以上の相当の期間を定めて、②**書面**で催告し、それでも支払いがない場合に限って、契約の解除ができる。本肢のA社が行ったのは、「20日」の期間の催告だから、業法に違反する。　　370頁①、②

(3) **違反しない**。業者が自ら売主となって、シロートに割賦販売を行う場合には、代金の**30％**の支払いを受けるまでは所有権を留保してOKだ。
371頁第8節

(4) **違反しない。買主**のE社は**業者**だ。だから、民法の契約不適合担保責任の規定より買主に不利な特約をしても有効だ（買主に不利な特約をしたら無効になるのは売主が業者で、買主がシロートの場合だ）。
351頁①、②

正解 (2)

割賦販売契約の解除の制限
　割賦販売契約とは、代金を分割払い（ローン）にする契約のことだ。シロート相手のローンの場合、業者は、
　① **30日**以上の相当の期間を定めて、
　② **書面**で催告し、
　それでも支払いがない場合に限って、契約の解除や残金の一括返済請求ができることになっている（肢(2)）。

第4編　弱点表

項　目	番　号	難　度	正　解	自己採点
クーリング・オフ	平 22-38	普通	(1)	
クーリング・オフ	平 25-34	普通	(3)	
クーリング・オフ	平 23-35	カンターン	(1)	
クーリング・オフ	平 15-39	普通	(1)	
クーリング・オフ	令 1-38	普通	(2)	
クーリング・オフ	平 26-38	カンターン	(4)	
クーリング・オフ	平 28-44	カンターン	(2)	
クーリング・オフ	平 30-37	難しい	(2)	
他人の物件の売買	平 17-35	普通	(4)	
手付金等保全措置	令 1-37	普通	(3)	
手付金等保全措置	平 22-41	普通	(4)	
手付金等保全措置その他	平 24-34	普通	(2)	
手付金等保全措置	平 26-33	普通	(3)	
手付金等保全措置	平 23-38	カンターン	(2)	
手付金等保全措置	平 30-38	カンターン	(1)	
手付金等保全措置	平 28-43	普通	(2)	
手付金等保全措置	平 20-41	カンターン	(2)	
手付金等保全措置その他	平 27-40	難しい	(4)	
手付金等保全措置	平 25-40	普通	(3)	
手付金等保全措置その他	平 19-34	カンターン	(1)	
8つの制限	平 18-39	カンターン	(1)	
8つの制限	平 26-31	普通	(3)	

8つの制限	平 23-37	カンターン	(1)	
8つの制限	平 29-31	普通	(4)	
8つの制限	平 20-40	カンターン	(1)	
8つの制限	平 25-38	難しい	(2)	
8つの制限	平 21-39	普通	(3)	
8つの制限	平 27-36	カンターン	(1)	
8つの制限	平 28-28	カンターン	(4)	
8つの制限	平 24-38	難しい	(3)	
8つの制限	平 19-41	カンターン	(1)	
8つの制限	平 27-34	普通	(3)	
8つの制限	平 22-40	普通	(1)	
8つの制限	平 27-39	カンターン	(3)	
8つの制限	平 30-29	カンターン	(2)	
契約不適合担保責任の特約の制限	平 24-39	普通	(4)	
契約不適合担保責任の特約の制限	平 29-27	カンターン	(1)	
8つの制限その他	平 21-38	難しい	(2)	
8つの制限	平 21-37	普通	(3)	
8つの制限その他	平 22-39	普通	(4)	
8つの制限その他	平 19-43	普通	(2)	
8つの制限その他	平 23-39	普通	(2)	

第4編 「自ら売主」の「8つの制限」

第 5 編

重要事項説明書と37条書面
監督処分と罰則

重要事項の説明 　　　　　　　　　　　　　[平26-36]

　建物の貸借の媒介を行う宅地建物取引業者が、その取引の相手方（宅地建物取引業者ではないものとする。）に対して行った次の発言内容のうち、宅地建物取引業法の規定に違反しないものはどれか。なお、この問において「重要事項説明」とは同法第35条の規定に基づく重要事項の説明をいい、「重要事項説明書」とは同条の規定により交付すべき書面をいうものとする。

(1)　重要事項説明のため、明日お宅にお伺いする当社の者は、宅地建物取引士ではありませんが、当社の最高責任者である代表取締役ですので、重要事項説明をする者として問題ございません。

(2)　この物件の契約条件につきましては、お手元のチラシに詳しく書いてありますので、重要事項説明は、内容が重複するため省略させていただきます。ただ、重要事項説明書の交付は、法律上の義務ですので、入居後、郵便受けに入れておきます。

(3)　この物件の担当である宅地建物取引士が急用のため対応できなくなりましたが、せっかくお越しいただきましたので、重要事項説明書にある宅地建物取引士欄を訂正の上、宅地建物取引士である私が記名押印をし、代わりに重要事項説明をさせていただきます。私の宅地建物取引士証をお見せします。

(4)　この物件は人気物件ですので、申込みをいただいた時点で契約成立とさせていただきます。後日、重要事項説明書を兼ねた契約書を送付いたしますので、署名押印の上、返送していただければ、手続は全て完了いたします。

　資格があればOK。

講義

(1) **違反する。** 重要事項の説明は、**宅地建物取引士**でなければできない。たとえ、代表取締役であっても、その代表取締役が取引士でないならば説明できない。　372頁(1)

(2) **違反する。** 重要事項の説明は、省略することは**できない**。たとえ、契約条件がチラシに詳しく書いてあり、その内容が重要事項と重複していても、重要事項の説明を省略してはダメだ（ただし、買主が業者なら重要事項の説明は不要）。　372頁1.、373頁(5)、374頁(9)

(3) **違反しない。** **宅地建物取引士**であれば、重要事項の説明はできる。たとえ、物件の担当者でなくても取引士であればOK。だから、本肢は宅建業法に違反しない。　372頁(1)

(4) **違反する。** まず、**重要事項の説明をしていない**点がダメ。また、「①重要事項の説明 ➡ ②契約」という順番が正しいので、契約成立の後に重要事項説明書を送付している点もダメ。そして、重要事項説明書と契約書を兼ねている点もダメだ。　372頁(2)、373頁(5)

正　解　(3)

重要事項の説明は、**宅地建物取引士**でなければできない。
➡ 代表取締役であっても、その代表取締役が宅地建物取引士でないなら説明できない（肢(1)）。
➡ 物件の担当者でなくても、**宅地建物取引士**であるなら説明できる（肢(3)）。

☐☐☐☐☐

重要事項の説明　　　　　　　　　　　　　　[平27-29]

　宅地建物取引業者が行う宅地建物取引業法第35条に規定する重要事項の説明及び書面の交付に関する次の記述のうち、正しいものはどれか。

(1)　宅地建物取引業者ではない売主に対しては、宅地建物取引士をして、契約締結時までに重要事項を記載した書面を交付して、その説明をさせなければならない。

(2)　重要事項の説明及び書面の交付は、取引の相手方（宅地建物取引業者ではないものとする。）の自宅又は勤務する場所等、宅地建物取引業者の事務所以外の場所において行うことができる。

(3)　宅地建物取引業者が代理人として売買契約を締結し、建物の購入を行う場合は、代理を依頼した者（宅地建物取引業者ではないものとする。）に対して重要事項の説明をする必要はない。

(4)　取引の相手方（宅地建物取引業者ではないものとする。）に対して重要事項の説明を行う宅地建物取引士は専任の宅地建物取引士でなくてもよいが、書面に記名押印する宅地建物取引士は専任の宅地建物取引士でなければならない。

　喫茶店でも OK。

講義

(1) 誤。重要事項説明及び書面の交付は、契約をするかどうかの判断材料を提供するために行う。だから、物件を入手する者（売買なら買主、貸借なら借主、交換なら両当事者）に対して行う必要がある。

374頁(7)

(2) 正。重要事項の説明及び書面の交付は、どこで行ってもOKだ。

382頁 注意2

(3) 誤。重要事項説明及び書面の交付は、物件を入手する者（売買なら買主）に対して行う必要がある。本肢の場合、物件を入手する者は代理を依頼した者だ。だから、業者は、代理を依頼した者（買主）に対して重要事項の説明及び書面の交付を行う必要がある。なお、買主が業者の場合、重要事項の説明は不要（重要事項説明書の交付だけでいいということ）だから注意。

374頁(7)

(4) 誤。重要事項の説明は、宅地建物取引士でありさえすれば、パートでもアルバイトでも、できる（専任である必要はない）。また、重要事項説明書への記名押印も、宅地建物取引士でありさえすれば、パートでもアルバイトでも、できる（専任である必要はない）。

372頁(2)、373頁(3)

正解 (2)

Point!

① 重要事項の説明及び書面の交付 ➡ どこで行ってもOK（肢(2)）。
② 37条書面の交付 ➡ どこで行ってもOK。

重要事項の説明　　　　　　　　　　　　[平29-33]

　宅地建物取引業者が行う宅地建物取引業法第35条に規定する重要事項の説明に関する次の記述のうち、正しいものはどれか。なお、説明の相手方は宅地建物取引業者ではないものとする。

(1) 宅地の売買の媒介を行う場合、売買の各当事者すなわち売主及び買主に対して、書面を交付して説明しなければならない。

(2) 宅地の売買の媒介を行う場合、代金に関する金銭の貸借のあっせんの内容及び当該あっせんに係る金銭の貸借が成立しないときの措置について、説明しなければならない。

(3) 建物の貸借の媒介を行う場合、私道に関する負担について、説明しなければならない。

(4) 建物の売買の媒介を行う場合、天災その他不可抗力による損害の負担に関する定めがあるときは、その内容について、説明しなければならない。

　銀行ローン等を、業者があっせんする話。

講義

(1) **誤**。重要事項の説明は、契約をするかどうかの判断材料を提供するために行う。だから、物件を入手する者（売買なら**買主**、貸借なら借主、交換なら両当事者）に対して行う必要がある。したがって、売主に対して行う必要はないので、本肢は×だ。　　　374頁(7)

(2) **正**。代金（売買の場合）、交換差金（交換の場合）の**金銭貸借のあっせんの内容**と、貸借不成立の場合の措置について、説明しなければならない。　　　376頁⑪

(3) **誤**。私道の負担の有無は、**建物の貸借**の場合だけは説明する必要はない。それ以外の場合（宅地の売買・交換・貸借と建物の売買・交換）に説明しなければならない。　　　376頁⑤

(4) **誤**。天災その他不可抗力による損害の負担（**危険負担**のこと）は、説明する必要はない。危険負担は、**37条書面**の記載事項だから混同しないように！　　　378頁㋒

正 解 (2)

売買・交換の場合は、代金、交換差金の
① **金銭貸借のあっせんの内容**と
② 貸借不成立の場合の措置を重要事項として説明しなければならない（肢(2)）。

注意！　貸借の場合は、説明不要。

重要事項の説明　　　　　　　　　　　　[平22-35]

　宅地建物取引業法第35条に規定する重要事項の説明を宅地建物取引士が行う場合における次の記述のうち、誤っているものはどれか。なお、説明の相手方は宅地建物取引業者ではないものとする。

(1)　建物の売買の媒介の場合は、建築基準法に規定する建蔽率及び容積率に関する制限があるときはその概要を説明しなければならないが、建物の貸借の媒介の場合は説明する必要はない。

(2)　宅地の売買の媒介の場合は、土砂災害警戒区域等における土砂災害防止対策の推進に関する法律第7条第1項により指定された土砂災害警戒区域内にあるときはその旨を説明しなければならないが、建物の貸借の媒介の場合は説明する必要はない。

(3)　建物の売買の媒介の場合は、住宅の品質確保の促進等に関する法律第5条第1項に規定する住宅性能評価を受けた新築住宅であるときはその旨を説明しなければならないが、建物の貸借の媒介の場合は説明する必要はない。

(4)　宅地の売買の媒介の場合は、私道に関する負担について説明しなければならないが、建物の貸借の媒介の場合は説明する必要はない。

すべての場合に説明しなければならないのはどれ？

講義

(1) **正。**建蔽率・容積率は、**建物の貸借**の場合だけは説明不要。それ以外の場合（宅地の売買・交換・貸借と建物の売買・交換）に説明が必要となる。 📖 375頁 例4

(2) **誤。すべての取引**（宅地の売買・交換・貸借と建物の売買・交換・貸借）において、土砂災害警戒区域内にあるときはその旨を説明しなければならない。 📖 375頁 例2

(3) **正。**住宅性能評価を受けた新築住宅ならその旨を説明しなければならないのは、建物の売買と交換の場合だけだ（**貸借**なら説明**不要**）。 📖 376頁 7 注意! ①

(4) **正。**私道の負担の有無は、**建物の貸借**の場合だけは説明不要。それ以外の場合（宅地の売買・交換・貸借と建物の売買・交換）に説明が必要となる。 📖 376頁 5 注意!

正 解 (2)

👆 **Point!**

説明する義務があるか？

	宅地の 売買交換	宅地の 貸借	建物の 売買交換	建物の 貸借
土砂災害警戒区域内にあるならその旨（肢(2)）	◯	◯	◯	◯
造成宅地防災区域内にあるならその旨	◯	◯	◯	◯

重要事項の説明 [平26-35]

　宅地建物取引業法第35条に規定する重要事項の説明及び同条の規定により交付すべき書面（以下この問において「35条書面」という。）に関する次の記述のうち、同法の規定によれば、誤っているものはどれか。なお、説明の相手方は宅地建物取引業者ではないものとする。

(1) 宅地建物取引業者は、買主の自宅で35条書面を交付して説明を行うことができる。

(2) 宅地建物取引業者は、中古マンションの売買を行う場合、抵当権が設定されているときは、契約日までにその登記が抹消される予定であっても、当該抵当権の内容について説明しなければならない。

(3) 宅地建物取引士は、宅地建物取引士証の有効期間が満了している場合、35条書面に記名押印することはできるが、取引の相手方に対し説明はできない。

(4) 宅地建物取引業者は、土地の割賦販売の媒介を行う場合、割賦販売価格のみならず、現金販売価格についても説明しなければならない。

運転免許証のことを思い出せ！

講義

(1) 正。重要事項の説明は、**どこで行ってもOK**だ。だから、買主の自宅で行ってもOK。　382頁 注意2

(2) 正。**登記された権利**の種類・内容については、説明しなければならない。本肢のように、契約日までに登記が抹消される予定があっても、現時点においては、登記されているのだから、当然、説明しなければならない。　375頁 ③

(3) 誤。宅地建物取引士証の有効期間が満了している場合は、35条書面（重要事項説明書）への記名押印も、重要事項の説明も**できない**。　304頁 5.

(4) 正。売主自身が割賦販売（ローン）を行う場合には、割賦販売価格（ローンの合計額はいくらか）、**現金販売価格**（即金ならいくらか）、その他（毎月何万円、何年払い等）を説明しなければならない。　378頁 ⑰

正　解　(3)

宅地建物取引士でなければできない仕事は次の3つ
① 重要事項の説明
② 重要事項説明書への記名押印
③ 37条書面（契約成立後に交付する書面のこと）への記名押印
注意！ 取引士証の有効期間が満了している場合は、①～③の仕事は**できない**（肢(3)）。

重要事項の説明 [平22-36]

宅地建物取引業法第35条に規定する重要事項の説明を宅地建物取引士が行う場合における次の記述のうち、同条の規定に違反しないものはどれか。なお、説明の相手方は宅地建物取引業者ではないものとする。

(1) 中古マンションの売買の媒介において、当該マンションに係る維持修繕積立金については説明したが、管理組合が保管している維持修繕の実施状況についての記録の内容については説明しなかった。

(2) 自ら売主となる新築住宅の売買において、重要事項の説明の時点で契約の内容に適合しない場合におけるその不適合担保責任に関する責任保険の契約を締結する予定であることは説明したが、当該責任保険の概要については説明しなかった。

(3) 宅地の売買の媒介において、当該宅地が急傾斜地の崩壊による災害の防止に関する法律第3条の規定に基づく急傾斜地崩壊危険区域内にあることは説明したが、立木竹の伐採には都道府県知事の許可を受けなければならないことについては説明しなかった。

(4) 建物の売買の媒介において、登記された権利の種類及び内容については説明したが、移転登記の申請の時期については説明しなかった。

 移転登記の申請時期は、重要事項説明の段階では未定だ。

講　義

(1)　**違反する。** マンションの売買では、維持修繕のための**積立金**について規約の内容・すでに積み立てられている額・滞納の額を説明しなければならない。また、維持**修繕**の実施状況が**記録**されている場合は、その内容を説明しなければならない。　　　　　🗺 378頁 ⑥、379頁 ⑨

(2)　**違反する。**「お金がないから担保責任は履行できません」ということになると困るから、そういう事態に備えて保険会社に保険をかけておく（保証保険契約）等の手を打つのが、契約不適合担保責任の履行措置だ。①この措置を講じるかどうかと、②講じる場合は、**措置の概要**を説明しなければならない。本肢は②について説明していないのだからアウトだ。ちなみに、貸借ならこの説明は不要だ。　　　　　　　🗺 377頁 ⑬

(3)　**違反する。** 宅地の売買においては、急傾斜地崩壊危険区域内にあることと、その**制限の内容**（急傾斜地崩壊危険区域内で立木竹を伐採する場合等は、知事の許可が必要ですよ）を説明しなければならない。

　　　　　　　　　　　　　　　　　　　　　　　　　　　🗺 375頁 ④

(4)　**違反しない。** 建物の売買においては、**登記された権利**の種類・内容を説明しなければならないが、移転登記の申請時期は説明する必要はない（ちなみに、移転登記の申請時期は37条書面記載事項だ）。　🗺 375頁 ③

(**正　解**)　(4)

😊 肢(4)のポイント

① **登記された権利**の種類・内容
➡ 重要事項説明書記載事項

② **移転登記の申請時期**
➡ 37条書面記載事項

重要事項の説明　　　　　　　　　　　[平24-30]

　宅地建物取引業者が行う宅地建物取引業法第35条に規定する重要事項の説明に関する次の記述のうち、正しいものはどれか。なお、説明の相手方は宅地建物取引業者ではないものとする。

(1)　建物の貸借の媒介を行う場合、当該建物が住宅の品質確保の促進等に関する法律に規定する住宅性能評価を受けた新築住宅であるときは、その旨について説明しなければならないが、当該評価の内容までを説明する必要はない。

(2)　建物の売買の媒介を行う場合、飲用水、電気及びガスの供給並びに排水のための施設が整備されていないときは、その整備の見通し及びその整備についての特別の負担に関する事項を説明しなければならない。

(3)　建物の貸借の媒介を行う場合、当該建物について、石綿の使用の有無の調査の結果が記録されているときは、その旨について説明しなければならないが、当該記録の内容までを説明する必要はない。

(4)　昭和55年に竣工した建物の売買の媒介を行う場合、当該建物について耐震診断を実施した上で、その内容を説明しなければならない。

　未整備の場合も説明必要。

講義

(1) **誤**。住宅性能評価を受けた新築住宅ならその旨を説明しなければならないのは、建物の売買と交換の場合だけだ。建物の貸借の場合は、説明不要だ。　376頁 7 注意! ①

(2) **正**。上下水道・電気・ガスの整備状況について説明しなければならない。そして、これらの施設が未整備のときは、整備の見通しと整備についての特別の負担について説明しなければならない。　376頁 6

(3) **誤**。建物の場合、石綿使用の有無の調査の結果が記録されているなら、その内容を説明しなければならない。　377頁 14 ①

(4) **誤**。古い建物の場合、耐震診断を受けているならその内容を説明しなければならない。しかし、業者が耐震診断を実施する義務はないので、本肢は×だ（耐震診断をする義務はないが、もし耐震診断をしたのであれば、説明しなければならない、ということ）。　377頁 14 ② 注意2

正　解　(2)

建物特有の3つの事項
1. **石綿**使用の有無の調査の結果が記録されているなら、その内容（肢(3)）。
2. 古い建物の場合、**耐震診断**を受けているならその内容（肢(4)）。 注意!
   注意! 新しい建物（昭和56年6月1日以降に新築工事に着手した建物）の場合は、説明不要だ。
3. 中古の建物の場合は、①**建物状況調査**を実施しているならその結果の概要、②建物の建築・維持保全の状況に関する書類の保存の状況。 注意!
   注意! ②は貸借なら説明不要だ。

重要事項の説明 [令1-28]

　宅地建物取引業者が建物の貸借の媒介を行う場合における宅地建物取引業法第35条に規定する重要事項の説明に関する次の記述のうち、正しいものはどれか。なお、説明の相手方は宅地建物取引業者ではないものとする。

(1)　当該建物が住宅の品質確保の促進等に関する法律第5条第1項に規定する住宅性能評価を受けた新築住宅であるときは、その旨を説明しなければならない。

(2)　当該建物が既存の建物であるときは、既存住宅に係る住宅の品質確保の促進等に関する法律第6条第3項に規定する建設住宅性能評価書の保存の状況について説明しなければならない。

(3)　当該建物が既存の建物である場合、石綿使用の有無の調査結果の記録がないときは、石綿使用の有無の調査を自ら実施し、その結果について説明しなければならない。

(4)　当該建物が建物の区分所有等に関する法律第2条第1項に規定する区分所有権の目的であるものであって、同条第3項に規定する専有部分の用途その他の利用の制限に関する規約の定めがあるときは、その内容を説明しなければならない。

　貸借「戦艦(専管)」だけでいい。

講義

(1) 誤。住宅性能評価を受けた新築住宅ならその旨を説明しなければならないのは、建物の売買と交換の場合だけだ。貸借の場合は、説明不要だ。

376 頁 ⑦ 注意！ ①

(2) 誤。中古（既存）の建物の売買と交換の場合は、建物の建築・維持保全の状況に関する書類の保存の状況を説明しなければならない。しかし、貸借の場合は、説明不要だ。

377 頁 ⑭ 注意1

(3) 誤。建物の場合は、石綿の使用の有無の調査の結果が記録されているときは、その内容を説明しなければならない（貸借の場合も、説明必要）。しかし、記録がないときは、ないということを説明すれば OK であり、業者が石綿の使用の有無の調査を自ら実施する義務はない。

377 頁 ⑭ 注意2

(4) 正。区分所有建物の場合は、専有部分の利用制限に関する規約（事業用の利用不可、ペット不可というような、専有部分の利用を制限する規約のこと）を説明しなければならない（貸借の場合も、説明必要）。

378 頁 ②、379 頁 楽勝ゴロ合せ

正 解 (4)

重要事項の説明　　　　　　　　　　[平16-38]

　宅地建物取引業者が、宅地建物取引業法第35条に規定する重要事項について説明をする場合に関する次の記述のうち、正しいものはどれか。なお、説明の相手方は宅地建物取引業者ではないものとする。

(1)　自ら売主として、マンション（建築工事完了前）の分譲を行うに当たり、建物の完成時における当該マンションの外壁の塗装については説明しなくてもよいが、建物の形状や構造については平面図を交付して説明しなければならない。

(2)　事業用建物の賃貸借の媒介を行うに当たっても、居住用建物と同様に、台所、浴室等の設備の整備状況について説明しなければならない。

(3)　宅地建物取引業者ではない売主から依頼されて建物の売買の媒介を行うに当たり、損害賠償額の予定は説明しなくてもよいが、売主が契約の内容に適合しない場合におけるその不適合担保責任を負わないことについては説明しなければならない。

(4)　自ら売主として、マンションの分譲を行うに当たり、管理組合の総会の議決権に関する事項については、管理規約を添付して説明しなければならない。

　楽勝ゴロ合せで解ける！

講義

(1) 誤。未完成の建物の場合、完了時における内装および外装を説明しなければならないので、マンションの外壁の塗装についても説明しなければならない。外壁の塗装は外装に含まれるからだ。ちなみに、その他の点については正しい。　　　　　　　　　　　　　　375頁①

(2) 正。建物の賃貸借の場合、建物の設備（台所、浴室、便所等）について説明しなければならない。もちろん、居住用建物の賃貸借の場合だけではなく、事業用の建物賃貸借の場合も説明する必要がある。　　　　　　　　　　　　　　380頁①

(3) 誤。損害賠償の予定は重要事項だから説明しなければならないが、契約不適合担保責任の特約は重要事項ではないので説明する必要はない。　　　　　　　　　　　377頁⑯、383頁⑫

(4) 誤。管理組合の総会の議決権に関する事項は、重要事項ではないので説明する必要はない。楽勝ゴロ合せ「専々、共減、敷修繕、ダブル管理に積立金、貸借専管だけでいい」を覚えていれば、カンタンに解ける問題だ。　　　　　　　　　　　379頁 楽勝ゴロ合せ

正解 (2)

賃貸特有の6つの事項	宅地の貸借	建物の貸借
①建物の設備（台所，浴室，便所等）	×	○
②契約期間と更新（定期借地借家契約ならその旨も）	○	○
③利用制限事項（例－事業用の利用不可，ペット不可）	○	○
④契約終了時の金銭の清算方法（例－敷金と延滞賃料と相殺）	○	○
⑤管理人の住所氏名	○	○
⑥契約終了時の宅地上建物の取壊しに関する事項（＝更地にして返すのか）	○	×

注意　ちなみに、建物の貸借で、高齢者を対象とした終身建物賃貸借の場合は、その旨を説明する必要がある。

重要事項の説明　　　　　　　　　　　　　　[⇧1-41]

　宅地建物取引業者が行う宅地建物取引業法第35条に規定する重要事項の説明（以下この問において「重要事項説明」という。）に関する次の記述のうち、正しいものはどれか。なお、説明の相手方は宅地建物取引業者ではないものとする。

(1) 建物管理が管理会社に委託されている建物の貸借の媒介をする宅地建物取引業者は、当該建物が区分所有建物であるか否かにかかわらず、その管理会社の商号及びその主たる事務所の所在地について、借主に説明しなければならない。

(2) 宅地建物取引業者である売主は、他の宅地建物取引業者に媒介を依頼して宅地の売買契約を締結する場合、重要事項説明の義務を負わない。

(3) 建物の貸借の媒介において、建築基準法に規定する建蔽率及び容積率に関する制限があるときは、その概要を説明しなければならない。

(4) 重要事項説明では、代金、交換差金又は借賃の額を説明しなければならないが、それ以外に授受される金銭の額については説明しなくてよい。

会社の場合、氏名は商号・名称、住所は主たる事務所の所在地となる。

講義

(1) **正**。貸借の場合、管理人の氏名と住所（委託先が会社の場合は、会社の**商号**または名称と**主たる事務所の所在地**）は、重要事項として説明しなければならない。だから、建物が区分所有建物であるか否かにかかわらず、借主に説明しなければならない。　　379頁(8)、380頁⑤

(2) **誤**。売主である業者は、媒介業者がいる場合（他の業者に媒介を依頼した場合）でも、説明の義務を**負う**（ちなみに、媒介業者も説明の義務を負う）。　　374頁(7)

(3) **誤**。建蔽率・容積率は、**建物**の貸借の場合は説明不要だ。建物の貸借以外（宅地の売買・交換・貸借と建物の売買・交換）の場合に説明が必要となる。　　375頁 例4、376頁の一番上の 注意!

(4) **誤**。重要事項の説明では、「代金、交換差金、借賃」の額は説明しなくてよいが、「代金、交換差金、借賃」以外に**授受される金銭の額**については説明しなければならない。本肢は、話が逆になっているので×だ。
　　376頁⑩

正解 (1)

貸借の場合は、管理人の氏名と住所を重要事項として説明しなければならない。
　注意!　委託先が会社の場合は、管理会社の**商号**または名称と**主たる事務所の所在地**を説明することになる（肢(1)）。

重要事項の説明　　　　　　　　　　　　　[平30-39]

　宅地建物取引業者が建物の貸借の媒介を行う場合における宅地建物取引業法（以下この問において「法」という。）第35条に規定する重要事項の説明に関する次の記述のうち、誤っているものはどれか。なお、特に断りのない限り、当該建物を借りようとする者は宅地建物取引業者ではないものとする。

(1)　当該建物を借りようとする者が宅地建物取引業者であるときは、貸借の契約が成立するまでの間に重要事項を記載した書面を交付しなければならないが、その内容を宅地建物取引士に説明させる必要はない。

(2)　当該建物が既存の住宅であるときは、法第34条の2第1項第4号に規定する建物状況調査を実施しているかどうか、及びこれを実施している場合におけるその結果の概要を説明しなければならない。

(3)　台所、浴室、便所その他の当該建物の設備の整備の状況について説明しなければならない。

(4)　宅地建物取引士は、テレビ会議等のITを活用して重要事項の説明を行うときは、相手方の承諾があれば宅地建物取引士証の提示を省略することができる。

重要事項の説明の際は、取引士証の提示が必要。

講義

(1) 正。相手方が**業者**の場合は、重要事項の<u>説明</u>を省略できる。つまり、相手方が業者の場合は、重要事項説明書の交付だけでいいということだ。

374頁(8)

(2) 正。既存（中古）の建物の場合は、**建物状況調査**を実施しているかどうか、及び実施しているならその結果の概要を説明しなければならない。

377頁 14 ③

(3) 正。建物の貸借の場合は、建物の**設備**（台所、浴室、便所等）の状況を説明しなければならない。

380頁 ①

(4) 誤。貸借の場合は、テレビ会議等のＩＴを利用して重要事項の説明ができる。この場合も**取引士証**の提示は必要だ（取引士がカメラに取引士証をかざして、相手方は画面上で確認する）。

373頁(4) 注意!

正解 (4)

Point!

テレビ会議等のＩＴを利用して重要事項の説明をすることができるか？
① 売買・交換 ➡ できない。
② **貸借** ➡ できる（肢(4)）。

重要事項の説明　　　　　　　　　　　　　　［平26-34］

　宅地建物取引業者が行う宅地建物取引業法第35条に規定する重要事項の説明に関する次の記述のうち、正しいものはどれか。なお、説明の相手方は宅地建物取引業者ではないものとする。

(1) 建物の売買の媒介を行う場合、当該建物の売主に耐震診断の記録の有無を照会したにもかかわらず、当該有無が判別しないときは、自ら耐震診断を実施し、その結果を説明する必要がある。

(2) 建物の貸借の媒介を行う場合、当該建物が津波防災地域づくりに関する法律第23条第1項の規定に基づく津波防護施設区域に位置しているときはその旨を説明する必要があるが、同法第53条第1項の規定に基づく津波災害警戒区域に位置しているときであってもその旨は説明する必要はない。

(3) 建物の売買の媒介を行う場合、売主が特定住宅瑕疵担保責任の履行の確保等に関する法律に基づく住宅販売瑕疵担保保証金の供託を行うときは、その措置の概要を説明する必要があるが、当該建物が契約の内容に適合しない場合におけるその不適合を担保すべき責任の履行に関し保証保険契約の締結を行うときは、その措置の概要を説明する必要はない。

(4) 区分所有権の目的である建物の貸借の媒介を行う場合、その専有部分の用途その他の利用制限に関する規約の定めがあるときはその内容を説明する必要があるが、1棟の建物又はその敷地の専用使用権に関する規約の定めについては説明する必要がない。

貸借戦艦（専管）だけでいい。

講義

(1) **誤**。古い建物の場合、**耐震診断**を受けているならその内容を説明しなければならない。しかし、業者が耐震診断を実施する**義務はない**ので、本肢は×だ。
377頁 14 注意2

(2) **誤**。全ての取引（宅地の売買・交換・貸借と建物の売買・交換・貸借）において、**津波災害警戒区域内**にあるときは、その旨を説明しなければならない。
375頁 例3

(3) **誤**。「お金がないから担保責任は履行できません」ということになると困るから、そういう事態に備えて保険会社に保険をかけておく（保証保険契約）等の手を打つのが、契約不適合担保責任の履行措置だ。この措置を講じる場合は、**措置の概要**を説明しなければならない（ちなみに、貸借なら説明は不要）。なお、前半部分の記述は○だ。
377頁 13

(4) **正**。区分所有建物の売買・交換の場合は、専用規約（建物または敷地の一部を特定の者だけに使用させる規約のこと。例、1階の前庭など）について説明しなければならない。しかし、区分所有建物の貸借の場合は、専用規約について説明する必要はない。ちなみに、専有部分の利用制限規約については、区分所有建物の貸借の場合にも説明する必要があるので、前半部分の記述についても正しい。楽勝ゴロ合せは、「**貸借戦艦（専管）だけでいい**」。
378頁 1、2

正解 (4)

Point!

区分所有建物（マンション）の場合（肢(4)）

	売買・交換	貸借
専用規約（専用使用権に関する規約）	○	×
専有部分の利用制限規約	○	○

○➡説明必要、×➡説明不要

重要事項の説明 [令1-39]

　宅地建物取引業者が行う宅地建物取引業法第35条に規定する重要事項の説明に関する次の記述のうち、正しいものはどれか。なお、説明の相手方は宅地建物取引業者ではないものとする。

(1) 既存住宅の貸借の媒介を行う場合、建物の建築及び維持保全の状況に関する書類の保存状況について説明しなければならない。

(2) 宅地の売買の媒介を行う場合、登記された抵当権について、引渡しまでに抹消される場合は説明しなくてよい。

(3) 宅地の貸借の媒介を行う場合、借地権の存続期間を50年とする賃貸借契約において、契約終了時における当該宅地の上の建物の取壊しに関する事項を定めようとするときは、その内容を説明しなければならない。

(4) 建物の売買又は貸借の媒介を行う場合、当該建物が津波防災地域づくりに関する法律第53条第1項により指定された津波災害警戒区域内にあるときは、その旨を、売買の場合は説明しなければならないが、貸借の場合は説明しなくてよい。

 宅地上の建物の取壊しに関する事項は、宅地の貸借特有の説明事項だ。

講義

(1) 誤。中古（既存）の建物の売買と交換の場合は、建物の建築・維持保全の状況に関する書類の保存の状況を説明しなければならない。しかし、**貸借**の場合は、説明**不要**だ。　　　　　377頁 14 注意1

(2) 誤。**登記された権利**の種類・内容は、説明しなければならない。たとえ、引渡しまでに抹消される場合でも、説明の時点においては、登記されているのだから、当然、説明が必要だ。　　　　　375頁 3

(3) 正。宅地の貸借の場合、契約終了時の宅地の上の建物の**取壊し**に関する事項を定めようとするときは、その内容を説明しなければならない。
　　　　　380頁 6

(4) 誤。津波災害警戒区域内にあるときは、その旨は、**すべて**の取引において、説明しなければならない。だから、「建物の貸借の場合は説明しなくてよい」とある本肢は×だ。　　　　　375頁 4 例3

正　解　(3)

次の3つは、**すべて**の取引において説明が必要。
① 造成宅地防災区域内にあるときは、その旨。
② 土砂災害警戒区域内にあるときは、その旨。
③ 津波災害警戒区域内にあるときは、その旨（肢(4)）。

コメント　いずれも「災」が付いている。「ここはキケンな場所ですよ」という説明は、すべての取引において必要ということ。

重要事項の説明　　　　　　　　　　　　　　　[平29-41]

　宅地建物取引業者が行う宅地建物取引業法第35条に規定する重要事項の説明に関する次の記述のうち、誤っているものはどれか。なお、説明の相手方は宅地建物取引業者ではないものとする。

(1) 区分所有建物の売買の媒介を行う場合、当該1棟の建物及びその敷地の管理が委託されているときは、その委託を受けている者の氏名（法人にあっては、その商号又は名称）及び住所（法人にあっては、その主たる事務所の所在地）を説明しなければならない。

(2) 土地の売買の媒介を行う場合、移転登記の申請の時期の定めがあるときは、その内容を説明しなければならない。

(3) 住宅の売買の媒介を行う場合、宅地内のガス配管設備等に関して、当該住宅の売買後においても当該ガス配管設備等の所有権が家庭用プロパンガス販売業者にあるものとするときは、その旨を説明する必要がある。

(4) 中古マンションの売買の媒介を行う場合、当該マンションの計画的な維持修繕のための費用の積立てを行う旨の規約の定めがあるときは、その内容及び既に積み立てられている額について説明しなければならない。

 37条書面の記載事項がまぎれ込んでいる。

講義

(1) 正。区分所有建物の場合、**管理人の氏名**（法人の場合は商号・名称）と**住所**（法人の場合は主たる事務所の所在地）を説明しなければならない。

379頁 8

(2) 誤。移転登記の申請時期については、説明する必要はない。ちなみに、移転登記の申請時期は 37 条書面の記載事項である。

378頁 ④

(3) 正。上下水道、電気、**ガス**の整備状況について、説明しなければならない。そして、住宅の売買後においてもガスの配管設備等の所有権がプロパンガス販売業者にある場合は、その旨を説明しなければならない。

376頁 6

(4) 正。区分所有建物の売買の場合、修繕積立金についての規約の内容と**すでに積み立てられている額**を説明しなければならない。ちなみに、滞納があるときは滞納額についても説明しなければならない。ついでに覚えておこう。

379頁 9

正解 (2)

業者は、上下水道、電気、**ガス**の整備状況について、重要事項として説明しなければならない。

注意1　未整備のときは、整備の見通しと整備についての特別の負担を説明しなければならない。

注意2　住宅の売買後においてもガスの配管設備等の所有権がプロパンガス販売業者にある場合は、その旨を説明しなければならない（肢(3)）。

重要事項の説明 [平21-33]

宅地建物取引業者Aが行う宅地建物取引業法第35条に規定する重要事項の説明に関する次の記述のうち、誤っているものはどれか。なお、説明の相手方は宅地建物取引業者ではないものとする。

(1) 建物の売買の媒介を行う場合、当該建物が地域における歴史的風致の維持及び向上に関する法律第12条第1項の規定に基づく歴史的風致形成建造物であるときは、Aは、その増築に際し市町村長への届出が必要である旨を説明しなければならない。

(2) 建物の売買の媒介を行う場合、当該建物について石綿の使用の有無の調査の結果が記録されていないときは、Aは、自ら石綿の使用の有無の調査を行った上で、その結果の内容を説明しなければならない。

(3) 建物の貸借の媒介を行う場合、当該貸借の契約が借地借家法第38条第1項の規定に基づく定期建物賃貸借契約であるときは、Aは、その旨を説明しなければならない。

(4) 建物の貸借の媒介を行う場合、Aは、当該貸借に係る契約の終了時において精算することとされている敷金の精算に関する事項について、説明しなければならない。

 業者に調査義務はない。

講義

(1) 正。業者は、**法令上の制限**（例「市街化調整区域内の土地だから、建物は建築できません」、「歴史的風致形成建造物だから、増改築には市町村長への届出が必要です」）を説明しなければならない。　375頁 ④

(2) 誤。**石綿**（アスベストのこと）使用の有無の調査結果が記録されているならその内容を説明しなければならない。なお、記録がない場合に業者が自ら石綿使用の有無の調査を行う**必要はない**。　377頁 ⑭ 注意2

(3) 正。貸借契約においては、契約期間と更新は、説明しなければならない事項だ。そして、その貸借契約が**定期**借地借家契約の場合はその旨も説明しなければならない。　380頁 ②

(4) 正。貸借契約においては、契約終了時の**金銭の精算方法**（例「敷金は延滞賃料と相殺」）を説明しなければならない。　380頁 ④

正　解　(2)

建物特有の3つの事項（重要事項説明書の記載事項）
① **石綿**使用の有無の調査結果が記録されているならその内容。
② 古い建物で**耐震診断**を受けているならその内容。
注意! ちなみに、業者は石綿使用有無の調査や耐震診断を実施する義務はない。（肢(2)）
③ 中古の建物の場合は、①**建物状況調査**を実施しているならその結果の概要、②建物の建築・維持保全の状況に関する書類の保存の状況。
注意! ②は貸借なら説明不要だ。

重要事項の説明　　　　　　　　　　　　　　　　［平30-35］

　宅地建物取引業者間の取引における宅地建物取引業法第35条に規定する重要事項の説明及び重要事項を記載した書面（以下この問において「重要事項説明書」という。）の交付に関する次の記述のうち、正しいものはどれか。

(1) 建物の売買においては、売主は取引の対象となる建物（昭和56年6月1日以降に新築の工事に着手したものを除く。）について耐震診断を受けなければならず、また、その診断の結果を重要事項説明書に記載しなければならない。

(2) 建物の売買においては、その対象となる建物が未完成である場合は、重要事項説明書を交付した上で、宅地建物取引士をして説明させなければならない。

(3) 建物の売買においては、その建物が種類又は品質に関して契約の内容に適合しない場合におけるその不適合を担保すべき責任の履行に関し保証保険契約の締結などの措置を講ずるかどうか、また、講ずる場合はその概要を重要事項説明書に記載しなければならない。

(4) 宅地の交換において交換契約に先立って交換差金の一部として30万円の預り金の授受がある場合、その預り金を受領しようとする者は、保全措置を講ずるかどうか、及びその措置を講ずる場合はその概要を重要事項説明書に記載しなければならない。

 業者間取引。

講義

(1) **誤**。建物（昭和56年6月1日以降に新築の工事に着手したものを除く）が、耐震診断を受けているならその内容を重要事項説明書に記載しなければならない。ただし、耐震診断を受けていない場合に、耐震診断を受ける義務はないので、本肢は×だ。　　377頁 14 注意2

(2) **誤**。相手方が業者の場合は、重要事項の説明を省略できる。つまり、相手方が業者の場合は、重要事項説明書の交付だけでいいということだ（本問は、業者間の取引だから、相手方は業者だ）。なお、建物が完成していようがいまいが関係ない。　　374頁 (8)

(3) **正**。契約の内容に適合しない場合にその不適合を担保すべき責任の履行に関し保証保険契約の締結などの措置を講ずるかどうか、また、講ずる場合はその概要を重要事項説明書に記載しなければならない（ちなみに、貸借の場合は、記載不要だ）。　　377頁 13

(4) **誤**。50万円以上の預り金・支払金を受領しようとする場合は、保全措置を講ずるかどうか、及び措置を講ずる場合における措置の概要を重要事項説明書に記載しなければならない。本肢の預り金は30万円なので、記載する必要はない。　　376頁 9

正解 (3)

Point!

預り金・支払金
➡ 50万円以上の場合だけ、保全措置を講ずるかどうか、及び措置を講ずる場合における措置の概要を重要事項説明書に記載する必要がある（肢(4)）。

重要事項の説明　　　　　　　　　　　[平25-33]

　宅地建物取引業法第35条に規定する重要事項の説明に関する次の記述のうち、正しいものはどれか。なお、説明の相手方は宅地建物取引業者ではないものとする。

(1)　宅地建物取引業者は、自ら売主として分譲マンションの売買を行う場合、管理組合の総会の議決権に関する事項について、管理規約を添付して説明しなければならない。

(2)　宅地建物取引業者は、分譲マンションの売買の媒介を行う場合、建物の区分所有等に関する法律第2条第4項に規定する共用部分に関する規約の定めが案の段階であっても、その案の内容を説明しなければならない。

(3)　宅地建物取引業者は、マンションの1戸の貸借の媒介を行う場合、建築基準法に規定する容積率及び建蔽率に関する制限があるときは、その制限内容を説明しなければならない。

(4)　宅地建物取引業者は、マンションの1戸の貸借の媒介を行う場合、借賃以外に授受される金銭の定めがあるときは、その金銭の額、授受の目的及び保管方法を説明しなければならない。

　知らずに契約すると悲劇だ。

講義

(1) **誤**。管理組合の総会の議決権に関する事項については、説明する**必要はない**。

(2) **正**。区分所有建物（マンション）の売買と交換の場合は、**共用規約**（集会室や管理人室のような、規約共用部分について定めている規約のこと）について、説明しなければならない。この規約は、まだ案しかない段階でもその**案**を説明しなければならない。　　　　　📖 378頁 ③、下の 注意!

(3) **誤**。**建物の貸借**の場合だけは、容積率と建蔽率について説明する**必要はない**。それ以外の場合（宅地の売買・交換・貸借と建物の売買・交換）に説明が必要になる。　　　　　　　　　　　　　　　📖 375頁 ④

(4) **誤**。借賃以外に授受される金銭の**額**と授受の**目的**については、説明しなければならない。しかし、保管方法については、説明する必要はないので、本肢は×だ。　　　　　　　　　　　　　　　　　　　📖 376頁 ⑩

（**正　解**）(2)

👨 **肢(4)のまとめ**

「代金、交換差金、借賃」以外に授受される金銭について
　① 金　銭　の　**額** ➡ 説明する必要あり。
　② 授受の**目的** ➡ 説明する必要あり。
　③ 保　管　方　法 ➡ 説明する必要なし。

第5編　重要事項説明書と37条書面／監督処分と罰則

重要事項の説明　　　　　　　　　　　　[平28-36]

　宅地建物取引業者が行う宅地建物取引業法第35条に規定する重要事項の説明に関する次の記述のうち、正しいものはいくつあるか。なお、説明の相手方は宅地建物取引業者ではないものとする。

ア　区分所有権の目的である建物の売買の媒介を行う場合、当該建物が借地借家法第22条に規定する定期借地権の設定された土地の上に存するときは、当該定期借地権が登記されたものであるか否かにかかわらず、当該定期借地権の内容について説明しなければならない。

イ　宅地の貸借の媒介を行う場合、当該宅地が流通業務市街地の整備に関する法律第4条に規定する流通業務地区にあるときは、同法第5条第1項の規定による制限の概要について説明しなければならない。

ウ　建物の売買の媒介を行う場合、当該建物の売買代金の額並びにその支払の時期及び方法について説明する義務はないが、売買代金以外に授受される金銭があるときは、当該金銭の額及び授受の目的について説明しなければならない。

エ　建物の貸借の媒介を行う場合、当該建物が建築工事の完了前であるときは、必要に応じ当該建物に係る図面を交付した上で、当該建築工事の完了時における当該建物の主要構造部、内装及び外装の構造又は仕上げ並びに設備の設置及び構造について説明しなければならない。

(1)　一つ
(2)　二つ
(3)　三つ
(4)　四つ

　代金は重要事項の説明の後で決めること。

講義

ア　正。区分所有建物の売買の場合、**敷地に関する権利**の種類・内容（敷地利用権）について説明しなければならない。定期借地権は敷地に関する権利だから、その内容を説明しなければならない。　378頁 ⑤

イ　正。流通業務地区内における制限の概要（流通業務地区内では、原則として、トラックターミナル等以外を建設してはダメ）は、**建物の貸借**の場合だけ説明**不要**だ。だから、宅地の貸借の媒介の場合は説明しなければならない。　375頁 ④

ウ　正。代金は重要事項の説明の後で決めることだ。だから、代金については説明する必要はない（前半部分は○）。そして、代金**以外**に授受される金銭があるときは、その金銭の**額**・授受の**目的**について説明しなければならない（後半部分も○）。　376頁 ⑩

エ　正。未完成物件の場合、図面が必要なときは**図面**を交付して、工事**完了**時の形状・構造を説明しなければならない。　375頁 ①

以上により、正しいものはアとイとウとエなので（全部が正しいので）、正解は肢(4)となる。

正　解　(4)

流通業務地区内における制限の概要は、
➡ **建物の貸借**の場合だけは説明**不要**（肢イ）。

重要事項の説明 [平27-31]

宅地建物取引業者が、宅地建物取引業法第35条に規定する重要事項の説明を行う場合における次の記述のうち、宅地建物取引業法の規定に違反するものはいくつあるか。なお、説明の相手方は宅地建物取引業者ではないものとする。

ア 宅地の貸借の媒介の場合、当該宅地が都市計画法の第一種低層住居専用地域内にあり、建築基準法第56条第1項第1号に基づく道路斜線制限があるときに、その概要を説明しなかった。

イ 建物の貸借の媒介の場合、当該建物が新住宅市街地開発事業により造成された宅地上にあり、新住宅市街地開発法第32条第1項に基づく建物の使用及び収益を目的とする権利の設定又は移転について都道府県知事の承認を要する旨の制限があるときに、その概要を説明しなかった。

ウ 建物の貸借の媒介の場合、当該建物が都市計画法の準防火地域内にあり、建築基準法第62条第1項に基づく建物の構造に係る制限があるときに、その概要を説明しなかった。

(1) 一つ
(2) 二つ
(3) 三つ
(4) なし

建物の貸借の場合だけ説明不要なものを探せ！

講義

ア **違反する。** 斜線制限は、「**建物の貸借**」の場合だけ、説明不要だ。それ以外の場合（宅地の売買・交換・貸借と建物の売買・交換）は、説明が必要。本肢は、宅地の貸借の媒介だから、説明が必要。

イ **違反する。** 新住宅市街地開発法の権利の制限は、「**全て**」の場合（宅地の売買・交換・貸借と建物の売買・交換・貸借）に説明が必要。

ウ **違反しない。** 防火地域・準防火地域の制限は、「**建物の貸借**」の場合だけ、説明不要。それ以外の場合（宅地の売買・交換・貸借と建物の売買・交換）は、説明が必要。本肢は、建物の貸借の媒介だから、説明不要。

以上により、違反するものはアとイなので、正解は肢(2)となる。

以上全体につき、375頁 ④

正 解 (2)

建物の貸借の場合だけ説明不要なもの
1. 建蔽率・容積率の制限
2. 斜線制限（肢ア）
3. 用途規制
4. 防火地域・準防火地域の制限（肢ウ）
5. 私道負担の有無

重要事項の説明（区分所有建物）　　　[平20-37]

　宅地建物取引業者Aが、マンションの分譲に際して行う宅地建物取引業法第35条の規定に基づく重要事項の説明に関する次の記述のうち、正しいものはどれか。なお、説明の相手方は宅地建物取引業者ではないものとする。

(1)　当該マンションの建物又はその敷地の一部を特定の者にのみ使用を許す旨の規約の定めがある場合、Aは、その内容だけでなく、その使用者の氏名及び住所について説明しなければならない。

(2)　建物の区分所有等に関する法律第2条第4項に規定する共用部分に関する規約がまだ案の段階である場合、Aは、規約の設定を待ってから、その内容を説明しなければならない。

(3)　当該マンションの建物の計画的な維持修繕のための費用の積立を行う旨の規約の定めがある場合、Aは、その内容を説明すれば足り、既に積み立てられている額については説明する必要はない。

(4)　当該マンションの建物の計画的な維持修繕のための費用を特定の者にのみ減免する旨の規約の定めがある場合、Aは、買主が当該減免対象者であるか否かにかかわらず、その内容を説明しなければならない。

　買主全員に説明する必要がある。

講義

(1) **誤**。専用規約（建物または敷地の一部を特定の者だけに使用させる規約のこと。例 1階の前庭など）は、その**内容**を説明すれば OK だ。使用者の氏名と住所は説明する必要はない。　　　　　　　📚378頁 1

(2) **誤**。共用規約（集会室や管理人室のような、規約共用部分について定めている規約のこと）がまだ案の段階であるときは、その**案を説明しなければならない**。　　　　　　　　　　　　　　　　　　　📚378頁 3

(3) **誤**。建物の維持修繕のための積立金については、積立金についての規約内容と、すでに**積み立てられている額・滞納の額**を説明しなければならない。　　　　　　　　　　　　　　　　　　　　　　📚379頁 9

(4) **正**。減免規約（管理費用や積立金を特定の者だけに減免・免除する規約のこと）は、**買主が減免対象者であるか否かにかかわらず**、その内容を説明しなければならない。　　　　　　　　　　　　📚378頁 4

正 解 (4)

第5編 重要事項説明書と37条書面／監督処分と罰則

まとめ

案しかない段階においてその案を説明する必要があるか？

① 専用規約　　　　　　　　○　（肢(1)）
② 専有部分の利用制限規約　○
③ 共用規約　　　　　　　　○　（肢(2)）
④ 減免規約　　　　　　　　○　（肢(4)）
⑤ 積立金についての規約　　○　（肢(3)）

注意！　①～⑤（○○規約）は**すべて**、まだ案だけしかない段階でも、その**案**を説明しなければならない。

401

重要事項の説明と37条書面　　　　　［平24-32］

　宅地建物取引業者A社が、自ら売主として宅地建物取引業者でない買主Bと宅地の売買について交渉を行う場合における次の記述のうち、宅地建物取引業法（以下この問において「法」という。）の規定に違反しないものはどれか。なお、この問において、「重要事項説明」とは、法第35条の規定に基づく重要事項の説明を、「37条書面」とは、法第37条の規定により交付すべき書面をいうものとする。

(1) Bは、買受けの申込みを行い、既に申込証拠金を払い込んでいたが、申込みを撤回することとした。A社は、既にBに重要事項説明を行っていたため、受領済みの申込証拠金については、解約手数料に充当するとして返還しないこととしたが、申込みの撤回には応じた。

(2) Bは、事業用地として当該宅地を購入する資金を金融機関から早急に調達する必要があったため、重要事項説明に先立って37条書面の交付を行うようA社に依頼した。これを受け、A社は、重要事項説明に先立って契約を締結し、37条書面を交付した。

(3) Bは、当該宅地を購入するに当たり、A社のあっせんを受けて金融機関から融資を受けることとした。この際、A社は、重要事項説明において当該あっせんが不調に終わるなどして融資が受けられなくなった場合の措置について説明をし、37条書面へも当該措置について記載することとしたが、融資額や返済方法等のあっせんの内容については、37条書面に記載するので、重要事項説明に係る書面への記載は省略することとした。

(4) Bは、契約するかどうかの重要な判断要素の1つとして、当該宅地周辺の将来における交通整備の見通し等についてA社に確認した。A社は、将来の交通整備について新聞記事を示しながら、「確定はしていないが、当該宅地から徒歩2分のところにバスが運行するという報道がある」旨を説明した。

　断定したらアウトだが……。

講義

(1) **違反する**。申込みが撤回されたのだから、業者は、トーゼン申込み証拠金を買主に**返還**しなければならない（お客さんが契約の申込みの撤回を行うに際し、業者は、申込証拠金等の預り金を返還することを拒んではダメだ）。

(2) **違反する**。重要事項の説明は、契約をするかしないかの判断材料を提供するためのものだから、必ず**契約成立前**に説明しなければダメだ。A 社は、重要事項の説明に「先立って契約を締結している（＝契約成立前に説明していない）」ので業法違反となる。　　　　　　　　　　　373 頁(5)

(3) **違反する**。代金、交換差金に関する**金銭貸借のあっせんの内容**と貸借不成立の場合の措置は、重要事項説明書の記載事項だ。だから、あっせんの内容について重要事項説明書への記載を省略すると業法違反となる。　　　　　　　　　　　　　　　　　　　　　　　376 頁⑪

(4) **違反しない**。A 社は、「必ず……運行する」と断定しているわけではないので、業法違反とならない（「必ず……運行する」と**断定すると業法違反**となるが、A 社は、「確定はしていないが……」と説明しており、断定的判断を提供しているわけではない。だから、セーフだ）。　　325 頁 3.

正解　(4)

業者は、
➡「必ず値上がりしますよ」「必ず当該宅地から徒歩 2 分のところにバスが運行しますよ」というように**断定的判断**を提供してはいけない（肢(4)）。

重要事項説明書と37条書面　　　　　[￦23-34]

　宅地建物取引業法に関する次の記述のうち、誤っているものはどれか。なお、この問において、「35条書面」とは、同法第35条の規定に基づく重要事項を記載した書面を、「37条書面」とは、同法第37条の規定に基づく契約の内容を記載した書面をいうものとする。

(1) 宅地建物取引業者は、抵当権に基づく差押えの登記がされている建物の貸借の媒介をするにあたり、貸主から当該登記について告げられなかった場合であっても、35条書面及び37条書面に当該登記について記載しなければならない。

(2) 宅地建物取引業者は、37条書面の作成を宅地建物取引士でない従業者に行わせることができる。

(3) 宅地建物取引業者は、その媒介により建物の貸借の契約が成立した場合、天災その他不可抗力による損害の負担に関する定めがあるときには、その内容を37条書面に記載しなければならない。

(4) 37条書面に記名押印する宅地建物取引士は、35条書面に記名押印した宅地建物取引士と必ずしも同じ者である必要はない。

　重要事項説明書の記載事項ではあるが……。

講義

(1) 誤。**登記された権利**の種類・内容は、**重要事項説明書**の記載事項だが、37条書面の記載事項ではない。　　　　　　　　　　　　　375頁 ③

(2) 正。37条書面に**記名押印**をするのは、宅地建物取引士でなければならない。しかし、作成するのは、宅地建物取引士でなくてもOKだ。
　　　　　　　　　　　　　　　　　　　　　　　　　　　382頁 上の③

(3) 正。天災その他不可抗力による損害の負担（**危険負担**のこと）に関する定めは、37条書面の記載事項だ。ちなみに、危険負担は、重要事項説明書の記載事項ではない。　　　　　　　　　　　　　383頁 ⑬

(4) 正。37条書面にも、35条書面にも**宅地建物取引士**の記名押印は必要だが、同一人物が行う必要はない。　　　　　　　　　　382頁 表③

正解 (1)

	重要事項説明書	37条書面
登記された権利の種類・内容（肢(1)）	○	×
移転登記の申請時期	×	○ 注意！

注意！　ただし、貸借の場合は、記載事項ではない（売買と交換の場合に37条書面の記載事項となる）。

重要事項説明書と37条書面　　　　　[平28-39]

　宅地建物取引業者が媒介により区分所有建物の貸借の契約を成立させた場合に関する次の記述のうち、宅地建物取引業法（以下この問において「法」という。）の規定によれば、正しいものはどれか。なお、この問において「重要事項説明書」とは法第35条の規定により交付すべき書面をいい、「37条書面」とは法第37条の規定により交付すべき書面をいうものとする。

(1) 専有部分の用途その他の利用の制限に関する規約において、ペットの飼育が禁止されている場合は、重要事項説明書にその旨記載し内容を説明したときも、37条書面に記載しなければならない。

(2) 契約の解除について定めがある場合は、重要事項説明書にその旨記載し内容を説明したときも、37条書面に記載しなければならない。

(3) 借賃の支払方法が定められていても、貸主及び借主の承諾を得たときは、37条書面に記載しなくてよい。

(4) 天災その他不可抗力による損害の負担に関して定めなかった場合には、その旨を37条書面に記載しなければならない。

必要的記載事項が1つ、任意的記載事項が2つある。

講義

(1) 誤。専有部分の利用制限規約は、重要事項説明書の記載事項だが、37条書面の記載事項ではない。だから、37条書面に記載する必要はない。
378頁②、379頁 楽勝ゴロ合せ

(2) 正。解除に関する事項は、重要事項説明書の記載事項であり、かつ、37条書面の任意的記載事項（特に定めがある場合だけ記載すればよい事項）だ。だから、定めがある場合は、37条書面に記載しなければならない。
375頁②、383頁⑦

(3) 誤。借賃の支払の方法は、37条書面の必要的記載事項（必ず記載しなければならない事項）だ。承諾を得ても記載を省略することはできない。
383頁③

(4) 誤。天災その他不可抗力による損害の負担（危険負担のこと）は、37条書面の任意的記載事項だ。だから、定めなかった場合は、37条書面に記載する必要はない。
383頁⑬

正解 (2)

Point!

代金、交換差金、借賃の額・支払の時期・支払の方法
➡ 37条書面の必要的記載事項（肢(3)）。
注意！ 重要事項説明書の記載事項ではない。

37条書面　　　　　　　　　　　　　　　　［平25-31］

　宅地建物取引業者A社が宅地建物取引業法第37条の規定により交付すべき書面（以下この問において「37条書面」という。）に関する次の記述のうち、宅地建物取引業法の規定によれば、正しいものの組合せはどれか。

ア　A社は、建物の貸借に関し、自ら貸主として契約を締結した場合に、その相手方に37条書面を交付しなければならない。

イ　A社は、建物の売買に関し、その媒介により契約が成立した場合に、当該売買契約の各当事者のいずれに対しても、37条書面を交付しなければならない。

ウ　A社は、建物の売買に関し、その媒介により契約が成立した場合に、天災その他不可抗力による損害の負担に関する定めがあるときは、その内容を記載した37条書面を交付しなければならない。

エ　A社は、建物の売買に関し、自ら売主として契約を締結した場合に、その相手方が宅地建物取引業者であれば、37条書面を交付する必要はない。

(1)　ア、イ
(2)　イ、ウ
(3)　ウ、エ
(4)　ア、エ

自ら貸借は取引ではない。

講義

ア　誤。「**自ら貸借**」は「取引」には当たらない。だから、A社は、37条書面を交付する必要はない。　　　　　　　　　　273頁 3.

イ　正。37条書面は**両**当事者に交付しなければならない。だから、A社は、売主と買主のいずれに対しても、37条書面を交付しなければならない。
382頁 表 ②

ウ　正。「天災その他不可抗力による損害の負担」とは、危険負担のこと。**危険負担**に関する定めがある場合は、その内容を37条書面に**記載**しなければならない。　　　　　　　　　　383頁 ⑬

エ　誤。買主が**業者**であっても、37条書面の交付を省略することはできない。
382頁 注意1

以上により、正しいものはイとウなので、正解は肢(2)となる。

正　解　(2)

「**自ら貸借**」は「取引」には当たらない（宅建業法の適用なし）。だから、
→ 37条書面を交付する必要なし（肢ア）。

注意!　業者が貸借の媒介・代理をする場合は、モチロン、37条書面を交付する必要あり。

37条書面 [㍻24-31]

　宅地建物取引業者A社が宅地建物取引業法(以下この問において「法」という。)第37条の規定により交付すべき書面(以下この問において「37条書面」という。)に関する次の記述のうち、法の規定に違反するものはどれか。

(1) A社は、自ら売主として宅地建物取引業者でない買主との間で宅地の売買契約を締結した。この際、当該買主の代理として宅地建物取引業者B社が関与していたことから、37条書面を買主に加えてB社へも交付した。

(2) A社は、宅地建物取引業者C社が所有する建物について、宅地建物取引業者でない買主から購入の媒介の依頼を受け、当該建物の売買契約を成立させた。この際、C社と当該買主との間では、C社が法第41条の2に規定する手付金等の保全措置を講じており、A社もそのことを知っていたが、37条書面には当該措置の内容を記載しなかった。

(3) A社は、建築工事完了前の建物の売買を媒介し、当該売買契約を成立させた。この際、37条書面に記載する当該建物を特定するために必要な表示については、法第35条の規定に基づく重要事項の説明において使用した図書があったため、当該図書の交付により行った。

(4) A社は、居住用建物の貸借を媒介し、当該賃貸借契約を成立させた。この際、当該建物の引渡しの時期に関する定めがあったが、法第35条の規定に基づく重要事項の説明において、既に借主へ伝達していたことから、37条書面にはその内容を記載しなかった。

 よく出るヒッカケだ。

講義

(1) **違反しない。** A社は、**買主**にもキチンと37条書面を交付しているのだから、何の問題もない。　　　　　　　　　　　　　　📖 382頁 表 ②

(2) **違反しない。手付金等保全措置**の概要は、**37条書面の記載事項ではない**（重要事項説明書の記載事項だ）。だから、37条書面に記載しなくても、違反にならない。　　　　　　　　　　　　　　📖 376頁 ⑧

(3) **違反しない。物件の表示**は、37条書面の必要的記載事項だ。そして、建物を特定するために必要な表示について書面で交付する際、工事完了前の建物については、重要事項の説明の時に使用した図書を交付することにより行うものとすることになっている。　　　　📖 383頁 ②

(4) **違反する。物件の引渡時期**は、**37条書面に必ず記載**しなければならない。だから、本肢は違反することになる。ちなみに、物件の引渡時期は、重要事項説明書の記載事項ではない。　　　　　　　📖 383頁 ④

(**正　解**) (4)

Point!

	重要事項説明書	37条書面
物件の引渡し時期	記載する必要**なし**	**必ず記載**しなければならない（肢(4)）

37条書面 [平28-42]

宅地建物取引業法（以下この問において「法」という。）第37条の規定により交付すべき書面（以下この問において「37条書面」という。）に関する次の記述のうち、正しいものはどれか。なお、Aは宅地建物取引業者（消費税課税事業者）である。

⑴　Aは、宅地建物取引業者Bと宅地建物取引業者Cの間で締結される宅地の売買契約の媒介においては、37条書面に引渡しの時期を記載しなくてもよい。

⑵　Aは、自ら売主として土地付建物の売買契約を締結したときは、37条書面に代金の額を記載しなければならないが、消費税等相当額については記載しなくてもよい。

⑶　Aは、自ら売主として、宅地建物取引業者Dの媒介により、宅地建物取引業者Eと宅地の売買契約を締結した。Dが宅地建物取引士をして37条書面に記名押印させている場合、Aは宅地建物取引士をして当該書面に記名押印させる必要はない。

⑷　Aは、貸主Fと借主Gの間で締結される建物賃貸借契約について、Fの代理として契約を成立させたときは、FとGに対して37条書面を交付しなければならない。

37条書面は両当事者に。

412

講義

(1) **誤**。**物件の引渡時期**は、37条書面の必要的記載事項（必ず記載しなければならない事項）だ。だから、37条書面に記載しなければならない。 383頁 ④

(2) **誤**。**代金の額**は、37条書面の必要的記載事項だ。そして、消費税についても記載しなければならないので、本肢は×だ。 383頁 ③

(3) **誤**。売主Aも業者だ。だから、買主Eに対して37条書面を交付する義務を負う。したがって、Dが宅地建物取引士に記名押印させている場合でも、Aは宅地建物取引士に記名押印させる**必要がある**。 382頁 ③

(4) **正**。37条書面は**両**当事者（貸借の代理・媒介の場合は、貸主と借主）に交付しなければならない。だから、Aは、FとGに対して37条書面を交付しなければならない。 382頁 ②

正解 (4)

第5編 重要事項説明書と37条書面／監督処分と罰則

誰に交付するのか？
① 重要事項説明書 ➡ 物件を入手する当事者だけに。
② 37条書面 ➡ **両**当事者に（売主や貸主にも）（肢(4)）。

コメント　例えば、業者Aが、売主Bと買主Cの間で締結される宅地の売買契約の媒介を行う場合、Aは、重要事項説明書については物件を入手するCにだけ交付すればよいが、37条書面についてはBとCの**両**当事者に交付しなければならない。

37条書面　　　　　　　　　　[平26-40]

　宅地建物取引業者が行う業務に関する次の記述のうち、宅地建物取引業法の規定によれば、正しいものはいくつあるか。なお、この問において「37条書面」とは、同法第37条の規定により交付すべき書面をいうものとする。

ア　宅地建物取引業者は、自ら売主として宅地建物取引業者ではない買主との間で新築分譲住宅の売買契約を締結した場合において、当該住宅が種類又は品質に関して契約の内容に適合しない場合におけるその不適合を担保すべき責任の履行に関して講ずべき保証保険契約の締結その他の措置について定めがあるときは、当該措置についても37条書面に記載しなければならない。

イ　宅地建物取引業者は、37条書面を交付するに当たり、宅地建物取引士をして、その書面に記名押印の上、その内容を説明させなければならない。

ウ　宅地建物取引業者は、自ら売主として宅地の売買契約を締結した場合は、買主が宅地建物取引業者であっても、37条書面に当該宅地の引渡しの時期を記載しなければならない。

エ　宅地建物取引業者は、建物の売買の媒介において、当該建物に係る租税その他の公課の負担に関する定めがあるときは、その内容を37条書面に記載しなければならない。

(1)　一つ
(2)　二つ
(3)　三つ
(4)　四つ

　宅地建物取引士の仕事を思い出せ！

講義

ア　**正**。契約不適合担保責任**履行措置**（例保証保険契約）は、**売買・交換**の場合の任意的記載事項だ（特に定めがある場合だけ記載すればよい）。
383頁 [11]

イ　**誤**。37条書面には、宅地建物取引士の記名押印は必要だ。しかし、**37条書面**の内容については、説明は**不要**なので、本肢は×だ。
382頁 上の [3]

ウ　**正**。**物件の引渡時期**は、37条書面の必要的記載事項だ（売買・交換の場合も、貸借の場合も記載が必要）。そして、37条書面の記載事項は、相手方が業者であっても省略できないので、本肢は○だ。　383頁 [4]

エ　**正**。**税金の負担**（租税その他の公課の負担）に関する定めは、**売買・交換**の場合の任意的記載事項だ（特に定めがある場合だけ記載すればよい）。
383頁 [14]

以上により、正しいものはアとウとエなので、正解は肢(3)となる。

正　解　(3)

37条書面の記載事項か？

	売買・交換	貸借
契約不適合担保責任**履行措置**（肢ア）	○	×
契約不適合担保責任**の特約**	○	×

37条書面 [〒30-34]

　宅地建物取引業者が媒介により既存建物の貸借の契約を成立させた場合、宅地建物取引業法第37条の規定により、当該貸借の契約当事者に対して交付すべき書面に必ず記載しなければならない事項の組合せはどれか。

ア　建物が種類又は品質に関して契約の内容に適合しない場合におけるその不適合を担保すべき責任の内容

イ　当事者の氏名（法人にあっては、その名称）及び住所

ウ　建物の引渡しの時期

エ　建物の構造耐力上主要な部分等の状況について当事者双方が確認した事項

(1)　ア、イ
(2)　イ、ウ
(3)　イ、エ
(4)　ウ、エ

必要的記載事項は6つあるが、そのうちの2つは貸借なら記載不要だ。

講義

ア　**必ず記載しなければならない事項ではない。**契約不適合担保責任の内容（例引渡しから２年とする特約）は、**売買**・交換の場合の任意的記載事項だ。だから、貸借の場合は記載不要だ。　　　　　　　383頁 12

イ　**必ず記載しなければならない事項である。**当事者の氏名（法人にあっては、その名称）と住所は、**すべて**の取引（売買・交換・貸借）の場合の必要的記載事項だ。だから、貸借の場合も記載する必要がある。

383頁 1

ウ　**必ず記載しなければならない事項である。**物件の引渡時期は、**すべて**の取引（売買・交換・貸借）の場合の必要的記載事項だ。だから、貸借の場合も記載する必要がある。　　　　　　　　　　　　　　　　　　383頁 4

エ　**必ず記載しなければならない事項ではない。**建物の構造耐力上主要な部分等の状況について当事者双方が確認した事項は、既存（中古）建物の**売買**・交換の場合の必要的記載事項だ。だから、貸借の場合は記載不要だ。

383頁 6

以上により、必ず記載しなければならない事項はイとウなので、正解は肢(2)となる。

正　解　(2)

建物の構造耐力上主要な部分等の状況について当事者双方が確認した事項は、
1　必要的記載事項だ（確認していないなら「なし」と記載）。
2　既存（中古）の建物に限る。
3　**売買**・交換の場合に限る（貸借なら記載不要）（肢エ）。

37条書面

宅地建物取引業法（以下この問において「法」という。）第37条の規定により交付すべき書面（以下この問において「37条書面」という。）に関する次の記述のうち、法の規定に違反しないものはどれか。

(1) 宅地建物取引業者Aは、中古マンションの売買の媒介において、当該マンションの代金の支払の時期及び引渡しの時期について、重要事項説明書に記載して説明を行ったので、37条書面には記載しなかった。

(2) 宅地建物取引業者である売主Bは、宅地建物取引業者Cの媒介により、宅地建物取引業者ではない買主Dと宅地の売買契約を締結した。Bは、Cと共同で作成した37条書面にCの宅地建物取引士の記名押印がなされていたため、その書面に、Bの宅地建物取引士をして記名押印をさせなかった。

(3) 売主である宅地建物取引業者Eの宅地建物取引士Fは、宅地建物取引業者ではない買主Gに37条書面を交付する際、Gから求められなかったので、宅地建物取引士証をGに提示せずに当該書面を交付した。

(4) 宅地建物取引業者Hは、宅地建物取引業者ではない売主Iから中古住宅を購入する契約を締結したが、Iが売主であるためIに37条書面を交付しなかった。

Hint! 重要事項の説明の場合は必要だが……。

講義

(1) **違反する**。**代金**の支払い時期と**物件の引渡時期**は、37条書面に記載しなければならない。ちなみに、代金の支払い時期・**物件の引渡時期**は、重要事項説明書の記載事項ではない（モチロン、説明も不要）。

383頁③、④

(2) **違反する**。37条書面をBとCで共同で作成してもOKだ。このBC共同で作成した37条書面には、**B**の取引士と**C**の取引士の記名押印が必要となる。

382頁③

(3) **違反しない**。取引士は、重要事項の説明をするとき以外は、取引関係者から**請求があったら**、取引士証を提示しなければならない。本肢は、重要事項の説明をするとき以外（37条書面の交付）であり、請求もないので、取引士証を提示する必要はない。

304頁(1)①

(4) **違反する**。37条書面は、契約内容をめぐるトラブル（言った言わないの水かけ論）を防止するためのものだ。だから、買主である業者Hは**売主**Iに37条書面を**交付**しなければならない。

382頁1.

正解 (3)

業者が買主の場合、売主に対して
① 重要事項の説明・重要事項説明書の交付は ➡ 不要だ。
② 37条書面の交付は ➡ **必要**だ（肢(4)）。

419

37条書面　　　　　　　　　　　　　　　　[平27-38]

　宅地建物取引業者Ａが宅地建物取引業法第37条の規定により交付すべき書面（以下この問において「37条書面」という。）に関する次の記述のうち、宅地建物取引業法の規定によれば、正しいものはいくつあるか。

ア　Ａが売主を代理して中古マンションの売買契約を締結した場合において、当該マンションが種類又は品質に関して契約の内容に適合しない場合におけるその不適合を担保すべき責任の履行に関して講ずべき保証保険契約の締結その他の措置についての定めがあるときは、Ａは、その内容を37条書面に記載しなければならず、当該書面を、売主及び買主に交付しなければならない。

イ　Ａが媒介により中古戸建住宅の売買契約を締結させた場合、Ａは、引渡しの時期又は移転登記の申請の時期のいずれかを37条書面に記載しなければならず、売主及び買主が宅地建物取引業者であっても、当該書面を交付しなければならない。

ウ　Ａが自ら貸主として宅地の定期賃貸借契約を締結した場合において、借賃の支払方法についての定めがあるときは、Ａは、その内容を37条書面に記載しなければならず、借主が宅地建物取引業者であっても、当該書面を交付しなければならない。

エ　Ａが自ら買主として宅地の売買契約を締結した場合において、当該宅地に係る租税その他の公課の負担に関する定めがあるときは、Ａは、その内容を37条書面に記載しなければならず、売主が宅地建物取引業者であっても、当該書面を交付しなければならない。

(1)　一つ
(2)　二つ
(3)　三つ
(4)　四つ

　37条書面は、契約内容をめぐるトラブルを防止するためのものだ。

講義

ア　**正**。売買の場合、契約不適合担保責任の**履行措置**は、37条書面の任意的記載事項（定めがある場合だけ記載すればよいということ）だ。また、37条書面は**両**当事者に交付しなければならない。だから、Aは、書面を、**売主**及び買主に交付しなければならない。　　382頁 上の②、383頁 ⑪

イ　**誤**。売買の場合、①**物件の引渡時期**と②**移転登記の申請時期**は、37条書面の必要的記載事項（必ず記載しなければならないということ）だ。①と②の両方とも記載する必要があるので、「①または②のいずれかを記載しなければならず」とある本肢は、誤りだ。なお、当事者が業者の場合も、37条書面の交付は必要なので、「売主及び買主が業者であっても、書面を交付しなければならない」という点は、正しい。

382頁 注意1 、383頁 ④、⑤

ウ　**誤**。「**自ら貸借**」は「取引」には当たらない。だから、Aは、37条書面を交付する必要はない。　　273頁 3.

エ　**正**。売買の場合、**税金の負担**は、37条書面の任意的記載事項（定めがある場合だけ記載すればよいということ）だ。なお、37条書面は、契約内容をめぐるトラブル（言った言わないの水かけ論）を防止するためのものだから、当事者が業者の場合も、37条書面を交付しなければならない。だから、「売主が業者であっても、書面を交付しなければならない」という点も、正しい。　　382頁 注意1 、383頁 ⑭

以上により、正しいものはアとエなので、正解は肢(2)となる。

正　解　(2)

Point!

37条書面は　➡**両**当事者に（売主や貸主にも）交付しなければならない（肢ア、イ）。

注意!　当事者が業者の場合も37条書面の交付は必要（肢イ、エ）。

37条書面 [平29-38]

宅地建物取引業者Aが、宅地建物取引業法（以下この問において「法」という。）第37条の規定により交付すべき書面（以下この問において「37条書面」という。）に関する次の記述のうち、法の規定に違反しないものはどれか。

(1) Aは、売主を代理して宅地の売買契約を締結した際、買主にのみ37条書面を交付した。

(2) Aは、自ら売主となる宅地の売買契約において、手付金等を受領するにもかかわらず、37条書面に手付金等の保全措置の内容を記載しなかった。

(3) Aは、媒介により宅地の売買契約を成立させた場合において、契約の解除に関する定めがあるにもかかわらず、37条書面にその内容を記載しなかった。

(4) Aは、自ら売主となる宅地の売買契約において、当該宅地が種類又は品質に関して契約の内容に適合しない場合におけるその不適合を担保すべき責任に関する特約を定めたが、買主が宅地建物取引業者であり、不適合を担保すべき責任に関する特約を自由に定めることができるため、37条書面にその内容を記載しなかった。

任意的記載事項が2つ、記載事項でないものが1つある。

講義

(1) **違反する**。37条書面は、**両**当事者（売買の媒介・代理の場合は売主と買主）に交付しなければならない。　382頁表②

(2) **違反しない**。**手付金等保全措置**の内容は、37条書面の記載事項**ではない**。ちなみに、手付金等保全措置の概要は、重要事項説明書の記載事項だ。　376頁⑧

(3) **違反する**。**解除**に関する事項は、37条書面の**任意的記載事項**（特に定めがある場合だけ記載すればよい）だ。だから、定めがある場合は37条書面に記載しなければならない。　383頁⑦

(4) **違反する**。**契約不適合担保責任の特約**（例 引渡しから2年）は、37条書面の**任意的記載事項**だ。だから、定めがある場合は37条書面に記載しなければならない。たとえ、買主が業者であっても記載を省略できない。　383頁⑫

（正解）(2)

	重要事項説明書	37条書面
解除に関する事項	記載事項である	**任意的記載事項**（肢(3)）
契約不適合担保責任の特約	記載事項ではない	**任意的記載事項**（肢(4)）

37 条書面

宅地建物取引業法（以下この問において「法」という。）第37条の規定により交付すべき書面（以下この問において「37条書面」という。）に関する次の記述のうち、法の規定によれば、正しいものはどれか。

(1) 法人である宅地建物取引業者が37条書面を作成したときは、必ずその代表者をして、当該書面に記名押印させなければならない。

(2) 建物の売買契約において、宅地建物取引業者が売主を代理して買主と契約を締結した場合、当該宅地建物取引業者は、買主にのみ37条書面を交付すれば足りる。

(3) 宅地建物取引業者は、自ら売主として宅地建物取引業者でない法人との間で建物の売買契約を締結した場合、当該法人において当該契約の任に当たっている者の氏名を、37条書面に記載しなければならない。

(4) 宅地建物取引業者が、その媒介により契約を成立させた場合において、契約の解除に関する定めがあるときは、当該契約が売買、貸借のいずれに係るものであるかを問わず、37条書面にその内容を記載しなければならない。

 貸借契約の場合も必要だ！

講義

(1) 誤。37条書面に必要なのは、**宅地建物取引士の記名押印**だ。代表者の記名押印ではない。

382頁 表 ③

(2) 誤。37条書面は、**両**当事者（売買契約の場合は売主と買主）に交付しなければならない。

382頁 表 ②

(3) 誤。37条には、当事者の**氏名**（法人の場合は**名称**）を記載しなければならない。法人（会社などのこと）の場合は、法人の**名称**を記載すればOKであり、契約の任に当たっている者の氏名を記載する必要はない。

383頁 ①

(4) 正。契約の**解除**に関する定めがあるときは、当該契約が売買契約である場合も、貸借契約である場合も、その内容を記載する必要がある。

383頁 ⑦

正 解 (4)

重要事項説明書と37条書面の比較

	重要事項説明書	37条書面
① いつ交付するのか？	契約成立前	契約**成立後遅滞なく**
② 誰に交付するのか？	物件を入手する当事者だけに	**両当事者に**（売主や貸主にも）(肢(2))
③ 宅地建物取引士の記名押印は必要か？	必　要	**必　要** (肢(1))

37条書面 [令1-36]

宅地建物取引業者Aが宅地建物取引業法（以下この問において「法」という。）第37条の規定により交付すべき書面（以下この問において「37条書面」という。）に関する次の記述のうち、法の規定によれば、正しいものはいくつあるか。

ア　Aは、その媒介により建築工事完了前の建物の売買契約を成立させ、当該建物を特定するために必要な表示について37条書面で交付する際、法第35条の規定に基づく重要事項の説明において使用した図書の交付により行った。

イ　Aが自ら貸主として宅地の定期賃貸借契約を締結した場合において、借賃の支払方法についての定めがあるときは、Aは、その内容を37条書面に記載しなければならず、借主が宅地建物取引業者であっても、当該書面を交付しなければならない。

ウ　土地付建物の売主Aは、買主が金融機関から住宅ローンの承認を得られなかったときは契約を無条件で解除できるという取決めをしたが、自ら住宅ローンのあっせんをする予定がなかったので、37条書面にその取決めの内容を記載しなかった。

エ　Aがその媒介により契約を成立させた場合において、契約の解除に関する定めがあるときは、当該契約が売買、貸借のいずれに係るものであるかを問わず、37条書面にその内容を記載しなければならない。

(1)　一つ
(2)　二つ
(3)　三つ
(4)　四つ

「自ら貸借」は「取引」には当たらないから、業法が適用されない。

講義

ア **正**。物件の表示（物件を特定するために必要な表示）は37条書面の必要的記載事項だ。物件を特定するために必要な表示について書面で交付する際、工事完了前の建物については、**重要事項の説明**の時に使用した図書を交付することにより行うことになっている。 383頁 ②

イ **誤**。Aが行っているのは、「**自ら貸借**」だ。「**自ら貸借**」は「取引」には当たらない。だから、Aは37条書面を交付する必要はない。 273頁 3.

ウ **誤**。**解除**に関する事項は、任意的記載事項だ。だから、定めがあるときは、その内容を37条書面に記載しなければならない。本肢の場合は、「買主が金融機関から住宅ローンの承認を得られなかったときは契約を無条件で**解除**できるという取決め」をしているのだから、定めがある。だから、その内容を37条書面に記載しなければならない。 383頁 ⑦

エ **正**。**解除**に関する事項は、任意的記載事項だ（すべての取引の場合の任意的記載事項だ）。だから、定めがあるときは、契約が売買の場合も貸借の場合も、37条書面にその内容を記載しなければならない。 383頁 ⑦

以上により、正しいものはアとエなので、正解は肢(2)となる。

正 解 (2)

Point!

「**自ら貸借**」は「取引」には当たらない。
➡ だから、業法が適用されない。
➡ 業法が適用されないのだから、37条書面を交付する必要はない（肢イ）。

37条書面 [平26-42]

宅地建物取引業者Aが宅地建物取引業法第37条の規定により交付すべき書面（以下この問において「37条書面」という。）に関する次の記述のうち、同法の規定によれば、誤っているものの組合せはどれか。

ア　Aが売主として宅地建物取引業者Bの媒介により、土地付建物の売買契約を締結した場合、Bが37条書面を作成し、その宅地建物取引士をして当該書面に記名押印させれば、Aは、宅地建物取引士による37条書面への記名押印を省略することができる。

イ　Aがその媒介により、事業用宅地の定期賃貸借契約を公正証書によって成立させた場合、当該公正証書とは別に37条書面を作成して交付するに当たって、宅地建物取引士をして記名押印させる必要はない。

ウ　Aが売主としてCとの間で売買契約を成立させた場合（Cは自宅を売却して購入代金に充てる予定である。）、ＡＣ間の売買契約に「Cは、自宅を一定の金額以上で売却できなかった場合、本件売買契約を無条件で解除できる」旨の定めがあるときは、Aは、37条書面にその内容を記載しなければならない。

(1)　ア、イ
(2)　ア、ウ
(3)　イ、ウ
(4)　ア、イ、ウ

要するに解除に関する事項だ。

講義

ア　誤。売主の業者Aは、買主に37条書面を交付しなければならない。また、媒介業者のBは、売主の業者Aと買主に37条書面を交付しなければならない。だから、AもBも**宅地建物取引士**に記名押印させなければならない。　382頁 上の③、表③

イ　誤。37条書面には宅地建物取引士の記名押印が**必要**だ。取引士の記名押印を省略することはできないので、本肢は×だ。　382頁 上の③

ウ　正。**解除**に関する事項の定めがあるときは、その内容を37条書面に記載しなければならない。本肢の「Cは、自宅を一定の金額以上で売却できなかった場合、本件売買契約を無条件で**解除**できる」という定めは、解除に関する事項だ。だから、Aは、37条書面にその内容を記載しなければならない。　383頁 ⑦

以上により、誤っているものはアとイなので、正解は肢(1)となる。

（正　解）　(1)

Point!

解除に関する事項は、記載事項か？
　① 重要事項説明書　➡ ○
　② 37条書面　　　　➡ 定めがある場合は○（肢ウ）

37条書面 [平22-37]

　宅地建物取引業者Aが、売主Bと買主Cとの間の宅地の売買について媒介を行う場合において、宅地建物取引業法（以下この問において「法」という。）第37条の規定により交付すべき書面（以下この問において「37条書面」という。）に関する次の記述のうち、法の規定によれば、正しいものはどれか。

(1)　Aが、宅地建物取引士をして、37条書面に記名押印させた場合には、37条書面の交付を、宅地建物取引士でないAの代表者や従業員が行ってもよい。

(2)　公正証書によってなされる売買契約の場合には、当該公正証書に宅地建物取引士の記名押印がなくても、法第35条に規定する書面に宅地建物取引士の記名押印があれば、当該公正証書をもって37条書面に代えることができる。

(3)　B及びCが宅地建物取引業者である場合には、37条書面において、引渡しの時期の記載を省略することができる。

(4)　37条書面に記名押印する宅地建物取引士は、法第35条に規定する書面に記名押印した宅地建物取引士と同一の者でなければならない。

　重要事項説明書とは違う。

講義

(1) 正。37条書面には、**宅地建物取引士の記名押印**が必要だ。しかし、その交付は、宅地建物取引士**以外**の者が行ってもOKだ。382頁1.、表③

(2) 誤。公正証書に37条書面に必要な事項がキチンと記載されていれば、その公正証書を37条書面に代えてOKだ。しかし、この公正証書自体に、**宅地建物取引士の記名押印**が必要だ。382頁表③

(3) 誤。37条書面には、**物件の引渡時期**を記載しなければならない。この記載は、当事者が宅建業者であっても**省略することはできない**。382頁 注意1 、383頁④

(4) 誤。35条書面（重要事項説明書）にも、37条書面にも**宅地建物取引士の記名押印**が必要だ。しかし、35条書面に記名押印した宅地建物取引士と、37条書面に記名押印した宅地建物取引士は同一人物である必要はない。382頁表③

(正　解) (1)

Point!

宅地建物取引士の記名押印は必要か？

重要事項説明書	37条書面
必要	必要（肢(1)）

注意1　公正証書を37条書面に代えることはできるが、その場合も宅地建物取引士の記名押印は必要である（肢(2)）。

注意2　重要事項説明書に記名押印した宅地建物取引士と、37条書面に記名押印した宅地建物取引士は同一人物である必要はない（肢(4)）。

37条書面等　　　　　　　　　　　　　　　[平22-34]

次の記述のうち、宅地建物取引業法（以下この問において「法」という。）の規定によれば、正しいものはどれか。

(1) 宅地建物取引業者が建物の貸借の媒介を行う場合、借賃以外に金銭の授受があるときは、その額及び授受の目的について、法第35条に規定する重要事項を記載した書面に記載しているのであれば、法第37条の規定により交付すべき書面（以下この問において「37条書面」という。）に記載する必要はない。

(2) 宅地建物取引業者が区分所有建物の貸借の媒介を行う場合、損害賠償額の予定又は違約金に関する特約の内容について、37条書面に記載する必要はないが、売買の媒介を行う場合は、当該内容について37条書面に記載する必要がある。

(3) 土地付建物の売買契約において、買主が金融機関から住宅ローンの承認を得られなかったときは契約を無条件で解除できるという取り決めがある場合、当該売買の媒介を行う宅地建物取引業者は、自ら住宅ローンのあっせんをする予定がなくても、37条書面にその取り決めの内容を記載する必要がある。

(4) 宅地建物取引業者Aが、宅地建物取引業者でないBから建物の売却の依頼を受け、AとBとの間で専属専任媒介契約を締結した場合、Aが探索した相手方以外の者とBとの間で売買契約を締結したときの措置について、AとBとの間で取り決めがなければ、Aは法第34条の2第1項の規定に基づき交付すべき書面に記載する必要はない。

　　　金銭貸借不成立の場合の措置は、売買の場合の記載事項。

講義

(1) **誤**。借賃以外に授受される金銭の額・授受の時期・授受の目的は、**37条書面の記載事項**だ。だから、建物の貸借の媒介を行う場合において、借賃以外に授受される金銭があるときは、37条書面にその額及び目的を記載しなければならない（35条書面に記載されていても、37条書面での記載を省略することはできない）。 383頁⑧

(2) **誤**。損害賠償の予定・違約金は、売買の場合も、**貸借**の場合も37条書面の記載事項である。だから、業者は、区分所有建物の貸借の媒介を行う場合も、売買の媒介を行う場合も、損害賠償の予定・違約金に関する特約の内容を37条書面に記載する必要がある。 383頁⑩

(3) **正**。解除に関する事項は、**37条書面の記載事項**だ。だから、「～契約を無条件で解除できる」という取り決めがある場合、その取り決めを37条書面に記載する必要がある。 383頁⑦

(4) **誤**。**媒介契約違反の場合の措置**は、媒介契約書の記載事項だ。だから、Aが探索した相手方以外の者とBとの間で売買契約をしたときの措置について、Aは、法34条の2第1項の規定に基づき交付すべき書面（媒介契約書のこと）に記載する必要がある。 337頁❷④

正解 (3)

代金、交換差金に関する金銭貸借のあっせんを定めた場合に、貸借不成立となった場合の措置

	記載事項か？
① 売買・交換の場合の重要事項説明書	○
② 貸借の場合の重要事項説明書	×
③ 売買・交換の場合の37条書面	○（肢(3)）
④ 貸借の場合の37条書面	×

37条書面　　　　　　　　　　　　　　　[平25-35]

　宅地建物取引業者が媒介により建物の貸借の契約を成立させた場合、宅地建物取引業法第37条の規定により当該貸借の契約当事者に対して交付すべき書面に必ず記載しなければならない事項の組合せとして、正しいものはどれか。

ア　保証人の氏名及び住所
イ　建物の引渡しの時期
ウ　借賃の額並びにその支払の時期及び方法
エ　媒介に関する報酬の額
オ　借賃以外の金銭の授受の方法

(1)　ア、イ
(2)　イ、ウ
(3)　ウ、エ、オ
(4)　ア、エ、オ

全くのデタラメが2つ、少しのデタラメが1つ。

講義

　本問のうち、必ず記載しなければならない事項（必要的記載事項）は、イの「建物の引渡しの時期」とウの「借賃の額並びにその支払の時期及び方法」の2つだ。だから、正解は肢(2)となる。

　ちなみに、「借賃以外に授受される金銭の額・授受の時期・授受の目的」は、特に定めがある場合だけ記載すればよい事項（任意的記載事項）だが、オの「借賃以外の金銭の授受の方法」は任意的記載事項ではないので注意しよう（任意的記載事項なのは、「額・時期・目的」だ。「方法」は記載する必要はない）。また、アの「保証人の氏名及び住所」とエの「媒介に関する報酬の額」は、37条書面の記載事項ではない。

以上全体につき、 383頁 ③、④、⑧

正　解　(2)

貸借の場合の絶対的記載事項
① 当事者の住所氏名
② 物件の表示（所在地等）
③ **借賃**の額・支払時期・支払方法（肢ウ）
④ 物件の**引渡時期**（肢イ）

37条書面　　　　　　　　　　　[令1-34]

　宅地建物取引業法（以下この問において「法」という。）第37条の規定により交付すべき書面（以下この問において「37条書面」という。）に関する次の記述のうち、法の規定によれば、正しいものはどれか。

(1) 宅地建物取引業者が自ら売主として建物の売買を行う場合、当事者の債務の不履行を理由とする契約の解除に伴う損害賠償の額として売買代金の額の10分の2を超えない額を予定するときは、37条書面にその内容を記載しなくてよい。

(2) 宅地建物取引業者が既存住宅の売買の媒介を行う場合、37条書面に当該建物の構造耐力上主要な部分等の状況について当事者の双方が確認した事項を記載しなければならない。

(3) 宅地建物取引業者は、その媒介により売買契約を成立させた場合、当該宅地又は建物に係る租税その他の公課の負担に関する定めについて、37条書面にその内容を記載する必要はない。

(4) 宅地建物取引業者は、その媒介により契約を成立させ、37条書面を作成したときは、法第35条に規定する書面に記名押印した宅地建物取引士をして、37条書面に記名押印させなければならない。

中古の建物の売買・交換の場合の必要的記載事項だ。

講義

(1) **誤**。損害賠償額の予定は、任意的記載事項だ。だから、損害賠償額の予定に関する**定めがあるとき**は、その内容を37条書面に記載しなければならない。　　　383頁⑩

(2) **正**。建物の構造耐力上主要な部分等の状況について当事者の双方が確認した事項は、既存（中古）の建物の売買・交換の場合の必要的記載事項だ。だから、37条書面に記載しなければならない。　　　383頁⑥

(3) **誤**。**税金の負担**（租税その他の公課の負担）は、売買・交換の場合の任意的記載事項だ。だから、税金の負担に関する定めがあるときは、その内容を37条書面に記載しなければならない。　　　383頁⑭

(4) **誤**。35条書面（重要事項説明書のこと）にも、37条書面にも**宅地建物取引士**の記名押印が必要だ。しかし、同一人物が行う必要はない。

382頁表③

正解 (2)

宅地建物取引士の記名押印は必要か？
① 35条書面（重要事項説明書）　➡　必要
② 37条書面　➡　必要

注意！　35条書面に記名押印する宅地建物取引士と37条書面に記名押印する宅地建物取引士は、同一人物である必要はない（肢(4)）。

建物状況調査 [平30-27]

　宅地建物取引業者Aは、Bが所有し、居住している甲住宅の売却の媒介を、また、宅地建物取引業者Cは、Dから既存住宅の購入の媒介を依頼され、それぞれ媒介契約を締結した。その後、B及びDは、それぞれA及びCの媒介により、甲住宅の売買契約（以下この問において「本件契約」という。）を締結した。この場合における次の記述のうち、宅地建物取引業法（以下この問において「法」という。）の規定によれば、正しいものはどれか。なお、この問において「建物状況調査」とは、法第34条の2第1項第4号に規定する調査をいうものとする。

(1)　Aは、甲住宅の売却の依頼を受けた媒介業者として、本件契約が成立するまでの間に、Dに対し、建物状況調査を実施する者のあっせんの有無について確認しなければならない。

(2)　A及びCは、本件契約が成立するまでの間に、Dに対し、甲住宅について、設計図書、点検記録その他の建物の建築及び維持保全の状況に関する書類で国土交通省令で定めるものの保存の状況及びそれぞれの書類に記載されている内容について説明しなければならない。

(3)　CがDとの間で媒介契約を締結する2年前に、甲住宅は既に建物状況調査を受けていた。この場合において、A及びCは、本件契約が成立するまでの間に、Dに対し、建物状況調査を実施している旨及びその結果の概要について説明しなければならない。

(4)　A及びCは、Dが宅地建物取引業者である場合であっても、法第37条に基づき交付すべき書面において、甲住宅の構造耐力上主要な部分等の状況について当事者の双方が確認した事項があるときにその記載を省略することはできない。

　37条書面は、相手方がシロートでも業者でも同じルール。

講義

(1) 誤。Aは、媒介契約が成立するまでの間に、DではなくBに対し、建物状況調査を実施する者の**あっせん**の有無について確認しなければならない。また、建物状況調査を実施する者のあっせんの有無は、媒介契約書の記載事項だ。だから、媒介契約書を作成する前に確認する必要がある。「本件契約（売買契約）が成立する」までにでは、遅すぎる。

337頁 **1** 注意!

(2) 誤。AとCは、Dに対し、設計図書、点検記録等の建物の建築・維持保全の状況に関する書類の**保存の状況**を説明しなければならない。しかし、書類の記載内容については説明する必要はない（説明が必要なのは保存の状況だ。記載内容ではない）。

377頁 **⑭** ③ b

(3) 誤。建物状況調査（実施後**1年**を経過していないものに限る）を実施しているかどうか、及び実施しているならその結果の概要を説明しなければならない。しかし、本肢の甲住宅が、建物状況調査を受けたのは2年前だ（1年を経過している）。だから、説明する必要はない。377頁 **⑭** ③ a

(4) 正。建物の構造耐力上主要な部分等の状況について当事者の双方が確認した事項は、**売買**・交換の場合の37条書面の必要的記載事項だ。たとえ、相手方が業者であっても省略することは**できない**。

383頁 **6**

正 解 (4)

Point!

中古（既存）の建物の場合 重要事項説明書の記載事項か？	売買・交換	貸 借
(1) 建物状況調査（実施後 **1年**を経過していないものに限る）を実施しているかどうか、及び実施しているならその結果の概要（肢(3))	○	○
(2) 設計図書、点検記録等の建物の建築・維持保全の状況に関する書類の**保存の状況**（肢(2))	○	×

第5編 重要事項説明書と37条書面／監督処分と罰則

監督処分　　　　　　　　　　　　　　　　[平23-44]

宅地建物取引業法の規定に基づく監督処分に関する次の記述のうち、誤っているものはどれか。

(1) 国土交通大臣は、すべての宅地建物取引業者に対して、宅地建物取引業の適正な運営を確保するため必要な指導、助言及び勧告をすることができる。

(2) 国土交通大臣又は都道府県知事は、宅地建物取引業者に対し、業務の停止を命じ、又は必要な指示をしようとするときは聴聞を行わなければならない。

(3) 宅地建物取引業者は、宅地建物取引業法に違反した場合に限り、監督処分の対象となる。

(4) 宅地建物取引業者は、宅地建物取引業法第31条の3に規定する専任の宅地建物取引士の設置要件を欠くこととなった場合、2週間以内に当該要件を満たす措置を執らなければ監督処分の対象となる。

 宅建業法以外の法令もキチンと守る必要あり。

講義

⑴　**正**。大臣は**すべての業者**に対して、必要な指導・助言・勧告をすることができる（　注意！　大臣は、大臣免許の業者に対してだけでなく、**知事免許の業者**に対しても指導・助言・勧告をすることができる）。

386 頁 指導など

⑵　**正**。監督処分をするには、事前に公開の場で**聴聞**（言い分を聞いてやる手続き）をしなければならないことになっている。　　　384 頁 1.

⑶　**誤**。業務に関し**宅建業法以外の法令**に違反し、業者として不適当な場合も監督処分の対象となるので、本肢は×だ。　　　385 頁 ⑴ ②

⑷　**正**。宅地建物取引士の数に欠員が生じたら、業者は**2 週間以内**に補充しなければならない。補充しないと監督処分の対象となる（**業務停止処分**を受けることがある）。　　　385 頁 ⑵ ③

（　**正　解**　）　⑶

第 5 編　重要事項説明書と37条書面／監督処分と罰則

肢(4)のまとめ

　宅地建物取引士の数に欠員が生じたのに、業者が、**2 週間以内**に補充しなかった場合は、

① 監督処分として　➡ **業務停止処分**を受けることがある（肢(4)）。

② 罰則として　　　➡ 100 万円以下の**罰金刑**に処せられる。

441

監督処分 [平20-45]

　宅地建物取引業者Ａ（甲県知事免許）に対する監督処分に関する次の記述のうち、宅地建物取引業法の規定によれば、正しいものはどれか。

(1)　Ａの専任の宅地建物取引士が事務禁止処分を受けた場合において、Ａの責めに帰すべき理由があるときは、甲県知事は、Ａに対して指示処分をすることができる。

(2)　甲県知事は、Ａの事務所の所在地を確知できないときは、直ちにＡの免許を取り消すことができる。

(3)　Ａが宅地建物取引業法の規定に違反したとして甲県知事から指示処分を受け、その指示に従わなかった場合、甲県知事は、Ａの免許を取り消さなければならない。

(4)　甲県知事は、Ａに対して指示処分をした場合には、甲県の公報又はウェブサイトへの掲載その他の適切な方法により、その旨を公告しなければならない。

業者にも責任アリ！

講義

(1) 正。宅地建物取引士が監督処分を受けたが、その原因が業者にある場合（業者の責めに帰すべき場合）は、免許権者は、業者に対して指示処分をすることができる。　　　　　　　　　　　　　　　385頁(1)③

(2) 誤。免許権者は、宅建業者の事務所の所在地を確知することができないときは、官報（大臣）または公報（知事）で、その事実を公告し、その公告の日から30日を経過しても、その宅建業者から申し出がないときは、免許を取り消すことができる。直ちに取り消すことはできないので、本肢は×だ。　　　　　　　　　　　　　　　　　　　　386頁⑦

(3) 誤。業者が指示処分に従わないときは、免許権者は、その業者に対して業務停止処分をすることができる。だから、免許権者である甲県知事は、Aの免許を取り消さなければならないとある本肢は×だ。　　385頁(2)②

(4) 誤。業務停止処分と免許取消処分の場合は、公告が必要だ。しかし、指示処分の場合は、公告が不要なので、本肢は×だ。　　　　389頁5.(1)

正　解　(1)

業者に対する指示処分は次の場合等にできる。
① 宅建業法違反
② 業務に関し宅建業法以外の法令に違反し、業者として不適切な場合
③ 宅地建物取引士が監督処分を受けたが、その原因が業者にある場合（肢(1)）
④ 業務に関し取引の関係者に損害を与えたとき、または与えるおそれが大である場合

監督処分 [平26-44]

宅地建物取引業法（以下この問において「法」という。）の規定に基づく監督処分に関する次の記述のうち、誤っているものはいくつあるか。

ア 宅地建物取引業者A（甲県知事免許）が乙県内において法第32条違反となる広告を行った。この場合、乙県知事から業務停止の処分を受けることがある。

イ 宅地建物取引業者B（甲県知事免許）は、法第50条第2項の届出をし、乙県内にマンション分譲の案内所を設置して業務を行っていたが、当該案内所について法第31条の3第3項に違反している事実が判明した。この場合、乙県知事から指示処分を受けることがある。

ウ 宅地建物取引業者C（甲県知事免許）の事務所の所在地を確知できないため、甲県知事は確知できない旨を公告した。この場合、その公告の日から30日以内にCから申出がなければ、甲県知事は法第67条第1項により免許を取り消すことができる。

エ 宅地建物取引業者D（国土交通大臣免許）は、甲県知事から業務停止の処分を受けた。この場合、Dが当該処分に違反したとしても、国土交通大臣から免許を取り消されることはない。

(1) 一つ
(2) 二つ
(3) 三つ
(4) なし

 業者出てこい公告が必要。

講義

ア　**正**。免許権者だけでなく、<u>現地の知事</u>も業務停止処分をすることができる。だから、Aは、乙県知事から業務停止処分を受けることがある。

📖 384頁 表上の ②、385頁 (2) ⑥

イ　**正**。免許権者だけでなく、<u>現地の知事</u>も指示処分をすることができる。だから、Bは、乙県知事から指示処分を受けることがある。

📖 384頁 表上の ①、385頁 (1) ①

ウ　**正**。免許権者は、業者の事務所の所在地を確知できないときは公告をし、その公告の日から **30 日**を経過しても業者から申出がないときは、業者の免許を取り消すことが**できる**。

📖 386頁 (3) ⑦

エ　**誤**。業者が業務停止処分に違反した場合、**免許権者**は、免許取消処分をしなければならない。業者Dの免許権者は大臣だから、大臣は、Dの免許を取り消さなければならない。したがって、「Dが大臣から免許を取り消されることはない」とある本肢は×だ。

📖 384頁 表上の ③、386頁 (3) ②

以上により、誤っているものはエだけなので、正解は肢(1)となる。

正　解　(1)

業者が行方不明な場合の話

　免許権者は、①業者の事務所の所在地を確知できないとき、または、②業者の所在（法人である場合は、その役員の所在）を確知できないときは、
　➡ 公告し、その公告の日から **30 日**を経過しても申出がないときは、免許を取り消すことが**できる**（肢ウ）。

監督処分 [平28-26]

宅地建物取引業者A（甲県知事免許）に対する監督処分に関する次の記述のうち、宅地建物取引業法（以下この問において「法」という。）の規定によれば、正しいものはどれか。

(1) Aは、自らが売主となった分譲マンションの売買において、法第35条に規定する重要事項の説明を行わなかった。この場合、Aは、甲県知事から業務停止を命じられることがある。

(2) Aは、乙県内で宅地建物取引業に関する業務において、著しく不当な行為を行った。この場合、乙県知事は、Aに対し、業務停止を命ずることはできない。

(3) Aは、甲県知事から指示処分を受けたが、その指示処分に従わなかった。この場合、甲県知事は、Aに対し、1年を超える期間を定めて、業務停止を命ずることができる。

(4) Aは、自ら所有している物件について、直接賃借人Bと賃貸借契約を締結するに当たり、法第35条に規定する重要事項の説明を行わなかった。この場合、Aは、甲県知事から業務停止を命じられることがある。

重要事項の説明義務違反　➡　監督処分あり。

講義

(1) **正**。Aの免許権者である甲県知事は、重要事項の説明を行わなかったAに対して、業務停止処分を命じることが**できる**。だから、Aは甲県知事から業務停止処分を命じられることがある。　384頁 表、385頁(2)⑩

(2) **誤**。免許権者だけでなく、**現地の知事**も、業務停止処分を命じることができる。だから、宅建業に関し著しく不当な行為を行ったAに対して、現地の知事である乙県知事は、業務停止処分を命じることができる。
　384頁 表、385頁(2)

(3) **誤**。業者が、指示処分に従わなかったら、業務停止処分を命じることができる。ただし、業務停止処分は**1年以内**であることが必要だ。だから、1年を超える期間を定めて、業務停止処分を命じることはできない。
　385頁(2)②

(4) **誤**。**自ら貸借**は、取引に**当たらない**。だから、自ら貸借をする場合は、重要事項の説明をしなくてOKだ。したがって、Aは業務停止処分を命じられることはない。　273頁 3.

正　解　(1)

業務停止処分は ➡ **1年以内**の期間を定めて命じることができる（肢(3)）。

監督処分　　　　　　　　　　　　　[平24-44]

宅地建物取引業法の規定に基づく監督処分に関する次の記述のうち、正しいものはどれか。

(1) 国土交通大臣又は都道府県知事は、宅地建物取引業者に対して必要な指示をしようとするときは、行政手続法に規定する弁明の機会を付与しなければならない。

(2) 甲県知事は、宅地建物取引業者A社（国土交通大臣免許）の甲県の区域内における業務に関し、A社に対して指示処分をした場合、遅滞なく、その旨を国土交通大臣に通知するとともに、甲県の公報又はウェブサイトへの掲載その他の適切な方法により公告しなければならない。

(3) 乙県知事は、宅地建物取引業者B社（丙県知事免許）の乙県の区域内における業務に関し、B社に対して業務停止処分をした場合は、乙県に備えるB社に関する宅地建物取引業者名簿へ、その処分に係る年月日と内容を記載しなければならない。

(4) 国土交通大臣は、宅地建物取引業者C社（国土交通大臣免許）が宅地建物取引業法第37条に規定する書面の交付をしていなかったことを理由に、C社に対して業務停止処分をしようとするときは、あらかじめ、内閣総理大臣に協議しなければならない。

 相談も大事。

講義

(1) 誤。**監督処分**をするには、事前に公開の場所で**聴聞**（言い分を聞いて やる手続き）をしなければならない。「弁明の機会の付与」ではダメだ（監 督処分をする場合は、「弁明の機会の付与」より慎重な手続きである「聴聞」 をしなければならない、ということ）。　　　　　　　　🔖 384頁 1.

(2) 誤。公告が必要なのは、**業務停止処分**と**免許取消処分**をした場合だけだ。 指示処分をした場合は、公告をする必要はない。　　　　🔖 389頁 5. (1)

(3) 誤。B社の免許権者は丙県知事だ。だから、B社に関する業者名簿は 丙県に備えられる（**丙県**に備えられるB社に関する業者名簿に処分に係 る年月日と内容を記載しなければならない）。　　　　　🔖 385頁 注意!

(4) 正。国土交通大臣は、その免許を受けた業者を一定の理由（例）37条書 面を交付しなかった）により処分をしようとするときは、あらかじめ、 **内閣総理大臣**に協議しなければならない。　　　　　　🔖 389頁 6. (1)

正 解 (4)

公告のまとめ

公告は必要か？

業者に対する 監督処分	① 指示処分	× （肢 (2))
	② 業務停止処分	○
	③ 免許取消処分	○
宅地建物取引士に対す る監督処分	① 指示処分	×
	② 事務禁止処分	×
	③ 登録削除処分	×

第5編　重要事項説明書と37条書面／監督処分と罰則

449

監督処分・罰則　　　　　　　　　　　　[令1-29]

宅地建物取引業法（以下この問において「法」という。）の規定に基づく監督処分及び罰則に関する次の記述のうち、正しいものはいくつあるか。

ア　宅地建物取引業者Ａ（国土交通大臣免許）が甲県内における業務に関し、法第37条に規定する書面を交付していなかったことを理由に、甲県知事がＡに対して業務停止処分をしようとするときは、あらかじめ、内閣総理大臣に協議しなければならない。

イ　乙県知事は、宅地建物取引業者Ｂ（乙県知事免許）に対して指示処分をしようとするときは、聴聞を行わなければならず、聴聞の期日における審理は、公開により行わなければならない。

ウ　丙県知事は、宅地建物取引業者Ｃ（丙県知事免許）が免許を受けてから1年以内に事業を開始しないときは、免許を取り消さなければならない。

エ　宅地建物取引業者Ｄ（丁県知事免許）は、法第72条第1項の規定に基づき、丁県知事から業務について必要な報告を求められたが、これを怠った。この場合、Ｄは50万円以下の罰金に処せられることがある。

(1)　一つ
(2)　二つ
(3)　三つ
(4)　四つ

内閣総理大臣との協議が必要なのは誰か？

講義

ア　誤。**国土交通大臣**が業者に対して、監督処分をしようとするときに、あらかじめ、内閣総理大臣と協議しなければならないことがある。どういう場合かと言うと、一般消費者の利益の保護に関する義務違反の場合だ（例37条書面を交付しなかった）。この内閣総理大臣との協議が必要となるのは、**国土交通大臣**が、業者に対して一定の監督処分をしようとするときだ。知事が監督処分をしようとするときは、内閣総理大臣との協議は不要だ。　　　　　　　　　　　　　　　　　389頁 6.(1)

イ　正。監督処分をするには、事前に**公開**の場で**聴聞**（言い分を聞いてやる手続き）をしなければならない。　　　　　　　　　　　　384頁 1.

ウ　正。業者が免許を受けてから**1年**以内に事業を開始しない場合は、免許権者は、免許を取り消さなければならない。　　　　　　　　386頁 ⑤

エ　正。国土交通大臣は、宅建業を営むすべての者に対して、知事は、その都道府県の区域内で宅建業を営む者に対して、宅建業の適正な運営を確保するため必要があると認めるときは、**報告**を求め、または職員に立ち入り検査をさせることができる。業者が、この報告を求められたのに無視したら（報告を怠ったら）、50万円以下の**罰金**だ。

以上により、正しいものはイとウとエなので、正解は肢(3)となる。

　　　　　　　　　　　　　　　　　　　　　　　　　　　【正　解】(3)

Point!

免許権者は、次の場合に免許を取り消さなければならない。
1. 業者が免許を受けてから**1年**以内に事業を開始しない場合（肢ウ）。
2. 業者が引き続き**1年**以上事業を休止した場合。

監督処分 [平29-29]

次の記述のうち、宅地建物取引業法（以下この問において「法」という。）の規定によれば、正しいものはどれか。

(1) 宅地建物取引業者A（甲県知事免許）は、マンション管理業に関し、不正又は著しく不当な行為をしたとして、マンションの管理の適正化の推進に関する法律に基づき、国土交通大臣から業務の停止を命じられた。この場合、Aは、甲県知事から法に基づく指示処分を受けることがある。

(2) 国土交通大臣は、宅地建物取引業者B（乙県知事免許）の事務所の所在地を確知できない場合、その旨を官報及び乙県の公報で公告し、その公告の日から30日を経過してもBから申出がないときは、Bの免許を取り消すことができる。

(3) 国土交通大臣は、宅地建物取引業者C（国土交通大臣免許）に対し、法第35条の規定に基づく重要事項の説明を行わなかったことを理由に業務停止を命じた場合は、遅滞なく、その旨を内閣総理大臣に通知しなければならない。

(4) 宅地建物取引業者D（丙県知事免許）は、法第72条第1項に基づく丙県職員による事務所への立入検査を拒んだ。この場合、Dは、50万円以下の罰金に処せられることがある。

 検査を拒んだらペナルティー。

講義

(1) **誤**。Aは、業務に関し宅建業法以外の法令に違反し、業者として不適当な場合は、指示処分を受けることがある。また、Aは、業務に関し取引の関係者に損害を与えたとき、または与えるおそれが大である場合は、指示処分を受けることがある。しかし、本肢のマンション管理業はそもそも宅建業とは関係がない。だから、Aは、甲県知事から指示処分を受けることはない。　　　　　　　　　　　　　　　　385頁(1)②、④

(2) **誤**。免許取消処分は、免許権者しかできない。だから、Bの免許権者ではない国土交通大臣は、Bの免許を取り消すことはできない。
　　　　　　　　　　　　　　　　　　　　　　　　　　　　384頁表上の③

(3) **誤**。国土交通大臣が業者に対して、監督処分をしようとするときに、あらかじめ、内閣総理大臣と協議しなければならない場合がある。どういう場合かというと、一般消費者の利益の保護に関する義務違反（例　重要事項の説明を行わなかった）の場合だ。必要なのは、「内閣総理大臣との協議」であって、「内閣総理大臣への通知」ではないので、本肢は×だ。
　　　　　　　　　　　　　　　　　　　　　　　　　　　　389頁6.(1)

(4) **正**。国土交通大臣は宅建業を営むすべての者に対して、知事はその都道府県の区域内で宅建業を営む者に対して、宅建業の適正な運営を確保するため必要があると認めるときは、報告を求め、または、職員に立入検査させることができる。この立入検査を拒んだら、50万円以下の罰金だ。　　　　　　　　　　　　　　　　　　　　　　　　　　387頁4.

第5編　重要事項説明書と37条書面／監督処分と罰則

正解　(4)

Point!

　国土交通大臣は宅建業を営むすべての者に対して、知事はその都道府県の区域内で宅建業を営む者に対して、宅建業の適正な運営を確保するため必要があると認めるときは、**報告**を求め、または、職員に**立入検査**させることができる。

注意！　報告しなかったら　➡ 50万円以下の**罰金**。
立入検査を拒んだら ➡ 50万円以下の**罰金**（肢(4)）。

監督処分・罰則　　　　　　　　　　[平19-36]

　法人である宅地建物取引業者A（甲県知事免許）に関する監督処分及び罰則に関する次の記述のうち、宅地建物取引業法の規定によれば、誤っているものはどれか。

(1)　Aが、建物の売買において、当該建物の将来の利用の制限について著しく事実と異なる内容の広告をした場合、Aは、甲県知事から指示処分を受けることがあり、その指示に従わなかったときは、業務停止処分を受けることがある。

(2)　Aが、乙県内で行う建物の売買に関し、取引の関係者に損害を与えるおそれが大であるときは、Aは、甲県知事から指示処分を受けることはあるが、乙県知事から指示処分を受けることはない。

(3)　Aが、正当な理由なく、その業務上取り扱ったことについて知り得た秘密を他人に漏らした場合、Aは、甲県知事から業務停止処分を受けることがあるほか、罰則の適用を受けることもある。

(4)　Aの従業者Bが、建物の売買の契約の締結について勧誘をするに際し、当該建物の利用の制限に関する事項で買主の判断に重要な影響を及ぼすものを故意に告げなかった場合、Aに対して1億円以下の罰金刑が科せられることがある。

　現地の知事もできる。

講義

(1) **正**。誇大広告をしたら、指示処分の対象になる。そして、**指示処分に従わなかったら業務停止処分**の対象になる。だから、誇大広告をしたA社は、指示処分を受けることがあり、その指示処分に従わなかったときは、業務停止処分を受けることがある。　　　　※ 385頁(1)①、(2)②

(2) **誤**。免許権者も**現地の知事**も指示処分をすることができる。だから、Aは、免許権者である甲県知事からも、現地の知事である乙県知事からも指示処分を受けることがある。　　　　　　　　　　　　※ 384頁 表上の①

(3) **正**。業務上知った秘密を、正当な理由なく他人に漏らしたら、監督処分として、**業務停止処分**の対象になるし、罰則として、**50万円以下の罰金**にも処せられる。だから、Aは、業務停止処分を受けることがあるほか、罰則の適用を受けることもある。　　※ 385頁(2)④、388頁④

(4) **正**。従業員が重要な事項について、故意に事実を告げず、または不実のことを告げた場合、従業員を雇っている法人は、両罰規定として、**1億円以下の罰金**に処せられる。だから、法人Aに対して1億円以下の罰金刑が科されることがある。　　※ 387頁4. 注2、388頁⑦、⑬の下のちなみに

正 解 (2)

👤 肢(4)の具体例

両罰規定について

　宅建業者である法人Aの従業員Bが、重要な事項について、故意に事実を告げず、または不実のことを告げた場合、次のようになる。

・法人A　➡ **1億円以下の罰金**に処せられる（肢(4)）。
・従業者B　➡ 2年以下の懲役もしくは300万円以下の罰金または両者の併科に処せられる。

第5編 重要事項説明書と37条書面／監督処分と罰則

監督処分　　　　　　　　　　　　　　　[平27-43]

　宅地建物取引業法の規定に基づく監督処分等に関する次の記述のうち、誤っているものはどれか。

(1) 宅地建物取引業者A（甲県知事免許）は、自ら売主となる乙県内に所在する中古住宅の売買の業務に関し、当該売買の契約においてその目的物が種類又は品質に関して契約の内容に適合しない場合におけるその不適合を担保すべき責任を負わない旨の特約を付した。この場合、Aは、乙県知事から指示処分を受けることがある。

(2) 甲県に本店、乙県に支店を設置する宅地建物取引業者B（国土交通大臣免許）は、自ら売主となる乙県内におけるマンションの売買の業務に関し、乙県の支店において当該売買の契約を締結するに際して、代金の30％の手付金を受領した。この場合、Bは、甲県知事から著しく不当な行為をしたとして、業務停止の処分を受けることがある。

(3) 宅地建物取引業者C（甲県知事免許）は、乙県内に所在する土地の売買の媒介業務に関し、契約の相手方の自宅において相手を威迫し、契約締結を強要していたことが判明した。この場合、甲県知事は、情状が特に重いと判断したときは、Cの宅地建物取引業の免許を取り消さなければならない。

(4) 宅地建物取引業者D（国土交通大臣免許）は、甲県内に所在する事務所について、業務に関する帳簿を備えていないことが判明した。この場合、Dは、甲県知事から必要な報告を求められ、かつ、指導を受けることがある。

　処分権限があるのは、免許権者か現地の知事だ。

講義

(1) 正。売主が業者で、買主がシロートだった場合、「契約不適合担保責任を免除する特約」をすると業法違反だ（無効になる）。業法違反だから、Aの免許権者（甲県知事）と現地の知事（乙県知事）は、Aに対して、指示処分ができる。　369頁 原則、384頁 表上の①、385頁(1)①

(2) 誤。業務停止処分ができるのは、免許権者と現地の知事だ。本肢の場合、免許権者は大臣で、現地の知事は乙県知事だ（Bは、乙県の支店において悪いことをしたのだから、現地の知事は乙県知事）。甲県知事は、免許権者でも、現地の知事でもないから、Bに対して、業務停止処分はできない。　384頁表 上の②

(3) 正。業者が、相手を威迫（おどすこと）したら、免許権者と現地の知事は、業務停止処分ができる。そして、情状が特に重い場合（悪質な場合）は、免許権者は、免許取消処分をしなければならない。だから、免許権者である甲県知事は、Cの免許を取り消さなければならない。
　385頁(2)⑤、386頁(3)③

(4) 正。知事はその都道府県の区域内で宅建業を営む者に対して、必要な報告を求めることができる。また、知事はその都道府県の区域内で宅建業を営む業者に対して、指導・助言・勧告ができる。だから、Dは甲県知事から必要な報告を求められ、かつ、指導を受けることがある。
　386頁 指導など

正解 (2)

指導・助言・勧告
① 大臣 ➡ **すべて**の業者に対してできる。
② 知事 ➡ その**都道府県の区域内**で宅建業を営む業者に対してできる（肢(4)）。

第5編　重要事項説明書と37条書面／監督処分と罰則

監督処分 [平30-32]

次の記述のうち、宅地建物取引業法の規定によれば、正しいものはどれか。

(1) 宅地建物取引士が都道府県知事から指示処分を受けた場合において、宅地建物取引業者（国土交通大臣免許）の責めに帰すべき理由があるときは、国土交通大臣は、当該宅地建物取引業者に対して指示処分をすることができる。

(2) 宅地建物取引士が不正の手段により宅地建物取引士の登録を受けた場合、その登録をした都道府県知事は、宅地建物取引士資格試験の合格の決定を取り消さなければならない。

(3) 国土交通大臣は、すべての宅地建物取引士に対して、購入者等の利益の保護を図るため必要な指導、助言及び勧告をすることができる。

(4) 甲県知事の登録を受けている宅地建物取引士が、乙県知事から事務の禁止の処分を受けた場合は、速やかに、宅地建物取引士証を乙県知事に提出しなければならない。

 原因が業者にあるのだから・・・。

講義

(1) 正。取引士が監督処分を受けたが、その原因が業者にある（業者の責めに帰すべき理由がある）場合は、免許権者は、業者に対して指示処分をすることができる。
385頁(1)③

(2) 誤。取引士が不正の手段により取引士の登録を受けた場合、その登録をした知事は、登録を消除しなければならない。知事がしなければならないのは、登録の消除であって合格の取消しではないので、本肢は×だ。
387頁(2)①

(3) 誤。大臣はすべての業者に対して、指導・助言・勧告をすることができる。しかし、取引士に対して、指導などをすることはできない。
386頁指導など

(4) 誤。甲県知事の登録を受けている取引士が、乙県知事から事務の禁止の処分を受けた場合は、速やかに、取引士証を甲県知事に提出しなければならない（取引士証は処分を受けた乙県知事ではなく、交付を受けた甲県知事に提出するのだ）。
305頁よく出るポイント①

正解 (1)

第5編 重要事項説明書と37条書面／監督処分と罰則

Point!

取引士が監督処分を受けたが、その原因が業者にある（業者の責めに帰すべき理由がある）場合
➡ 免許権者は、業者に対して**指示処分**をすることができる（肢(1)）。

監督処分 [平22-44]

宅地建物取引業法の規定に基づく監督処分に関する次の記述のうち、正しいものはどれか。

(1) 国土交通大臣は、宅地建物取引業者A（甲県知事免許）に対し、宅地建物取引業の適正な運営を確保するため必要な勧告をしたときは、遅滞なく、その旨を甲県知事に通知しなければならない。

(2) 甲県知事は、乙県知事の登録を受けている宅地建物取引士に対し、甲県の区域内において宅地建物取引士として行う事務に関し不正な行為をしたことを理由として指示処分をしようとするときは、あらかじめ、乙県知事に協議しなければならない。

(3) 宅地建物取引業者A（甲県知事免許）が、乙県の区域内における業務に関し乙県知事から指示処分を受けたときは、甲県に備えられる宅地建物取引業者名簿には、当該指示の年月日及び内容が記載される。

(4) 甲県知事は、宅地建物取引業者B（国土交通大臣免許）に対し、甲県の区域内における業務に関し取引の関係者に損害を与えたことを理由として指示処分をしたときは、その旨を甲県の公報等により公告しなければならない。

 業者に都合の悪いことも記載される。

講義

(1) 誤。大臣はすべての業者に対して、宅建業の適正な運営を確保し、または宅建業の健全な発達を図るため必要な指導・助言・勧告をすることができる。しかし、指導や助言や勧告をしても、その旨を知事に通知する必要はないので、×だ。 386頁 指導など

(2) 誤。甲県知事は、乙県知事の登録を受けている宅地建物取引士に対して、指示処分または事務禁止処分をしたときは、遅滞なく、その旨を乙県知事に通知しなければならない。しかし、あらかじめ協議をする必要はないので、×だ。 389頁 5.(2)

(3) 正。指示処分または業務停止処分を受けた業者の業者名簿には、その年月日と内容が記載される。 385頁 注意！

(4) 誤。業者に対して、業務停止処分または免許取消処分をした場合は、公告が必要だ。しかし、指示処分の場合は、公告は不要だ。 389頁 5.(1)

正解 (3)

公告のまとめ

		公告は必要か？
業者に対する監督処分	①指示処分	×（肢(4)）
	②業務停止処分	○
	③免許取消処分	○
取引士に対する監督処分	①指示処分	×
	②事務禁止処分	×
	③登録削除処分	×

監督処分（宅地建物取引士） ［平25-42］

　甲県知事の宅地建物取引士資格登録（以下この問において「登録」という。）を受けている宅地建物取引士Aへの監督処分に関する次の記述のうち、宅地建物取引業法の規定によれば、正しいものはどれか。

(1)　Aは、乙県内の業務に関し、他人に自己の名義の使用を許し、当該他人がその名義を使用して宅地建物取引士である旨の表示をした場合、乙県知事から必要な指示を受けることはあるが、宅地建物取引士として行う事務の禁止の処分を受けることはない。

(2)　Aは、乙県内において業務を行う際に提示した宅地建物取引士証が、不正の手段により交付を受けたものであるとしても、乙県知事から登録を消除されることはない。

(3)　Aは、乙県内の業務に関し、乙県知事から宅地建物取引士として行う事務の禁止の処分を受け、当該処分に違反したとしても、甲県知事から登録を消除されることはない。

(4)　Aは、乙県内の業務に関し、甲県知事又は乙県知事から報告を求められることはあるが、乙県知事から必要な指示を受けることはない。

 与えた者しか奪えないことがある。

講 義

(1) **誤**。現地の知事（本問では乙県知事）であっても、指示処分と**事務禁止処分**はできる。だから、Aは、乙県知事から事務禁止処分を受けることがある。　　　　　　　　　　　384頁 表下の①、②、386頁(1)

(2) **正**。現地の知事（本問では乙県知事）は、登録消除処分はできない。だから、Aは、乙県知事から登録消除処分を受けることはない。登録消除処分ができるのは**登録権者**である甲県知事だけだ。
　　　　　　　　　　　384頁 表下の③、387頁(2)①

(3) **誤**。甲県知事は、**登録権者**なので、登録消除処分ができる。そして、事務禁止処分違反は、必ず登録消除されるから、本肢は×だ。
　　　　　　　　　　　384頁 表下の③、387頁(2)②

(4) **誤**。現地の知事（本問では乙県知事）であっても、**指示処分**と事務禁止処分はできる。だから、Aは、乙県知事から指示処分を受けることがある。ちなみに、前半部分（甲県知事または乙県知事から報告を求められることがある）の記述は正しい。　　　　384頁 表下の①

正　解 (2)

肢(4)をもう一押し！

　大臣・知事は、どの取引士に対して報告を求めることができるか？

① 国土交通大臣 ➡ **すべての取引士**

② 知事 ➡ その知事の**登録**を受けている取引士・その都道府県で**事務**を行う取引士

　Aは甲県知事の登録を受けているので、甲県知事はAに対して報告を求めることができる。また、Aが乙県内で事務を行う場合は、乙県知事もAに対して報告を求めることができる。

　ちなみに、国土交通大臣もAに対して報告を求めることができる（国土交通大臣は、すべての取引士に対して報告を求めることができるから）。

総合問題 [平25-43]

宅地建物取引業法に関する次の記述のうち、正しいものはどれか。

(1) 甲県に事務所を設置する宅地建物取引業者（甲県知事免許）が、乙県所在の物件を取引する場合、国土交通大臣へ免許換えの申請をしなければならない。

(2) 宅地建物取引業者（甲県知事免許）は、乙県知事から指示処分を受けたときは、その旨を甲県知事に届け出なければならない。

(3) 免許を受けようとする法人の政令で定める使用人が、覚せい剤取締法違反により懲役刑に処せられ、その刑の執行を終わった日から5年を経過していない場合、当該使用人が取締役に就任していなければ当該法人は免許を受けることができる。

(4) 宅地建物取引業に関し不正又は不誠実な行為をするおそれが明らかな者は、宅地建物取引業法の規定に違反し罰金の刑に処せられていなくても、免許を受けることができない。

 業者としてふさわしいか？

講義

(1) 誤。免許は、**全国で有効**だ。だから、甲県知事免許を受けた業者が乙県内で営業を行うことも、一向にかまわない。だから、業者は免許換えをする必要はない。　　　　　　　　　　　　　　　　🖎 279頁 2.

(2) 誤。業者が乙県知事から指示処分を受けたときは、乙県**知事**から甲県知事に対して**通知**しなければならない。業者が甲県知事に届出をするのではないので、本肢は×だ。　　　　　　　　　　　🖎 389頁 5. (2)

(3) 誤。役員（取締役等）か、**政令で定める使用人**（各事務所の代表者）の中に、欠格事由に該当する人がいる場合は、その法人（会社等のこと）も免許を受けることができない。　　　　　　　　　　　　　　🖎 289頁 ⑭

(4) 正。宅地建物取引業に関し不正または不誠実な行為をするおそれが**明らかな者**は、免許を受けることができない。　　　　　　🖎 289頁 ⑫

正　解 (4)

第5編 重要事項説明書と37条書面／監督処分と罰則

肢(4)をもう一押し！

免許をもらうことができるか？

① 免許の申請前 **5年**以内に宅地建物取引業に関し不正または著しく不当な行為をした者 ➡ もらうことができない。

② 宅地建物取引業に関し不正または不誠実な行為をするおそれが**明らかな者** ➡ もらうことができない（肢(4)）。

コメント　①は過去（申請前5年以内）の話で、②は将来の話だ。①の場合も②の場合も、業者としてふさわしくないので免許をもらうことができない。

465

住宅瑕疵担保履行法　　　　　　　　　［平23-45］

　特定住宅瑕疵担保責任の履行の確保等に関する法律に基づく住宅販売瑕疵担保保証金の供託又は住宅販売瑕疵担保責任保険契約の締結（以下この問において「資力確保措置」という。）に関する次の記述のうち、正しいものはどれか。

(1)　宅地建物取引業者は、自ら売主として建設業者である買主との間で新築住宅の売買契約を締結し、当該住宅を引き渡す場合、資力確保措置を講じる必要はない。

(2)　自ら売主として新築住宅を宅地建物取引業者でない買主に引き渡した宅地建物取引業者は、基準日に係る資力確保措置の状況の届出をしなければ、当該基準日以後、新たに自ら売主となる新築住宅の売買契約を締結することができない。

(3)　自ら売主として新築住宅を販売する宅地建物取引業者は、住宅販売瑕疵担保保証金の供託をする場合、当該住宅の売買契約を締結するまでに、当該住宅の買主に対し、供託所の所在地等について記載した書面を交付して説明しなければならない。

(4)　住宅販売瑕疵担保責任保険契約は、新築住宅の買主が保険料を支払うことを約し、住宅瑕疵担保責任保険法人と締結する保険契約であり、当該住宅の引渡しを受けた時から10年間、当該住宅の瑕疵によって生じた損害について保険金が支払われる。

　重要事項の説明に似ている。

講 義

(1) 誤。買主が**宅建業者**であるならば、資力確保措置を講じる必要はない（住宅瑕疵担保履行法は宅建業者間の取引には適用されない）。しかし、本肢の買主は建設業者（シロート）なので、資力確保措置を講じる必要がある。

391 頁(2) 1

(2) 誤。届出をしなかった場合は、基準日の翌日から **50 日**を経過すると、自ら売主となる新築住宅の売買契約ができなくなる。　391 頁(3) 3

(3) 正。供託所の説明は、**契約成立前**に、**書面**を交付してする必要がある。

392 頁(4) 5

(4) 誤。保険料を支払うのは売主である**業者**だ。買主が支払うのではない（業者が保険法人に保険料を支払い、保険法人から買主に保険金が支払われる）。

391 頁 下の 注意!

正 解　(3)

供託所の説明（肢(3)）
1 **契約成立前**に、
2 **書面**を交付して説明しなければならない。

住宅瑕疵担保履行法　　　　　　　　　　　[平24-45]

特定住宅瑕疵担保責任の履行の確保等に関する法律に基づく住宅販売瑕疵担保保証金の供託又は住宅販売瑕疵担保責任保険契約の締結（以下この問において「資力確保措置」という。）に関する次の記述のうち、正しいものはどれか。

(1) 自ら売主として新築住宅を宅地建物取引業者でない買主に引き渡した宅地建物取引業者は、当該住宅を引き渡した日から3週間以内に、その住宅に関する資力確保措置の状況について、その免許を受けた国土交通大臣又は都道府県知事に届け出なければならない。

(2) 自ら売主として新築住宅を宅地建物取引業者でない買主に引き渡した宅地建物取引業者は、基準日に係る資力確保措置の状況の届出をしなければ、当該基準日の翌日から起算して50日を経過した日以後においては、新たに自ら売主となる新築住宅の売買契約を締結してはならない。

(3) 住宅販売瑕疵担保責任保険契約は、新築住宅を自ら売主として販売する宅地建物取引業者が住宅瑕疵担保責任保険法人と締結する保険契約であり、当該住宅の売買契約を締結した日から5年間、当該住宅の瑕疵によって生じた損害について保険金が支払われる。

(4) 新築住宅を自ら売主として販売する宅地建物取引業者が、住宅販売瑕疵担保保証金の供託をした場合、買主に対する当該保証金の供託をしている供託所の所在地等について記載した書面の交付及び説明は、当該住宅の売買契約を締結した日から引渡しまでに行わなければならない。

 ペナルティーは売買契約の締結禁止。

講義

(1) **誤**。業者は、基準日（毎年3月31日と9月30日）ごとに、免許権者に供託状況（資力確保措置の状況）を届け出なければならない。届出期間は、「**基準日**」から**3週間**以内であり（基準日から3週間以内に届け出なければならない）、「引き渡した日」から3週間以内ではない。

391頁(3)②

(2) **正**。業者は、基準日ごとに、免許権者に供託状況（資力確保措置の状況）を届け出なければならない。この届出をしなかった場合、基準日の翌日から**50日**を経過すると、自ら売主となる新築住宅の売買契約は締結禁止となる。

391頁(3)③

(3) **誤**。保険期間は**10年間**以上でなければならない。5年間ではないので、本肢は×だ。

391頁下の 注意！

(4) **誤**。供託所の説明は、**契約成立前**に書面を交付して説明しなければならない。だから、「契約を締結した日から引渡しまでに行わなければならない（＝契約が成立した後に説明することになる）」とある本肢は×だ。

392頁(4)⑤

正解 (2)

保証金（住宅販売瑕疵担保保証金）の供託

① 保証金の額は、買主に**引き渡した**新築住宅の戸数で決まる。1戸目は**2,000万円**、その上は覚えられない複雑な算式で少しずつ増える。

なお、住宅の床面積が55㎡以下の場合は、2戸をもって1戸と数えることになる（つまり、保証金が少なくて済むということ）。

② 引渡しから**10年間**、基準日（毎年3月31日と9月30日）ごとに、**基準日**から**3週間**以内に免許権者に供託状況を届け出なければならない。

③ ①②に違反すると（①金額不足でも②届出なしでも）、基準日の翌日から**50日**を経過すると、自ら売主となる新築住宅の売買契約は締結禁止（肢(2)）。

住宅瑕疵担保履行法　　　　　　　　　　[令1-45]

特定住宅瑕疵担保責任の履行の確保等に関する法律に基づく住宅販売瑕疵担保保証金の供託又は住宅販売瑕疵担保責任保険契約の締結に関する次の記述のうち、誤っているものはどれか。

(1) 宅地建物取引業者は、自ら売主として新築住宅を販売する場合だけでなく、新築住宅の売買の媒介をする場合においても、住宅販売瑕疵担保保証金の供託又は住宅販売瑕疵担保責任保険契約の締結を行う義務を負う。

(2) 自ら売主として新築住宅を販売する宅地建物取引業者は、住宅販売瑕疵担保保証金の供託をしている場合、当該住宅の売買契約を締結するまでに、当該住宅の宅地建物取引業者ではない買主に対し、供託所の所在地等について、それらの事項を記載した書面を交付して説明しなければならない。

(3) 自ら売主として新築住宅を宅地建物取引業者ではない買主に引き渡した宅地建物取引業者は、基準日ごとに基準日から3週間以内に、当該基準日に係る住宅販売瑕疵担保保証金の供託及び住宅販売瑕疵担保責任保険契約の締結の状況について、宅地建物取引業の免許を受けた国土交通大臣又は都道府県知事に届け出なければならない。

(4) 住宅販売瑕疵担保責任保険契約を締結している宅地建物取引業者は、当該保険に係る新築住宅に、構造耐力上主要な部分又は雨水の浸入を防止する部分の隠れた瑕疵（構造耐力又は雨水の浸入に影響のないものを除く。）がある場合に、特定住宅販売瑕疵担保責任の履行によって生じた損害について保険金を請求することができる。

媒介業者は売主ではないから……。

講義

(1) **誤**。住宅販売瑕疵担保保証金の供託または住宅販売瑕疵担保責任保険契約の締結を行う義務を負うのは、売主業者・買主シロートの場合の売主である業者だ。**媒介**業者や代理業者は売主ではないので、この義務を負わない。　391頁(2)①

(2) **正**。供託所の所在地等の説明は、①**契約成立前**(契約を締結するまで)に、②**書面**を交付して説明しなければならない。　392頁(4)⑤

(3) **正**。業者は、基準日(3月31日と9月30日)ごとに、基準日から**3週間**以内に免許権者に供託状況等を届け出なければならない。
　391頁(3)②

(4) **正**。**構造耐力上主要**な部分と**雨水の浸入を防止**する部分の隠れた瑕疵は、保険の対象だ。だから、業者はこれらの隠れた瑕疵がある場合に、担保責任の履行によって生じた損害について保険金を請求できる。
　391頁(2) 注意!

正　解　(1)

住宅販売瑕疵担保保証金の供託等の義務を負うのは、
① 業者が「**自ら売主**」で、かつ、
② 買主がシロートの場合だ(「自ら売主」の「8つの制限」と同じ)。
注1　媒介業者や代理業者は「自ら売主」ではないので、この義務を**負わない**(肢(1))。

住宅瑕疵担保履行法　　　　　　　　　[平27-45]

特定住宅瑕疵担保責任の履行の確保等に関する法律に基づく住宅販売瑕疵担保保証金の供託又は住宅販売瑕疵担保責任保険契約の締結に関する次の記述のうち、正しいものはどれか。

(1) 宅地建物取引業者は、自ら売主として宅地建物取引業者である買主との間で新築住宅の売買契約を締結し、その住宅を引き渡す場合、住宅販売瑕疵担保保証金の供託又は住宅販売瑕疵担保責任保険契約の締結を行う義務を負う。

(2) 自ら売主として新築住宅を販売する宅地建物取引業者は、住宅販売瑕疵担保保証金の供託をする場合、宅地建物取引業者でない買主へのその住宅の引渡しまでに、買主に対し、保証金を供託している供託所の所在地等について記載した書面を交付して説明しなければならない。

(3) 自ら売主として新築住宅を宅地建物取引業者でない買主に引き渡した宅地建物取引業者は、基準日に係る住宅販売瑕疵担保保証金の供託及び住宅販売瑕疵担保責任保険契約の締結の状況について届出をしなければ、当該基準日以後、新たに自ら売主となる新築住宅の売買契約を締結することができない。

(4) 住宅販売瑕疵担保責任保険契約を締結している宅地建物取引業者は、当該保険に係る新築住宅に、構造耐力上主要な部分及び雨水の浸入を防止する部分の隠れた瑕疵（構造耐力又は雨水の浸入に影響のないものを除く。）がある場合に、特定住宅販売瑕疵担保責任の履行によって生じた損害について保険金を請求することができる。

　新築住宅の主要部分。

講義

(1) 誤。住宅瑕疵担保履行法が適用されるのは、**売主業者・買主シロート**の場合に限る（8つの制限と同じ）。だから、**買主が業者**の場合（業者間取引の場合）は、住宅販売瑕疵担保保証金の供託または住宅販売瑕疵担保責任保険契約の締結を行う義務を**負わない**。　391頁(2)①

(2) 誤。供託所の説明は、①契約成立前に②書面を交付して説明しなければならない。「契約成立前」に説明する必要があり、「引渡し前」ではダメなので、本肢は×だ。　392頁(4)⑤

(3) 誤。業者が、免許権者に供託状況等の届出をしなかった場合は、ペナルティーとして、**基準日の翌日から50日**経過すると、自ら売主となる新築住宅の売買契約は締結禁止となる。「基準日以後」ではないので、本肢は×だ。　391頁(3)③

(4) 正。**新築住宅**の**主要部分**（構造耐力上主要な部分＋雨水の浸入を防止する部分）に瑕疵があったら、業者は、履行によって生じた損害について、保険金を請求できる。たとえば、業者Aが自ら売主として、シロートの買主Bに新築住宅を売却したとする。しかし、その新築住宅の主要部分に瑕疵があったので、AはBに対して、損害賠償を払うなどして、瑕疵担保責任を履行した（AはBに対して、責任を果たしたわけだ）。この場合、Aは、保険金を請求できる、ということだ。　391頁(2)②

正解 (4)

新築住宅の主要部分とは、
➡ ①構造耐力上主要な部分と②雨水の浸入を防止する部分のことだ（肢(4)）。

住宅瑕疵担保履行法　　　　　　　　　　　　　　[平29-45]

宅地建物取引業者Aが自ら売主として、宅地建物取引業者でない買主Bに新築住宅を販売する場合における次の記述のうち、特定住宅瑕疵担保責任の履行の確保等に関する法律の規定によれば、正しいものはどれか。

(1) Aは、住宅販売瑕疵担保保証金の供託をする場合、Bに対し、当該住宅を引き渡すまでに、供託所の所在地等について記載した書面を交付して説明しなければならない。

(2) 自ら売主として新築住宅をBに引き渡したAが、住宅販売瑕疵担保保証金を供託する場合、その住宅の床面積が55㎡以下であるときは、新築住宅の合計戸数の算定に当たって、床面積55㎡以下の住宅2戸をもって1戸と数えることになる。

(3) Aは、基準日に係る住宅販売瑕疵担保保証金の供託及び住宅販売瑕疵担保責任保険契約の締結の状況についての届出をしなければ、当該基準日から1月を経過した日以後においては、新たに自ら売主となる新築住宅の売買契約を締結してはならない。

(4) Aは、住宅販売瑕疵担保責任保険契約の締結をした場合、当該住宅を引き渡した時から10年間、当該住宅の給水設備又はガス設備の瑕疵によって生じた損害について保険金の支払を受けることができる。

 小さい住宅の場合は2戸で1カウント。

講義

(1) **誤**。供託所の説明は、①契約成立前に②書面を交付して説明しなければならない。「引き渡すまでに」ではないので、本肢は×だ。

392頁(4)⑤

(2) **正**。住宅の床面積が55㎡以下の場合は、2戸をもって1戸と数えることになる。保証金の額は、住宅の戸数で決まる(住宅の戸数が多いほど保証金の額が増える)。「小さい住宅(55㎡以下)の場合は、オマケして、2戸で1戸と数えますよ」という話。

391頁(3)①

(3) **誤**。免許権者に供託状況等の届出をしなかった場合は、基準日の翌日から50日経過すると、自ら売主となる新築住宅の売買契約は締結禁止となる。「基準日から1月」ではないので、本肢は×だ。

391頁(3)③

(4) **誤**。保険契約の対象となるのは(保険金の支払いを受けることができるのは)、①構造耐力上主要な部分、②雨水の浸入を防止する部分の瑕疵だけだ。給水設備やガス設備の瑕疵は保険契約の対象とならないので、保険金の支払いを受けることはできない。

391頁(2) 注意!

正解 (2)

保険契約の対象となる瑕疵は次の2つ(肢(4))
① **構造耐力上主要な部分**の瑕疵
② **雨水の浸入を防止する部分**の瑕疵

住宅瑕疵担保履行法　　　　　　　　　　　　[〒30-45]

特定住宅瑕疵担保責任の履行の確保等に関する法律に基づく住宅販売瑕疵担保保証金の供託又は住宅販売瑕疵担保責任保険契約の締結に関する次の記述のうち、正しいものはどれか。

(1) 宅地建物取引業者は、自ら売主として新築住宅を販売する場合及び新築住宅の売買の媒介をする場合において、住宅販売瑕疵担保保証金の供託又は住宅販売瑕疵担保責任保険契約の締結を行う義務を負う。

(2) 自ら売主として新築住宅を宅地建物取引業者でない買主に引き渡した宅地建物取引業者は、その住宅を引き渡した日から3週間以内に、住宅販売瑕疵担保保証金の供託又は住宅販売瑕疵担保責任保険契約の締結の状況について、宅地建物取引業の免許を受けた国土交通大臣又は都道府県知事に届け出なければならない。

(3) 自ら売主として新築住宅を宅地建物取引業者でない買主に引き渡した宅地建物取引業者は、基準日に係る住宅販売瑕疵担保保証金の供託及び住宅販売瑕疵担保責任保険契約の締結の状況について届出をしなければ、当該基準日の翌日から起算して50日を経過した日以後においては、新たに自ら売主となる新築住宅の売買契約を締結することができない。

(4) 住宅販売瑕疵担保責任保険契約を締結している宅地建物取引業者は、当該住宅を引き渡した時から10年間、住宅の構造耐力上主要な部分の瑕疵によって生じた損害についてのみ保険金を請求することができる。

 数字そのものだけでなく、数字の前についても注目しよう。

講義

(1) **誤**。住宅販売瑕疵担保保証金の供託または住宅販売瑕疵担保責任保険契約の締結を行う義務を負うのは、売主業者・買主シロートの場合に限る。だから、「自ら売主」ではない媒介業者や代理業者は義務を負わない。
391頁(2) ①②

(2) **誤**。業者は、基準日ごとに、「基準日から」3週間以内に免許権者に供託状況等を届け出なければならない。「引き渡した日から」3週間以内ではないので、本肢は×だ。
391頁(3) ②

(3) **正**。免許権者に供託状況等の届出をしなかった場合は、基準日の翌日から 50 日経過すると、自ら売主となる新築住宅の売買契約は締結禁止となる。
391頁(3) ③

(4) **誤**。① 構造耐力上主要な部分の瑕疵だけでなく、② 雨水の侵入を防止する部分の瑕疵についても、保険の対象となる。だから、雨水の侵入を防止する部分の瑕疵によって生じた損害についても保険金を請求することができるので、本肢は×だ。
391頁(2) 注意!

正解 (3)

保険契約の対象となるか？
① **構造耐力上**主要な部分の瑕疵 ➡ ○
② **雨水の侵入**を防止する部分の瑕疵（肢(4)） ➡ ○

注意! ①②以外の瑕疵（たとえば、給水施設・ガス施設の瑕疵）については、保険契約の対象とならない。

住宅瑕疵担保履行法　　　　　　　　　　　　　　　　　[平26-45]

特定住宅瑕疵担保責任の履行の確保等に関する法律に基づく住宅販売瑕疵担保保証金の供託又は住宅販売瑕疵担保責任保険契約の締結に関する次の記述のうち、正しいものはどれか。

(1) 自ら売主として新築住宅を宅地建物取引業者でない買主に引き渡した宅地建物取引業者は、基準日に係る住宅販売瑕疵担保保証金の供託及び住宅販売瑕疵担保責任保険契約の締結の状況について届出をしなければ、当該基準日から起算して50日を経過した日以後、新たに自ら売主となる新築住宅の売買契約を締結してはならない。

(2) 宅地建物取引業者は、自ら売主として新築住宅を販売する場合だけでなく、新築住宅の売買の媒介をする場合においても、住宅販売瑕疵担保保証金の供託又は住宅販売瑕疵担保責任保険契約の締結を行う義務を負う。

(3) 住宅販売瑕疵担保責任保険契約は、新築住宅の買主が保険料を支払うことを約し、住宅瑕疵担保責任保険法人と締結する保険契約である。

(4) 自ら売主として新築住宅を販売する宅地建物取引業者は、住宅販売瑕疵担保保証金の供託をする場合、当該新築住宅の売買契約を締結するまでに、当該新築住宅の買主に対し、当該供託をしている供託所の所在地、供託所の表示等について記載した書面を交付して説明しなければならない。

 イジワルなヒッカケに注意。

講義

(1) 誤。業者は、基準日ごとに、基準日から3週間以内に免許権者に供託状況などを届け出なければならない。この届出をしなかった場合、基準日の**翌日**から **50 日**を経過すると、自ら売主となる新築住宅の売買契約は締結禁止となる。「基準日から」起算して 50 日ではなく、「基準日の翌日から」起算して 50 日なので、本肢は×だ。　図 391 頁 (3) ③

(2) 誤。住宅瑕疵担保履行法が適用されるのは（業者が保証金の供託などをする義務を負うのは）、売主業者・買主シロートに限る（①業者間には適用なし。②「自ら売主」ではない**媒介**業者や代理業者にも適用なし）。
　図 391 頁 (2) ①

(3) 誤。保険料を支払うのは、**売主（業者）**だ。買主（シロート）が支払うのではない。要するに、保険料を負担するのは業者だ、という話。
　図 391 頁 下の 注意!

(4) 正。供託所の説明は、**契約成立前**に**書面**を交付して説明しなければならない。　図 392 頁 (4) ⑤

正　解 (4)

Point!

供託所の説明をするときに、**書面**を交付する必要はあるか？
① 営業保証金の場合　　　　➡ 不要
② 住宅瑕疵担保保証金の場合　➡ **必要**（肢(4)）

住宅瑕疵担保履行法　　　　　　　　　[平25-45]

宅地建物取引業者Aが自ら売主として、宅地建物取引業者でない買主Bに新築住宅を販売する場合における次の記述のうち、特定住宅瑕疵担保責任の履行の確保等に関する法律の規定によれば、正しいものはどれか。

(1) Bが建設業者である場合、Aは、Bに引き渡した新築住宅について、住宅販売瑕疵担保保証金の供託又は住宅販売瑕疵担保責任保険契約の締結を行う義務を負わない。

(2) Aは、基準日に係る住宅販売瑕疵担保保証金の供託及び住宅販売瑕疵担保責任保険契約の締結の状況について届出をしなければ、当該基準日から3週間を経過した日以後、新たに自ら売主となる新築住宅の売買契約を締結してはならない。

(3) Aは、住宅販売瑕疵担保保証金の供託をする場合、Bに対する供託所の所在地等について記載した書面の交付及び説明を、Bに新築住宅を引き渡すまでに行えばよい。

(4) Aが住宅販売瑕疵担保保証金を供託する場合、当該住宅の床面積が55㎡以下であるときは、新築住宅の合計戸数の算定に当たって、2戸をもって1戸と数えることになる。

 小さい住宅の場合はオマケ。

講 義

(1) 誤。プロ同士の取引なら、お互いの手の内は百も承知しているだろうということで、特に買主を保護する必要もない。だから、**買主が宅建業者**の場合は、売主である宅建業者は保証金の供託等をする必要はない。しかし、本肢の買主は建設業者（シロート）なので、保証金の供託等をする必要がある。　　　391頁(2)①

(2) 誤。免許権者に供託状況等の届出をしなかった場合、基準日の翌日から **50 日**を経過すると、自ら売主となる新築住宅の売買契約は締結禁止となる。「3 週間」ではないので、本肢は×だ。　　　391頁(3)③

(3) 誤。供託所の説明は、①**契約成立前**に②書面を交付して説明しなければならない。「引き渡すまでに」ではないので、本肢は×だ。
　　　392頁(4)⑤

(4) 正。住宅の床面積が **55㎡**以下の場合は、2戸をもって1戸と数えることになる（住宅の戸数が多いほど保証金の額が高くなる。小さい住宅の場合はオマケしてあげる、という意味だ）。　　　391頁(3)①

正解 (4)

住宅の床面積が **55㎡**以下の場合は、
➡ 2戸をもって1戸と数えることになる。

コメント　住宅販売瑕疵担保保証金は、戸数が多いほど、保証金も高くなるシステムだ。そこで、小さい住宅（55㎡以下）の場合はオマケしてあげる、という話。たとえば、55㎡以下の住宅が20戸の場合は、10戸分の保証金でOKだ（2戸で1戸と数えるから）。

住宅瑕疵担保履行法   [㍻28-45]

　宅地建物取引業者Aが、自ら売主として、宅地建物取引業者でないBに新築住宅を販売する場合における次の記述のうち、特定住宅瑕疵担保責任の履行の確保等に関する法律の規定によれば、正しいものはどれか。

(1)　Aは、住宅販売瑕疵担保保証金を供託する場合、当該住宅の床面積が100㎡以下であるときは、新築住宅の合計戸数の算定に当たって、2戸をもって1戸と数えることになる。

(2)　Aは、当該住宅をBに引き渡した日から3週間以内に、住宅販売瑕疵担保保証金の供託又は住宅販売瑕疵担保責任保険契約の締結の状況について、宅地建物取引業の免許を受けた国土交通大臣又は都道府県知事に届け出なければならない。

(3)　Aは、住宅販売瑕疵担保保証金の供託をする場合、Bに対し、当該住宅の売買契約を締結するまでに、供託所の所在地等について記載した書面を交付して説明しなければならない。

(4)　Aは、住宅瑕疵担保責任保険法人と住宅販売瑕疵担保責任保険契約の締結をした場合、Bが住宅の引渡しを受けた時から10年以内に当該住宅を転売したときは、住宅瑕疵担保責任保険法人にその旨を申し出て、当該保険契約の解除をしなければならない。

　口頭の説明だけではダメ。

講義

(1) 誤。住宅の床面積が **55㎡**以下の場合は、2戸をもって1戸と数えることになる。保証金の額は、住宅の戸数で決まる（住宅の戸数が多いほど保証金の額が増える）が、「小さい住宅（55㎡以下）の場合は、オマケして、2戸で1戸と数えますよ」という話。　391頁(3)①

(2) 誤。引渡から10年間、基準日（毎年3月31日と9月30日）ごとに、**基準日から**3週間以内に免許権者に供託状況を届け出なければならない。「基準日から」3週間以内であって、「引き渡した日から」3週間以内ではないので、×だ。　391頁(3)②

(3) 正。供託所の説明は、①**契約成立前**に②**書面**を交付してしなければならない。　392頁(4)⑤

(4) 誤。保険契約は、国土交通**大臣の承認**を受けた場合を除き、変更または解除することができない（大臣の承認があれば、変更・解除することができる）。だから、買主が住宅を転売したからといって、保険契約を解除することはできない。

正解 (3)

供託所の説明
➡ ①**契約成立前**に②**書面**を交付してしなければならない（肢(3)）。

住宅瑕疵担保履行法　　　　　　　　　　[平22-45]

　特定住宅瑕疵担保責任の履行の確保等に関する法律に基づく住宅販売瑕疵担保保証金の供託又は住宅販売瑕疵担保責任保険契約の締結（以下この問において「資力確保措置」という。）に関する次の記述のうち、正しいものはどれか。

(1) 宅地建物取引業者は、自ら売主として宅地建物取引業者である買主との間で新築住宅の売買契約を締結し、当該住宅を引き渡す場合、資力確保措置を講ずる義務を負う。

(2) 自ら売主として新築住宅を販売する宅地建物取引業者は、住宅販売瑕疵担保保証金の供託をする場合、宅地建物取引業者でない買主に対して供託所の所在地等について記載した書面の交付及び説明を、新築住宅を引き渡すまでに行えばよい。

(3) 宅地建物取引業者は、自ら売主として新築住宅を販売する場合だけでなく、新築住宅の売買の媒介をする場合においても、資力確保措置を講ずる義務を負う。

(4) 自ら売主として新築住宅を宅地建物取引業者でない買主に引き渡した宅地建物取引業者は、基準日ごとに、当該基準日に係る資力確保措置の状況について、その免許を受けた国土交通大臣又は都道府県知事に届け出なければならない。

「自ら売主」の「8つの制限」と同じ。

講義

(1) 誤。業者同士（プロ同士）の取引なら、蛇の道はヘビで、お互いの手の内は百も承知だから、特に買主を保護する必要もない。だから、**買主が業者**である場合、売主である業者は、資力確保措置を講ずる義務を負わない（業者間の取引の場合は不要）。　391頁(2)①

(2) 誤。業者は、新築住宅の買主に対し、当該売買**契約を締結するまでに**、供託をしている供託所の所在地等について、これらの事項を記載した書面を交付して説明しなければならない。　392頁(4)⑤

(3) 誤。資力確保措置を講ずる必要があるのは、①業者が「**自ら売主**」で、かつ②買主がシロートの場合に限られる。だから、業者が売買の媒介をする場合は、資力確保措置を講ずる義務はない。　391頁(2)①

(4) 正。新築住宅を引き渡した業者は、基準日ごとに、当該基準日に係る資力確保措置の状況について、免許権者に**届け出**なければならない。　391頁(3)②

正解 (4)

資力確保措置（肢(1)、(3)）
資力確保措置が必要なのは、
① 業者が「**自ら売主**」で、かつ
② **買主がシロート**の場合に限られる
（**業者間**の取引の場合は不要）。
コメント 「自ら売主」の「8つの制限」と同じだ。

第 5 編　弱点表

項　目	番　号	難　度	正　解	自己採点
重要事項の説明	平 26-36	カンターン	(3)	
重要事項の説明	平 27-29	カンターン	(2)	
重要事項の説明	平 29-33	普通	(2)	
重要事項の説明	平 22-35	普通	(2)	
重要事項の説明	平 26-35	カンターン	(3)	
重要事項の説明	平 22-36	普通	(4)	
重要事項の説明	平 24-30	カンターン	(2)	
重要事項の説明	令 1 -28	カンターン	(4)	
重要事項の説明	平 16-38	普通	(2)	
重要事項の説明	令 1 -41	カンターン	(1)	
重要事項の説明	平 30-39	カンターン	(4)	
重要事項の説明	平 26-34	カンターン	(4)	
重要事項の説明	令 1 -39	カンターン	(3)	
重要事項の説明	平 29-41	カンターン	(2)	
重要事項の説明	平 21-33	カンターン	(2)	
重要事項の説明	平 30-35	普通	(3)	
重要事項の説明	平 25-33	カンターン	(2)	
重要事項の説明	平 28-36	難しい	(4)	
重要事項の説明	平 27-31	超難	(2)	
重要事項の説明（区分所有建物）	平 20-37	普通	(4)	
重要事項の説明と 37 条書面	平 24-32	普通	(4)	
重要事項説明書と 37 条書面	平 23-34	普通	(1)	

486

重要事項説明書と 37 条書面	平 28-39	カンターン	(2)	
37 条書面	平 25-31	カンターン	(2)	
37 条書面	平 24-31	カンターン	(4)	
37 条書面	平 28-42	カンターン	(4)	
37 条書面	平 26-40	普通	(3)	
37 条書面	平 30-34	カンターン	(2)	
37 条書面	平 29-40	普通	(3)	
37 条書面	平 27-38	難しい	(2)	
37 条書面	平 29-38	普通	(2)	
37 条書面	平 21-35	普通	(4)	
37 条書面	令 1 -36	普通	(2)	
37 条書面	平 26-42	カンターン	(1)	
37 条書面	平 22-37	カンターン	(1)	
37 条書面等	平 22-34	普通	(3)	
37 条書面	平 25-35	普通	(2)	
37 条書面	令 1 -34	カンターン	(2)	
建物状況調査	平 30-27	普通	(4)	
監督処分	平 23-44	カンターン	(3)	
監督処分	平 20-45	カンターン	(1)	
監督処分	平 26-44	普通	(1)	
監督処分	平 28-26	カンターン	(1)	
監督処分	平 24-44	難しい	(4)	
監督処分・罰則	令 1 -29	難しい	(3)	
監督処分	平 29-29	難しい	(4)	

監督処分・罰則	平 19-36	カンタン	(2)	
監督処分	平 27-43	普通	(2)	
監督処分	平 30-32	普通	(1)	
監督処分	平 22-44	普通	(3)	
監督処分（宅地建物取引士）	平 25-42	カンタン	(2)	
総合問題	平 25-43	普通	(4)	
住宅瑕疵担保履行法	平 23-45	普通	(3)	
住宅瑕疵担保履行法	平 24-45	普通	(2)	
住宅瑕疵担保履行法	令 1-45	カンタン	(1)	
住宅瑕疵担保履行法	平 27-45	普通	(4)	
住宅瑕疵担保履行法	平 29-45	普通	(2)	
住宅瑕疵担保履行法	平 30-45	カンタン	(3)	
住宅瑕疵担保履行法	平 26-45	難しい	(4)	
住宅瑕疵担保履行法	平 25-45	普通	(4)	
住宅瑕疵担保履行法	平 28-45	カンタン	(3)	
住宅瑕疵担保履行法	平 22-45	普通	(4)	

問題さくいん

番号	頁	番号	頁	番号	頁	番号	頁
― 平成 15 年度 ―		平 20－31	72	平 22－29	40	平 23－45	466
平 15－39	280	平 20－32	190	平 22－30	96	**― 平成 24 年度 ―**	
平 15－43	238	平 20－33	112	平 22－31	134	平 24－26	62
平 15－44	244	平 20－34	118	平 22－32	196	平 24－27	18
― 平成 16 年度 ―		平 20－35	240	平 22－33	212	平 24－28	204
平 16－31	58	平 20－37	400	平 22－34	432	平 24－29	222
平 16－34	114	平 20－38	176	平 22－35	368	平 24－30	374
平 16－38	378	平 20－40	322	平 22－36	372	平 24－31	410
― 平成 17 年度 ―		平 20－41	306	平 22－37	430	平 24－32	402
平 17－30	10	平 20－42	26	平 22－38	274	平 24－34	296
平 17－31	50	平 20－43	256	平 22－39	352	平 24－36	100
平 17－35	290	平 20－44	148	平 22－40	338	平 24－38	332
― 平成 18 年度 ―		平 20－45	442	平 22－41	294	平 24－39	344
平 18－30	52	**― 平成 21 年度 ―**		平 22－44	460	平 24－41	170
平 18－32	88	平 21－26	42	平 22－45	484	平 24－42	80
平 18－39	314	平 21－27	66	**― 平成 23 年度 ―**		平 24－43	142
平 18－43	258	平 21－28	36	平 23－26	12	平 24－44	448
― 平成 19 年度 ―		平 21－29	92	平 23－27	70	平 24－45	468
平 19－31	90	平 21－30	124	平 23－28	94	**― 平成 25 年度 ―**	
平 19－32	6	平 21－32	216	平 23－29	102	平 25－26	56
平 19－33	60	平 21－33	390	平 23－30	126	平 25－27	136
平 19－34	312	平 21－35	424	平 23－31	214	平 25－28	224
平 19－36	454	平 21－37	350	平 23－34	404	平 25－31	408
平 19－37	132	平 21－38	348	平 23－35	278	平 25－32	206
平 19－38	200	平 21－39	326	平 23－36	192	平 25－33	394
平 19－39	218	平 21－40	180	平 23－37	318	平 25－34	276
平 19－41	334	平 21－42	74	平 23－38	300	平 25－35	434
平 19－42	246	平 21－43	162	平 23－39	356	平 25－37	266
平 19－43	354	**― 平成 22 年度 ―**		平 23－40	248	平 25－38	324
平 19－45	32	平 22－26	20	平 23－41	166	平 25－39	152
― 平成 20 年度 ―		平 22－27	54	平 23－43	156	平 25－40	310
平 20－30	22	平 22－28	38	平 23－44	440	平 25－41	28

番号	頁	番号	頁	番号	頁	番号	頁
平25－42	462	平27－35	116	平29－28	172	平30－40	184
平25－43	464	平27－36	328	平29－29	452	平30－41	14
平25－44	110	平27－37	208	平29－30	82	平30－42	108
平25－45	480	平27－38	420	平29－31	320	平30－43	128
― 平成26年度 ―		平27－39	340	平29－32	120	平30－44	154
平26－26	8	平27－40	308	平29－33	366	平30－45	476
平26－28	78	平27－41	186	平29－34	178	― 令和1年度 ―	
平26－29	122	平27－42	138	平29－35	24	令1－26	16
平26－30	194	平27－43	456	平29－36	44	令1－27	164
平26－31	316	平27－44	76	平29－37	106	令1－28	376
平26－32	234	平27－45	472	平29－38	422	令1－29	450
平26－33	298	― 平成28年度 ―		平29－39	140	令1－30	210
平26－34	384	平28－26	446	平29－40	418	令1－31	230
平26－35	370	平28－27	220	平29－41	388	令1－32	262
平26－36	362	平28－28	330	平29－42	198	令1－33	146
平26－37	264	平28－29	182	平29－43	232	令1－34	436
平26－38	284	平28－31	144	平29－44	34	令1－35	188
平26－39	150	平28－33	254	平29－45	474	令1－36	426
平26－40	414	平28－35	46	― 平成30年度 ―		令1－37	292
平26－41	174	平28－36	396	平30－26	202	令1－38	282
平26－42	428	平28－37	48	平30－27	438	令1－39	386
平26－44	444	平28－38	104	平30－28	242	令1－40	30
平26－45	478	平28－39	406	平30－29	342	令1－41	380
― 平成27年度 ―		平28－40	130	平30－30	252	令1－42	4
平27－26	2	平28－41	168	平30－31	268	令1－43	64
平27－27	68	平28－42	412	平30－32	458	令1－44	98
平27－28	236	平28－43	304	平30－33	226	令1－45	470
平27－29	364	平28－44	286	平30－34	416		
平27－30	228	平28－45	482	平30－35	392		
平27－31	398	― 平成29年度 ―		平30－37	288		
平27－33	260	平29－26	250	平30－38	302		
平27－34	336	平29－27	346	平30－39	382		

宅建学院

　広大無辺な**宅建士試験の全分野**を「らくらく宅建塾」・「マンガ宅建塾」・「まる覚え宅建塾」・「○×宅建塾」にまとめ上げただけでなく、問題集「過去問宅建塾（3分冊）」・「ズバ予想宅建塾」を出版。**ミリオンセラー**となったこれらの本を縦横無尽に駆使して、宅建の「た」の字も知らない初心者を合格させている。さらに、宅建士受験 BOOK「ズバ予想宅建塾・直前模試編」、宅建塾 DVD「宅建士革命」まで出版。**2年連続で全国最年少合格者を輩出**した宅建学院の通信宅建⑬完璧講座は、一般教育訓練給付制度厚生労働大臣指定講座とされている。

主　著	**「らくらく宅建塾」** 「マンガ宅建塾」「まる覚え宅建塾」 「○×宅建塾」「過去問宅建塾」 「ズバ予想宅建塾」	最高傑作	2年連続で全国最年少合格者を生み出した **宅建⑬完璧講座** 一般教育訓練給付制度厚生労働大臣指定講座 指定番号 110190020019
		ＤＶＤ	「宅建士革命」

本書に関する正誤のお問合せは、お手数ですが文書（郵便、FAX）にて、小社までご送付ください。
また電話でのお問合せ及び本書の記載の範囲を超えるご質問にはお答えしかねます。
なお、追録（法令改正）、正誤表などの情報に関しましては、小社ホームページをご覧ください。
https://www.takkengakuin.com/

2020 年版　過去問宅建塾【2】宅建業法

2017 年 4 月 27 日　初版発行
2018 年 3 月 2 日　改訂第 2 版発行
2019 年 1 月 31 日　改訂第 3 版発行
2020 年 4 月 7 日　改訂第 4 版発行

©2020

著　者　宅　建　学　院
発行人　小　林　信　行
印　刷　株式会社太洋社
発行所　**宅　建　学　院**
〒 359-1111　埼玉県所沢市緑町 2-7-11　アーガスヒルズ 50　5F
☎ 04-2939-0335　FAX04-2924-5940
https://www.takkengakuin.com/

乱丁・落丁はお取り替えいたします。

ISBN978-4-909084-38-5

「宅地建物取引士」資格受験の専門講座

宅建学院 通信講座

独学では不安、一からやるなら！！

宅建超完璧講座

教育訓練給付制度が受けられます！

受講料 **115,500円**（税込）

テキスト「らくらく宅建塾」別売 3,300円（税込）

宅建超完璧講座は、宅建講座のフルコース！
宅建学院の名実ともに No.1 の講座です。

2年連続で全国最年少合格者を輩出しました！

無理なくラクに始められます!!

1. お申込みいただいた日から起算して宅建試験本番までの最適なスケジュールを組みます。
2. 受講生の皆様は、スケジュールに沿って効率よく学習を進めることができます。
3. そして模擬試験を定期的に受験していただき、添削指導という形で管理いたします。

★安心の質問専用ホットライン!!

受講中にわからないことがあれば、何度でも質問できます。疑問点をどんどんぶつけて解決して下さい。

一般教育訓練給付制度（ご注意）

教育訓練給付制度厚生労働大臣指定講座については、全単位の受講を**修了**して通信添削の合計得点が全配点の**6割**以上であった方に限り、ハローワークから受講料の**20%**（上限10万円）の教育訓練給付金が支給されます。ただし、次の条件を満たすことが必要です。

過去に教育訓練給付金を受給したことがない方は、
1年を超えるブランクなく通算**1年**以上雇用保険の一般被保険者であること（離職後1年以内までは大丈夫です）。

過去に教育訓練給付金を受給したことがある方は、
その受給対象講座の受講開始日以降に1年を超えるブランクなく通算**3年**以上雇用保険の一般被保険者であること（離職後1年以内までは大丈夫です）。

● ハローワークから貴方に教育訓練給付金が支給されるのは受講修了後のことです。受講申込時にはまずご自身の負担で**受講料全額**をお支払い頂きます。
● 貴方に受給資格があるかどうかは、お近くのハローワークにお問い合わせ下さい。受給資格がないのにあると誤解して受講されても、受講料を**返金することはできません**。
● 教育訓練給付金の支給申請は、受講修了後**1カ月以内**にしなければ受給できなくなります。

※よく分からないことがありましたら、ご遠慮なさらずにどんなことでもお尋ね下さいませ!!

苦労せずにらくらく一発合格を目指すなら
合格メソッドがギュ、ギューッと詰まった通信講座で!

一般教育訓練給付制度厚生労働大臣指定講座　指定番号110190020019

4Stepで一発合格を目指す!

まずはこれ!DVD本講義+問題演習

合格に必要なエッセンスをDVDで楽しくらくらくインプット!宅建の内容を大きく4つの分野に分けて学習していきます。全過程が終了する頃には、いつの間にか自分で考えて答えが出せるアタマに!

次は単元毎の確認テスト!!分野別模試+解説DVD

本講義DVDの達成度の確認として、この分野別模試を解きます。各分野につき模試が一回で全4回となります。また、詳しい解説DVD付きですので、重要なポイントをしっかりとフォローできます。

各分野をまとめて復習!!
総まとめDVD+問題演習

DVD講義で総復習!!
これで分野ごとの学習はもう卒業です。

本番形式で問題演習!!公開模試+解説DVD

最後の最後はやっぱり総合問題!本番と同じ形式で、全6回の模試を解きます。本番で出題可能性の高い問題を宅建学院が本気で予想し作成する最高の演習問題です!

あとは本試験を受けるだけ!

宅建超完璧講座の詳細・お申し込みはコチラから

宅建学院　[検索] https://www.takkengakuin.com/

※ 類似の学校名にご注意ください。

■返品について

●A 交換
商品に破損があった場合には、ご返送頂ければ、お客様のご希望により破損のない新品と無料で交換致します。この場合のご返送の送料は、当社が負担致します。ただし、お客様の故意または過失によって商品に破損を生じた場合には、無料での交換はできません。

●B 返金
商品に破損があった場合には、ご返送頂ければ、お客様のご希望により代金をご返金することもできます。この場合のご返送の送料も、当社が負担致します。ただし、当社の故意または過失によらずに商品に破損を生じた場合には、代金をご返金することはできません。この場合には、Aの交換だけが対象になります。

「宅地建物取引士」資格受験の専門講座

Takken Gakuin 宅建学院 通信講座

レベルに合わせてムリなく選べる講座です!!

時間がないならこれ！
宅建完璧講座
受講料 103,400 円(税込)　テキスト「らくらく宅建塾」別売 3,300 円(税込)

講義だけでいいならこれ！
宅建準完璧講座
受講料 91,300 円(税込)　テキスト「らくらく宅建塾」別売 3,300 円(税込)

短期間で合格を目指す！
苦しい時の神頼みなら！
宅建総まとめ講座
受講料 29,700 円(税込)　テキスト「らくらく宅建塾」別売 3,300 円(税込)

本講義と総まとめ講義を音声にして、インターネット上で聴けます！電車の中など外出中に講義の復習ができます！倍速もできるので、まさにハイスピードに復習！
ハイスピード宅建講座 (オプション講座)
オプション講座のため単独販売はしておりません。
本講義と総まとめ講義の音声版なので、本講義と総まとめ講義を収録した講座のみのオプションとなります。

ご注意　ハイスピード宅建講座はweb上でのストリーミング配信のみとなります。宅建学院ホームページ(https://www.takkengakuin.com/)でお持ちのスマートフォン・タブレット端末・パソコンで再生できることを確認してからお申込みください。

究極の出題予想！
力試しに最適！(自宅受験)
宅建公開模擬試験
受講料 25,300 円(税込)

超完璧講座を
法人様向けにアレンジ！！
超完璧講座　法人様向け 複数名受講プラン
基本料金 160,000 円
および受講者1人あたり2万円(教材費)(税込)　テキスト「らくらく宅建塾」別売 3,300 円(税込) × 人数分

DVDを見るだけ、テキストを使わない感動体験をどうぞ!!
宅建士革命
講義DVD 全3巻 10,560 円(税込)
各巻 3,520 円(税込)

宅建学院 通信講座のお申し込みは
TEL.04-2921-2020
FAX.04-2924-5940　〒359-1111 埼玉県所沢市緑町2-7-11 アーガスヒルズ50 5F

宅建学院　 検索
https://www.takkengakuin.com/

通信宅建 完璧講座

[注意！]
教育訓練給付金は支給されません。

 時間がないなら→これ！！　　　☎質問専用ホットラインあり！！

超完璧講座から**総**まとめ講座の**7単位を大胆にカット!!**それ以外はすべて**超**完璧講座と同じ!!**超**完璧講座をスリム・アップしたのがこの**完璧講座**です。つまり、

🔑 キーポイント ▶ **超**完璧講座－**総**まとめ講座＝**完璧**講座

オプションの音声講座「ハイスピード宅建〔本講義音声版〕」も追加できます！

通信宅建 準完璧講座

[注意！]
教育訓練給付金は支給されません。

 講義だけでいいなら→これ！！　　　☎質問専用ホットラインあり！！

超完璧講座から総まとめ講座7単位をカットすると完璧講座になり→そこからさらに①分野別模擬試験全4回（計200問）と②公開模擬試験全6回（計300問）をカットすると→この**準完璧講座**になります。もはやこれ以上はカットできないギリギリの講義部分20単位だけの講座です。つまり、

🔑 キーポイント ▶ **超**完璧講座－**総**まとめ講座－分野別模試－公開模試＝**準完璧**講座

オプションの音声講座「ハイスピード宅建〔本講義音声版〕」も追加できます！

通信宅建 総まとめ講座

[注意！]
教育訓練給付金は支給されません。

 短期間で合格！！　　　☎質問専用ホットラインあり！！

権利関係、宅建業法、法令上の制限・税法・その他の全科目を総まとめ。

 お届けする教材群！！　　この講座は宅建**超**完璧講座の単位25～31と同一です。

講義DVD → **超**裏ワザを伝授!!
小テスト全7回（計105問）・宿題全7回（計140問）→ **超**裏ワザ解説書付き!!

オプションの音声講座「ハイスピード宅建〔総まとめ講義音声版〕」も追加できます！

通信宅建 公開模擬試験（自宅受験）

[注意！]
教育訓練給付金は支給されません。

 究極の出題予想！！

これ以上あり得ない全身全霊をかけての究極の出題予想!!名人芸を通り越した芸術領域は、他校には絶対にマネできません!!

 お届けする教材群！！　　この模試は宅建**超**完璧講座の単位32～37と同一です。

全6回の問題　1回50問×6回＝全300問（解説書付き）
解説DVD → **超**裏ワザを伝授!!

超	完	準	総	公	単位	全タイトル一覧表!!	小テスト	宿題	模擬試験
宅建超完璧講座	宅建完璧講座	宅建準完璧講座	宅建総まとめ講座	宅建公開模擬試験		**注意!!** 宅建超完璧講座の全37単位から一部分をピックアップしたのが他の講座です。	解説書付き		
超	完	準			1	権利関係（1）	10問	15問	—
超	完	準			2	権利関係（2）	10問	15問	
超	完	準			3	権利関係（3）	10問	15問	
超	完	準			4	権利関係（4）	10問	15問	
超	完	準			5	権利関係（5）	10問	15問	
超	完				6	**第1回模擬試験**（権利関係前半50問）	—		50問
超	完	準			7	権利関係（6）	10問	15問	
超	完	準			8	権利関係（7）	10問	15問	
超	完	準			9	権利関係（8）	10問	15問	
超	完	準			10	権利関係（9）	10問	15問	
超	完	準			11	権利関係（10）	10問	15問	
超	完				12	**第2回模擬試験**（権利関係後半50問）	—		50問
超	完	準			13	宅建業法（1）	10問	15問	
超	完	準			14	宅建業法（2）	10問	15問	
超	完	準			15	宅建業法（3）	10問	15問	
超	完	準			16	宅建業法（4）	10問	15問	
超	完	準			17	宅建業法（5）	10問	15問	
超	完				18	**第3回模擬試験**（宅建業法50問）	—		50問
超	完	準			19	法令上の制限（1）	10問	15問	
超	完	準			20	法令上の制限（2）	10問	15問	
超	完	準			21	法令上の制限（3）	10問	15問	
超	完	準			22	法令上の制限（4）・その他	10問	15問	
超	完	準			23	税法・その他	10問	15問	
超	完				24	**第4回模擬試験**（法令上の制限・税法・その他50問）	—		50問
超			総		25	権利関係 総まとめ（1）	15問	20問	—
超			総		26	権利関係 総まとめ（2）	15問	20問	
超			総		27	権利関係 総まとめ（3）	15問	20問	
超			総		28	宅建業法 総まとめ（1）	15問	20問	
超			総		29	宅建業法 総まとめ（2）	15問	20問	
超			総		30	法令上の制限・税法・その他総まとめ（1）	15問	20問	
超			総		31	法令上の制限・税法・その他総まとめ（2）	15問	20問	
超	完			公	32	第1回公開模擬試験（総合50問）	—		50問
超	完			公	33	第2回公開模擬試験（総合50問）			50問
超	完			公	34	第3回公開模擬試験（総合50問）			50問
超	完			公	35	第4回公開模擬試験（総合50問）			50問
超	完			公	36	第5回公開模擬試験（総合50問）			50問
超	完			公	37	第6回公開模擬試験（総合50問）			50問
本試験　10月18日（日）									

超・完・準 講座一覧表

	超⊕完璧講座	完 完璧講座	準⊕完璧講座
DVD	本　講　義　20単位 総まとめ講義　7単位 模試解説　10単位 ▼ **全37単位**	本　講　義　20単位 模試解説　10単位 ▼ **全30単位**	本　講　義　20単位 ▼ **全20単位**
問題 ⊕裏ワザ 解説書付き!!	小テスト　27回（計305問） 宿　　題　27回（計440問） 分野別模試　4回（計200問） 公開模試　6回（計300問） ▼ **全1,245問**	小テスト　20回（計200問） 宿　　題　20回（計300問） 分野別模試　4回（計200問） 公開模試　6回（計300問） ▼ **全1,000問**	小テスト　20回（計200問） 宿　　題　20回（計300問） ▼ **全500問**
通信添削指導	10回	なし	なし
キーポイント	何から何まで入って オールマイティー!!	⊕完璧講座 ー総まとめ講義 ＝完璧講座	⊕完璧講座 ー総まとめ講義 ー分野別模試 ー公開模試 ＝⊕完璧講座
インプット （完璧度）	🦊🦊🦊　＞	🦊🦊　＝	🦊🦊
アウトプット （充実度）	🦊🦊🦊　＞	🦊🦊　＞	🦊
受講料 （税込）	115,500円 この倍の価値はあります!!	103,400円 損させません!!	91,300円 大サービス特価!!
オプション　ハイスピード宅建® 本講義	＋15,400円	＋15,400円	＋15,400円
オプション　ハイスピード宅建® 総まとめ講義	＋ 9,350円	なし	なし
テキスト	「らくらく宅建塾」別売　3,300円（税込）		
質問は？	☎宅建学院講師室直通の**質問専用ホットライン**あり!!		

※オプション講座のため単独販売はしておりません。

宅建学院
 検索
https://www.takkengakuin.com/
類似の学校名にご注意ください。

宅建学院の
ホームページをご覧ください！

 情報も 公開!!

宅建学院が、2年連続で**全国最年少合格者**を生み出した本当の理由、知りたくありませんか？
答えは、『**限りなく楽しい受験勉強**』です。

楽しいと、**脳が活性化**して、
ドンドン身について、**ラク**に受かるんです。

貴方も、一生に一度、『**限りなく楽しい受験勉強**』
やってみませんか？

---

https://www.takkengakuin.com/

| 宅建学院 | 検索 |

類似の学校名にご注意ください。

通学宅建 **通学宅建講座** [注意！] 教育訓練給付金は支給されません。

生講義

通学宅建講座

らくらく宅建塾シリーズのわかりやすさをそのままに、生講義を行います。通学ならではの臨場感と緊張感で、受講生を合格に導きます。

Point 1　話すだけの講義じゃない！
わかりやすい・おもしろい・覚えやすい授業
臨場感と緊張感で集中できる授業

Point 2　めんどうみがいい！
受講生一人ひとりをしっかりケア
わからないところも丁寧に見てもらえる

 なぜ合格率が高いの！？

合格率の高さの秘訣は、**身につく授業！**
わかりやすくても覚えられなきゃ意味がない！
話すだけの講義なんてもってのほか！
宅建学院は**身につくまでめんどうを見る！**
だから問題が解けるんです。
そんな授業を宅建学院で体感しよう！

ここが違う！

2020年度生　募集要項

教室：埼玉県所沢校　詳細は Web でチェック!!

2020年度宅建試験合格に向けた講座の受講生を募集しております。
講座の詳細は下記のホームページ上で随時掲載の予定です。

お問合わせはお電話にて！
TEL.04-2921-2020
宅建学院

https://www.takkengakuin.com/
宅建学院　検索
類似の学校名にご注意ください。

研 企業研修 宅建企業研修

[注意!] 教育訓練給付金は支給されません。

宅建**企業研修**

企業様の新入社員や従業員の方々専属で研修を行います。オリジナルプランをきめ細かく相談できるので安心です。

Point 1　合格率が高い！

授業参加に責任感

会社として参加しているので、新入社員や従業員の方々は授業参加により責任感を持ちます。これによって独学で学習するよりも全体として高い合格率が望めます。

グループならではの一体感

受講生となるのは皆同じグループに属する方々ですので、授業空間に一体感が生まれます。また、競争精神も高まるので、独学にはできない学習環境が実現します。

Point 2　一社ごとにプランを作成

柔軟なスケジュール調整

休業日や就業時間等を考慮して、講義の回数や時間をオリジナルに設定します。

予算を抑えても内容は充実

予算内で講義を行い、自宅演習でカバーするようにプランを作成することで、必要な学習量を変えずに予算内で研修を行うことができます。

 例えばこんなプランも！

内定の決まった新入社員を対象に研修をしたい！		例えば7月頃に新入社員の方々の内定が出る場合などで、そこから10月の本試験までの3カ月で一気に合格に必要な内容を叩き込みます。時間を確保しやすいメリットを生かして短期勝負で合格させます。
既存の従業員の就業時間を確保しつつ研修したい！		すでにお勤めされている従業員の方々の場合は、多くの時間を一斉に確保するのは難しいです。そこで、就業時間後や休業日などに授業時間を設定するなどスケジュールを工夫して合格を目指します。

研修スタートまでの流れ

お問合せ	ヒアリング	プランご提案	研修スタート
お電話にてお気軽にお問合せ下さい。	予算や実施時期等をお伺いいたします。	ご納得いただけるまで何度でも最適なプランをご提案いたします。	スケジュールに沿って研修をスタートします。

企業のご担当者様、お気軽にお電話にてご相談ください。

お問合せは **TEL.04-2921-2020**

| お申込みの手順 | 下記教材のご購入は、前払いが原則です。 |

① 郵便振替・銀行振込みの場合は、まず講座代金をお振込みの上、その払込票のコピーとこの申込書（コピーで可）を必ず一緒にご郵送又は FAX してください。

② クレジットをご希望の方はチェック欄にチェックをし、本申込書をお送りください。

③ お申込先　〒359-1111　埼玉県所沢市緑町 2-7-11 アーガスヒルズ 50 5F　宅建学院
　　　　　　TEL. 04-2921-2020　　FAX. 04-2924-5940

2020　宅建学院の通信講座申込書

	ご注文商品名	税込定価	申込数
超	宅建超完璧講座 一般教育訓練給付制度指定講座	115,500円	
完	宅建完璧講座	103,400円	
準	宅建準完璧講座	91,300円	
総	宅建総まとめ講座	29,700円	
公	宅建公開模擬試験	25,300円	
法	宅建超完璧講座【法人様向け複数名受講プラン】	16万円+(2万円x　　人)	
ハ本	ハイスピード宅建[本講義音声] (超・完・準オプション) 単独販売はしておりません。	15,400円	
ハ総	ハイスピード宅建[総まとめ講義音声] (超・総オプション) 単独販売はしておりません。	9,350円	
革	宅建士革命 第1巻・第2巻・第3巻	各巻 3,520円	第1巻 第2巻 第3巻
テキスト	らくらく宅建塾 書籍のみの単独販売はしておりません。	3,300円	

※合計金額 をご記入下さい。	(送料はサービスいたします!!)	十万	万	千	百	十	円

ご注意　教育訓練給付金の支給は受講修了後ですから、受給資格がある方も申込時に受講料全額をお支払い下さい。

| ※お支払い方法 | ●□に✔をご記入下さい。●商品の発送は全額の入金確認後になります。 | □郵便振替　00120-8-662860　宅建学院（タッケンガクイン）
□銀行振込　三井住友銀行小手指支店（コテサシ）　普通　6438161　宅建学院（タッケンガクイン）
□クレジット　●宅建学院（04-2921-2020）までご連絡下さい。 | 払込票のコピーと、この申込書を必ずご郵送又は FAX して下さい。 |

※お名前（フリガナ）		歳	教育訓練給付	希望する □ 希望しない □

※ご住所（〒　　　　　　　）

※お電話　　　　（　　　　）

※ご送金日　20□□　年　　月　　日　eメールアドレス

〈個人情報保護について〉利用目的―本申込書による個人情報は、次の目的に使用いたします。①お申込み品の発送　②商品開発上の参考　③当社商品のご案内の発送　第三者への提供―皆様からお寄せ頂きました情報は、当社以外の第三者への提供はいたしません。個人情報の取扱いの委託―当社は、信頼するに足ると判断した外部業者に、商品発送等の業務の一部を委託することがあります。個人情報の提供の任意性―本申込書のご記入は、みなさまの任意です。但し、※印の必須項目について記入されないと、商品等の送付ができない場合がございます。
問い合せ―本申込書による個人情報については、宅建学院へお問い合せください。

楽しく合格！ らくらく宅建塾シリーズ

宅建学院の本

［お求めは、全国書店で］
苦労して受かりたい方にはおすすめしません。
ラクに受かりたい方だけどうぞ！

絶賛発売中！

らくらく宅建塾
2色刷・A5判・定価本体 3,000 円（＋税）

- ●まったくの初心者も合格レベルに引き上げる日本一わかりやすいテキスト！覚えにくい所もゴロ合せや替え歌でらくらく征服。
- ●イラストで、適切にアドバイス。その他「標語」や「キーポイント」「よく出るポイント」なども掲載。楽しく効率よい学習ができる。
- ●イラスト・図表も豊富に使用、わかりやすさ抜群！

画像は変更になる場合があります。

まる覚え宅建塾
（2020 年 4 月上旬発売予定）
2色刷・新書判・定価本体 1,700 円（＋税）

- ●これだけ覚えれば本試験もOK！
- ●絞りに絞った重要ポイントの整理集。
- ●合格のエキスをハンディな新書判に凝縮。

マンガ宅建塾 ―――――――――――――――――――――――――――――（絶賛発売中）
2色刷・A5判・定価本体 2,400 円（＋税）

- ●わかりやすさ日本一の「宅建塾」がマンガに！
- ●全科目の知識がマンガで楽しく身につくテキスト！4コママンガだから結論もすぐ！
- ●身近な具体例をマンガにし、宅建士試験がまるごと学べる。
- ●「らくらく宅建塾」と一緒に使えば効果バツグン！

【問題集】
○×宅建塾　2色刷・新書判・定価本体 1,700 円（＋税）――――――――（2020 年 4 月上旬発売予定）
- ●マンガ宅建塾の問題版、問題解説イラスト100％！ イラストで問題文までスッキリわかる。

過去問宅建塾[1]権利関係編　A5判・定価本体 1,800 円（＋税）――――――――――――（絶賛発売中）
過去問宅建塾[2]宅建業法編　A5判・定価本体 1,800 円（＋税）――――――――――――（絶賛発売中）
過去問宅建塾[3]法令上の制限・その他の分野編　A5判・定価本体 1,800 円（＋税）
　　　　　　　　　　　　　　　　　　　　　　　　　　　　　　　　　2020 年 3 月下旬発売予定
- ●選び抜かれた過去問に、宅建学院流のわかりやすい解説で、過去問対策は万全！問題・解説見開き2頁。

ズバ予想宅建塾[必修問題編]　A5判・予価本体 2,400 円（＋税）―――――― 2020 年 4 月中旬発売予定
- ●学習しやすい項目別問題集。問題・解説見開き2頁の構成。受験テクニックも満載！

ズバ予想宅建塾[直前模試編]　B5判・予価本体 1,500 円（＋税）―――――― 2020 年 6 月下旬発売予定
- ●本試験形式の模擬試験問題3回分、150問を収録、宅建学院流のわかりやすい解説。その他、合格に必要な情報が盛りだくさん！

※定価・発売予定時期は変更になることもあります。予めご了承下さい。

〒359 －1111 埼玉県所沢市緑町 2-7-11 アーガスヒルズ 50 5F
☎04-2939-0335 FAX04-2924-5940 https://www.takkengakuin.com/

宅建学院が創り、日本が育てた**らくらく宅建塾**シリーズ

宅建学院のホームページをご覧ください。 類似の学校名にご注意ください。
https://www.takkengakuin.com/

★元祖！　楽勝ゴロ合せ　一覧表★

・本書姉妹編「らくらく宅建塾」の対応頁です。

第1編　権利関係

事　　項	ゴロ合せ　（対応語句は本文参照）	本文頁
法 定 追 認	親は、「生理上」子供の契約の後始末をする	15頁
心 裡 留 保	ゼムユ・アカム	33頁
代理権の消滅	星は半分・ダシは後	43頁
遺留分侵害額請求権	誕 生 石	84頁
単独申請OK	他の変装が評判	113頁
床面積の算出	仙台ハイツは害虫の巣	125頁
共用部分登記	規約の表に法はない	127頁
区分所有建物の管理の定数	集会に来い！ しみったれの重大な規約違反に報復だ！ しのごの言わずに建替えろ！	129頁
借地と借家の違い	違いは特許、採点は同じ！	252頁

第2編　宅建業法

事　　項	ゴロ合せ　（対応語句は本文参照）	本文頁
変更の届出	明治の薬剤師	283頁
名 簿・帳 簿	納豆五十丁	292頁
営業保証金の取戻し	日本中から取り戻せ	316頁
手 付 金 等保 全 措 置	ミカン5つでカンジュース1000	363頁
重要事項説明書の記載事項	官僚が　徒歩で私道を　上下して　預り金を分けたそうろう	377頁
区分所有建物	専々、共減、敷修繕、ダブル管理に積立金、貸借専管だけでいい	379頁
貸借特有事項	赤痢菌の過去	381頁

第3編　法令上の制限

事　　項	ゴロ合せ　（対応語句は本文参照）	本文頁
特定用途制限地域	制限は予知できない	404頁
用途地域外では	特 別 利 口	406頁
準都市計画区域では	ちがいは利口	406頁
開 発 許 可	セミの耳は意味ない	414頁
口頭は絶対ダメ	都会に口なし	415頁